教育部　财政部职业院校教师素质提高计划职教师资培养资源开发项目
财务管理专业职教师资培养资源开发（VTNE074）成果系列丛书

中级财务管理

王竹泉　马广林　王贞洁　等编著

中国财经出版传媒集团
中国财政经济出版社

图书在版编目（CIP）数据

中级财务管理 / 王竹泉等编著．—北京：中国财政经济出版社，2016.12
（财务管理专业职教师资培养资源开发（VTNE074）成果系列丛书）
教育部、财政部职业院校教师素质提高计划职教师资培养资源开发项目
ISBN 978 - 7 - 5095 - 7025 - 8

Ⅰ．①中⋯　Ⅱ．①王⋯　Ⅲ．①财务管理　Ⅳ．①F275

中国版本图书馆 CIP 数据核字（2016）第 247257 号

责任编辑：张若丹　　　　　　　责任校对：黄亚青
封面设计：智点创意

中国财政经济出版社 出版

URL：http://ckfz.cfeph.cn
E - mail：ckfz@cfeph.cn
（版权所有　翻印必究）
社址：北京市海淀区阜成路甲28号　邮政编码：100142
营销中心电话：88190406
天猫网店：中国财政经济出版社旗舰店
网址：https://zgczjjcbs.tmall.com
北京京华虎彩印刷有限公司印刷　各地新华书店经销
710×1000 毫米　16 开　15.5 印张　310 000 字
2016 年 12 月第 1 版　2016 年 12 月北京第 1 次印刷
定价：38.00 元
ISBN 978 - 7 - 5095 - 7025 - 8/F·5624
（图书出现印装问题，本社负责调换）
本社质量投诉电话：010 - 88190744
打击盗版举报热线：010 - 88190492、QQ：634579818

项目牵头单位：中国海洋大学

项目负责人：王竹泉

项目专家指导委员会：

主　任：刘来泉

副主任：王宪成　郭春鸣

成　员：（按姓氏笔画排列）

刁哲军　王继平　王乐夫　邓泽民　石伟平　卢双盈
汤生玲　米　靖　刘正安　刘君义　孟庆国　沈　希
李仲阳　李栋学　李梦卿　吴全全　张元利　张建荣
周泽扬　姜大源　郭杰忠　夏金星　徐　流　徐　朔
曹　晔　崔世钢　韩亚兰

出版说明

《国家中长期教育改革和发展规划纲要（2010~2020年）》颁布实施以来，我国职业教育进入到加快构建现代职业教育体系、全面提高技能型人才培养质量的新阶段。加快发展现代职业教育，实现职业教育改革发展新跨越，对职业学校"双师型"教师队伍建设提出了更高的要求。为此，教育部明确提出，要以推动教师专业化为引领，以加强"双师型"教师队伍建设为重点，以创新制度和机制为动力，以完善培养培训体系为保障，以实施素质提高计划为抓手，统筹规划，突出重点，改革创新，狠抓落实，切实提升职业院校教师队伍整体素质和建设水平，加快建成一支师德高尚、素质优良、技艺精湛、结构合理、专兼结合的高素质、专业化的"双师型"教师队伍，为建设具有中国特色、世界水平的现代职业教育体系提供强有力的师资保障。

目前，我国共有60余所高校正在开展职教师资培养，但由于教师培养标准的缺失和培养课程资源的匮乏，制约了"双师型"教师培养质量的提高。为完善教师培养标准和课程体系，教育部、财政部在"职业院校教师素质提高计划"框架内专门设置了职教师资培养资源开发项目，中央财政划拨1.5亿元，系统开发用于本科专业职教师资培养标准、培养方案、核心课程和特色教材等系列资源。其中，包括88个专业项目，12个资格考试制度开发等公共项目。该项目由42家开设职业技术师范专业的高等学校牵头，组织近千家科研院所、职业学校、行业企业共同研发，一大批专家学者、优秀校长、一线教师、企业工程技术人员参与其中。

经过三年的努力，培养资源开发项目取得了丰硕成果。一是开发了中等职业学校88个专业（类）职教师资本科培养资源项目，内容包括专业教师标准、专业教师培养标准、评价方案，以及一系列专业课程大纲、主干课程教材及数字化资源；二是取得了6项公共基础研究成果，内容包括职教师资培养模式、国际职教师资培养、教育理论课程、质量保障体系、教学资源中心建设和学习平台开发等；三是完成了18个专业大类职教师资资格标准及认证考试标准开发。上述成果，共计800多本正式出版物。总体来说，培养资源开发项目实现了高效益：形成了一大批资源，填补了相关标准和资源的空白；凝聚了一支研发队伍，强化了教师培养的"校—

企—校"协同；引领了一批高校的教学改革，带动了"双师型"教师的专业化培养。职教师资培养资源开发项目是支撑专业化培养的一项系统化、基础性工程，是加强职教教师培养培训一体化建设的关键环节，也是对职教师资培养培训基地教师专业化培养实践、教师教育研究能力的系统检阅。

自2013年项目立项开题以来，各项目承担单位、项目负责人及全体开发人员做了大量深入细致的工作，结合职教教师培养实践，研发出很多填补空白、体现科学性和前瞻性的成果，有力推进了"双师型"教师专门化培养向更深层次发展。同时，专家指导委员会的各位专家以及项目管理办公室的各位同志，克服了许多困难，按照两部对项目开发工作的总体要求，为实施项目管理、研发、检查等投入了大量时间和心血，也为各个项目提供了专业的咨询和指导，有力地保障了项目实施和成果质量。在此，我们一并表示衷心的感谢。

编写委员会

2016年3月

总 序

2012年，中央财政设立专项资金1.5亿元，组织具备条件的全国重点建设职业教育师资培养培训基地，用三年时间（2013～2015年）开发100个职教师资本科专业的培养标准、培养方案、核心课程和特色教材，具体包括：88个专业项目（项目编号为VTNE001至VTNE088）和12个公共项目（项目编号为VTNE089至VTNE100）的成果，每个项目资助150万元。项目以加强"双师型"职教师资培养为目标，遵循职教师资培养的规律和特点，突出职业学校对专业师资的能力要求，开发覆盖职教师资培养过程的系列成果，促进职教师资培养工作的科学化、规范化，提升职教师资培养的整体水平。在88个专业项目中，中国海洋大学王竹泉教授申报的"财务管理专业职教师资培养资源开发（VTNE074）"获得立项。2013年以来，项目负责人王竹泉教授组织中国海洋大学、中国石油大学（华东）、青岛大学、青岛科技大学、青岛农业大学、淄博职业学院、山东外贸职业学院、青岛职业技术学院、青岛酒店管理学院、青岛华夏职业教育中心等院校的专家学者40多人历时三年开发完成了包括本系列丛书在内的全套研发成果，在2015年12月教育部、财政部组织的课题验收中，该项目的开发成果得到了专家组的高度肯定：研究开发逻辑性强，结构完整。培养质量评价方案体系、课程大纲设计合理；核心教材体系三性融合，有整体设计；数字化资源开发体现了现代数字化资源的特征和要求；全部完成项目成果，研究扎实，有创新，质量达标。现将开发成果中的教师标准、培养标准、培养质量评价标准、专业课程大纲和特色系列教材正式出版并接受使用单位和读者的检验。

该开发项目承担单位中国海洋大学是全国重点建设职教师资培养培训基地，2012年以来连续承担了多期教育部、财政部"十二五"职教师资素质提高计划"中等职业学院会计学专业骨干教师或专业带头人培训"项目，积累了较为丰富的财会职教师资培养的经验。中国海洋大学2006年获得会计学专业博士学位授予权，是山东省首个会计学专业博士学位授权点，2007年获得会计硕士（MPAcc）专业学位授予权，是全国第二批获得授权的四所高校之一。中国海洋大学会计学专业2008年被批准为国家特色专业，2012年起作为教育部专业综合改革试点专业，2015年被批准为新一轮专业综合试点专业，2016年会计硕士专业学位研究生教育项目也被学校列为专业学位研究生教育综合改革试点。王竹泉教授作为上述各类专业建设和综合改革项目的负责人，主导并推动了财会职教师资培养与会计学专业普通高等教育以及会计硕士专业学位研究生教育的有机融合。经过多年的改革和建设，中国海洋大学会计学专业本科层次已形成了财会职教师资的特色培养方向，并首创了财会职教师资本硕连读的特色人才培养模式，为我国会计硕士专业学位研究生教育的拓展以及财会职教师资培养的改革提供了示范和借鉴。

"十三五"期间，财会职业教育将继续围绕加强基础能力建设、提升师资队伍素质等加强建设。作为该领域的国家级标准和示范成果，期望该套成果资源能够为我国财会专业职教师资的培养质量和培养水平的提高发挥重要的支撑作用。

本项成果是集体智慧的结晶。教育部、财政部职业院校教师素质提高计划项目专家指导委员会以及项目管理办公室对项目开发工作给予了指导和帮助，本项目全体开发人员的密切合作和辛勤付出使本项成果得以顺利完成，中国财经出版传媒集团中国财政经济出版社对本项成果出版给予了重要的支持，在此一并表示衷心的感谢！由于时间和能力所限，本项成果中难免存在不妥和纰漏，恳请读者批评指正。

王竹泉
2016 年 6 月 27 日

前 言

《中级财务管理》是教育部、财政部职业院校教师素质提高计划委托开发的财务管理专业职教师资培养资源开发（VTNE074）成果系列丛书之一，内容涵盖了财务管理的基本理论、应用工具、决策流程与方法等。项目组经过广泛的企业实地调研，结合国内外财务管理理论与实践发展，合理确定了企业财务管理的主要流程即资金投放决策、资金需求量预测、资金筹集决策、资金日常运营与资金收益分配五个环节，课程内容围绕这些具体环节展开，相对全面、系统地介绍了适用于本科专业的财务管理理论与实务。本书内容尽可能与国内外企业财务管理的实践趋同，符合财务管理职教人才职业性、师范性和技术性的培养要求，既适用于职业院校和应用型本科院校的财务管理、会计学专业等的财务管理课程教学使用，也适用于财会实务工作者学习财务管理时参考。

本书力图体现以下特点：

1. 过程导向，任务驱动。课程分为理论单元与实操单元，其中，理论单元包含"认识企业财务管理""财务管理工具箱：收益分析工具"与"财务管理工具箱：风险分析工具"三个项目、十个具体任务；实操单元按照财务管理的具体流程分解为"预测资金需求量""资金投放决策""资金筹集决策""资金日常管理""资金收益分配"五个项目、十四个具体任务。每个项目基本设置"项目目标""项目简介""项目分解""任务目标""案例导入""任务解构""案例解析""项目回顾""技能训练"等具体环节。

2. 内容与结构的创新。企业财务管理的目标是价值最大化，核心是资金管理，本书围绕该目标与核心，改变按照财务管理的决策内容安排课程结构的传统做法，按照企业资金管理的完整循环流程展现课程内容，这是与国内外同类教材根本不同之处。而且，书中提倡财务与业务融合发展的思想，尤其是将近年来已经走向成熟的基于渠道的资金管理内容纳入本书内容体系，纠正传统财务管理教材内容只言财务、不问企业实务、与企业具体业务管理活动脱节的问题。

3. 融合职业性、师范性与技术性要求。本书除发展性、过程式地处理知识内容外，结合具体任务的要求、难易程度、重要水平等因素，合理、灵活地使用各种教学方式与方法，诸如讲授法、案例讨论法、头脑风暴法、角色互换、结构化研讨、参观调研、无领导小组讨论等，实现专业知识学习与职业师范技能培养的有机融合。

本书由王竹泉教授对整体内容框架进行设计，并对各部分的具体内容安排进行了指导。各部分的具体写作由马广林、王贞洁、万顾钧、杜媛、温琳、潘罡、张先敏等共同完成，最后由王竹泉教授总纂定稿。由于编著者专业水平有限，本书仍然存在许多不足甚至错误之处，敬请专家和读者提出批评和改进意见。

王竹泉

2016 年 3 月

目 录

项目一　认识企业财务管理 ································· （ 1 ）
　　任务一　理解企业财务管理的基本概念 ··················· （ 2 ）
　　任务二　掌握企业财务管理的目标定位 ··················· （ 11 ）
　　任务三　理清企业财务管理的组织架构与规范 ············· （ 16 ）

项目二　财务管理工具箱：收益分析工具 ··················· （ 22 ）
　　任务一　财务收益及其分析内容 ························· （ 23 ）
　　任务二　财务成本分析 ································· （ 24 ）
　　任务三　经营活动收益分析 ····························· （ 32 ）
　　任务四　投资活动收益分析 ····························· （ 43 ）

项目三　财务管理工具箱：风险分析工具 ··················· （ 50 ）
　　任务一　经营活动资金运用风险分析 ····················· （ 51 ）
　　任务二　投资活动资金运用风险分析 ····················· （ 62 ）
　　任务三　筹资风险分析 ································· （ 66 ）

项目四　预测资金需求量 ································· （ 74 ）
　　任务一　预测流动资金需求量 ··························· （ 75 ）
　　任务二　预测非流动资金需求量 ························· （ 82 ）

项目五　资金投放决策 ··································· （ 91 ）
　　任务一　对内项目投资决策 ····························· （ 92 ）
　　任务二　对外投资决策 ································· （112）

项目六　资金筹集决策 ··································· （124）
　　任务一　认知筹资决策 ································· （125）

任务二　股权筹资决策 …………………………………………………（131）
　　　任务三　债务资本筹集管理 ……………………………………………（145）

项目七　资金日常管理 ……………………………………………………（165）
　　　任务一　现金日常管理 …………………………………………………（166）
　　　任务二　应收账款日常管理 ……………………………………………（174）
　　　任务三　存货日常管理 …………………………………………………（190）

项目八　资金收益分配 ……………………………………………………（207）
　　　任务一　可供分配利润的测算 …………………………………………（208）
　　　任务二　股利分配方案的制订 …………………………………………（212）
　　　任务三　股利分配方案的实施 …………………………………………（221）
　　　任务四　股票回购 ………………………………………………………（225）

参考文献 ……………………………………………………………………（233）

项目一

认识企业财务管理

【项目目标】

1. 理解企业财务管理与价值创造之间的关系；
2. 掌握企业财务管理的内容、过程、原则等基础理论知识；
3. 掌握企业财务管理的目标定位；
4. 掌握企业财务管理组织机构的设置及管理规范要求。

【项目简介】

企业财务管理以价值创造为目标，企业投资、筹资、日常资金管理、收益分配等财务活动及各种财务关系的处理，都应围绕价值创造这一目标展开。企业在开展财务活动及处理各种财务关系时，应当保持规划与预测、决策、预算、控制与分析等一系列财务管理过程的协调统一，遵循系统性、现金收支平衡、成本—收益—风险均衡、时间价值与激励监督等原则。

企业财务管理应当明确目标定位，随着市场经济体制的逐步完善，财务管理理论在不断地丰富和发展，财务管理目标也在不断演化。迄今为止，经历了利润最大化、股东财富最大化、企业价值最大化、利益相关者价值最大化等理财目标观点的演化过程，如图1-1所示。企业在实施具体财务管理过程中，同样需要根据国家法律法规规范行事，并根据价值最大化目标，平衡成本与风险，建立与自身价值管理活动相适应的财务管理组织架构。

【项目分解】

根据项目内容，本项目可分解为如下任务：

任务一：理解企业财务管理的基本概念

任务二：掌握企业财务管理的目标定位

任务三：理清企业财务管理的组织架构与规范

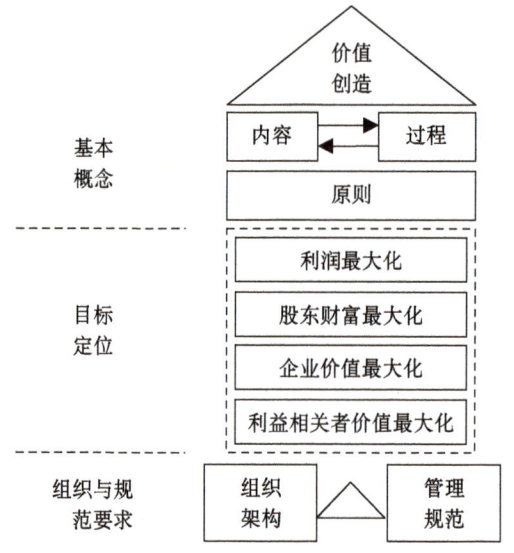

图 1-1 认知企业财务管理基本结构

任务一 理解企业财务管理的基本概念

任务目标

1. 理解财务管理与价值创造之间的关系；
2. 熟悉财务管理的概念与内容；
3. 掌握财务管理的过程；
4. 了解财务管理的基本原则。

案例导入

随着企业产业多元化的推进，许多行业都需要重新构筑一种更适合现代企业发展的全新的财务管理体系——价值创造型的财务管理体系。以园区开发型企业为例，过去是以物理空间打造者的身份来营造产业氛围，现在由于产业需求的多样化，已经逐步增加产业服务的开展和升级、产业投资的引领和推动等，这些多样化的改变，导致了公司内部成本中心、收入中心、利润中心等多元化经济单元的存在。以资金和成本为中心的传统财务管理模式显然已经不能满足企业管理新的需求，再加上会计准则引入的公允价值理念，多方因素促使财务管理逐渐转向以资产资本和资金为中心、多角度的价值创造型财务管理方式。上海张江东区高科技联合发展有限公司财务总监黄敏莉告诉《上海国资》："园区企业财务价值管理的核心原则是充分考虑货币的时间价值，即以财务管理制度建设为抓手,围绕企业资产结构的配置和管理、资本的安排、资金流的管理来开展。具体内容包括:资产的价值管理、资金的价值管理、资本的价值管理等。由于资产是公司价值产生的主要来源,资产的价值管理就成为财务价值管理体系的最重要内容。"(资料来源:《打造价值创造型财务管理体系》,http://biz.xinmin.cn)

案例思考:如何推动企业财务管理向价值型财务管理模式转变?

任务解构

一、财务管理与价值创造

(一)财务管理与价值创造之间的关系

现代财务管理学,是基于金融经济学的发展而建立的学科,主要研究企业资产的金融估价以及资本市场上的企业融资决策问题,其内容主要包括投资决策、融资决策、资产营运管理决策、股利分配决策等有关内容。

1958年,米勒教授与莫迪格莱尼教授关于公司资本结构无关论的研究论文的发表,标志着现代理财学的诞生。公司资本结构无关理论将企业价值、资本成本、企业风险、筹资、投资等财务理论中最重要的概念严谨地联系在一起,并通过财务模型明确了企业价值与投资决策、融资决策之间的相关性。资本结构理论最重要的贡献是,揭示了财务管理的目的与本质——创造企业价值。

所谓企业价值,是企业作为特殊商品被用来买卖时的市场价值,有别于一般的股票市值或资产评估价值,它是股东价值、社会价值、顾客价值、员工价值的集合,是兼顾眼前利益和长远利益的集合。

企业价值的计量方法很多,但基本思想是企业在未来存续期间创造价值的现值总和,其基本估价原理如下式所示:

$$V = \sum_{t=1}^{n} \frac{FCF_t}{(1+i)^t}$$

上式中,V代表企业价值,FCF_t代表第t期以自由现金流量计量的企业报酬,i是与企业风险水平相当的折现率。

在市场经济社会中,企业是一个以增值为目标的经济组织,其出发点和归宿都是盈利,企业一旦成立,就面临竞争,并始终处于生存和倒闭、发展和萎缩的矛盾之中,企业必须生存下去才可能获利,而只有不断发展才能求得生存。一个公司生存还是倒闭的根本区别,在于能否让资本在经营过程中不断增值。因此,管理者应以增加企业的价值为目标来经营企业的资源,实现企业价值的增值是财务管理的目的,由此实现保值增值的价值管理成为财务管理的核心。财务管理应始终围绕如何实现企业价值最大化这一目标来开展各项工作,关注提高员工的行为价值,不断优化成本结构,提高投资回报率,从而保持企业可持续的发展,建立起以价值管理为核心的财务管理模式。

（二）价值创造型财务管理的特征

在知识经济时代，财务管理理念发生了根本性变革，人们开始更注重长远盈利能力而不是眼前的收益，以价值管理为核心的财务管理模式具有以下特征：

1. 追求创造价值和利润双重目标。企业既追求创造价值，又追求实际利润，两者兼顾。但企业管理的本质是价值管理，企业把创造价值看得比单纯地追求利润目标重要得多，并把是否创造了价值作为业绩评价的标准。

2. 价值型财务管理以未来现金流量管理为中心。在企业持续经营的情况下，企业价值主要由其每年自由现金流量和折现率决定，现金流的增加代表着企业价值的增长。例如，企业任何投资项目，都应考虑其未来现金的回收能力，而不是该项目的账面盈利能力。企业价值的大小取决于企业现有资产创造现金流的能力，企业获取现金流的速度和水平决定了企业价值创造的效率。

3. 人的价值实现是价值型财务管理的实质内涵。在公司财务管理过程中，只有发挥员工的主观能动性，才能充分利用企业的各项财务资源，并将企业所拥有的各种财务资源转化为可以实现增值的资本。在价值型财务管理模式下，公司的各项价值管理工作需要通过具体价值驱动因素指标的分解，并落实到各个分部、职能部门、车间、班组直至个人才能有效地实现。也就是说，人本管理与价值管理是密不可分的。

4. 资本运营日益受到重视，成为企业价值创造的有效手段。20世纪90年代以来，世界范围的资本运营风潮正日益兴起，资本运营的规模不断扩大。从生产经营、兼并收购到公司重组等资本运营，已经成为提升企业价值的有效手段，也成为价值创造型财务管理的重要内容。

5. 以价值创造为导向，在整个组织中倡导价值创造理念，推行以价值为基础的管理方式，建立以价值为基础的评价体系，以是否创造价值以及创造价值的程度检查各项业务的绩效，实行价值导向的管理创新。

二、财务管理的内容

企业财务管理是基于企业再生产过程中客观存在的财务活动和由此产生的财务关系而产生的，因此，财务管理的内容包括财务活动和财务关系两方面。

（一）财务活动

企业的财务活动，即指企业的资金运动过程。企业财务活动包括资金筹措、资金投放、资金营运和资金回收与分配等一系列行为。

1. 筹资活动。筹资是企业筹集生产经营所需要的资金的过程，是企业资金运动的起点。企业的筹资方式很多，但总体来说企业的筹资渠道有两种：负债筹资与股权筹资。

在筹资过程中，企业必须根据投资及企业运营的需要，在充分考虑资金成本及筹资风险的前提下，确定适当的筹资规模，选择合理的筹资渠道和筹资方式，确立最佳资本结构。

2. 投资活动。把筹集到的资金配置到企业价值创造活动相关环节的过程就是企业的投资活动。企业投资有广义投资与狭义投资之分。广义投资包括所有的资金投放活动，即将资金投放于各项资产（资产负债表左边各类资产项目），投资的结果是企业拥有的各项资产，并形成一定的资产结构；狭义投资仅指对外投资，如购买其他公司股权、债权等。

3. 营运资金活动。在所需资金已经筹集、各项经营性资产已经购置之后，需要对这些资产实施有效率的营运与管理。此时，财务经理应该更多地关注流动资产周转所引发的资金流转活动，对日常资金运营实施过程管理。换言之，日常经营过程中，固定资产、流动资产的管理责任是由使用这些资产的部门和人员承担，而财务部门主要从价值管理层面对这些长短期资产进行管理。

在项目投资结束后，固定资产上的投资即已转化为"沉没成本"，企业日常经营的效率性和效益性从根本上讲就取决于营运资金管理的成效了。营运资金管理效率提高不仅能节约资金占用，而且会提升固定资产的利用效率，这是一个系统、联动的过程。企业为满足日常生产经营需要所垫付的资金，称为营运资金。在数额上，营运资金即企业垫付的流动资金，是流动资产与流动负债的差额部分。因此，营运资金活动就是流动资金的循环、周转活动。营运资金活动是企业保持持续经营所必须进行的最基本活动，是企业经营顺畅的关键所在，对企业具有重要作用。

4. 资金回收与分配活动。企业通过生产经营及对外投资实现收益后，必然引发资金回收与分配活动。广义的分配是指对企业各种收入进行分割和分派的行为，如补偿生产经营消耗、缴纳流转税和所得税，以及对净利润的分配；狭义的分配仅指对企业净利润的分配。

伴随着企业收益分配的财务活动，作为公积金和未分配利润的资金继续留在企业内，为企业的持续发展提供保障，而偿还给债权人的资金和分配给股东的股利则退出企业资金循环。因此，确定合理的分配方式、分配规模以确保企业取得长远最大利益，对企业来说至关重要，即资金回收与分配是企业财务管理工作的重要内容。

（二）财务关系

企业财务关系是指企业在开展投资活动、资金营运、筹资活动和分配活动中与企业各利益相关者之间所产生的经济利益关系。

财务活动过程中会涉及多方经济利害关系人，他们之间的目标并不完全一致，企业在财务活动过程中必须做到平衡各方的关系。企业财务活动表面上看是钱与物的增减变动，其实它们的变动都离不开人与人的关系（自然人、法人），这种关系实质就是经济利益关系。财务管理活动就是要达到当事人之间的经济利益均衡，这种均衡与风险共存。关于这一点，新力集团（索尼公司）会长出井伸之曾指出：公司不是为个人，而是为构成公司的股东、顾客、公司干部、职员、各地分公司等要素运营的。用"复杂体系"去掌握企业的话，股东、顾客、公司干部和职员都是不可或缺的重要构成要素。如果只考虑个别的最优化，是无法获得良好的营运结果的。

因此，科学协调财务关系是确保财务活动目标得以实现的基本前提。

企业组织财务活动过程中，需要重点协调好以下财务关系：

1. 企业与政府的财务关系。政府为企业提供生产经营活动的公共基础设施条件、政策条件，为企业创造公平竞争的市场环境。企业应遵守国家行政管理部门的规章制度，特别是应按照税法规定及时足额缴纳各项税款。这是企业对国家、社会应尽的义务。因此，企业与政府之间的财务关系主要是指企业通过依法纳税而与政府形成的权利义务关系，它体现为一种强制和无偿分配的关系。

2. 企业与投资者、受资者之间的财务关系。企业以接受权益投资、发行股票等方式从各种投资者那里筹集资金；或者企业以购买股票、直接投资等方式向其他企业投资，会形成投资方与受资方的财务关系，这种关系在性质上属于所有权关系。投资方即所有者要按照投资合同、协议、章程的约定履行出资义务，受资方应当向投资方支付投资报酬，形成投资与支付投资报酬的关系。

3. 企业与债权人、债务人之间的财务关系。企业在生产经营过程中会因为资金周转的需要与有关单位发生资金借贷关系，企业在购销活动过程中会与有关单位发生货款收付结算关系。这类关系在性质上属于债权债务关系，发生债权债务关系的双方应该形成书面合同协议，双方要保证各自的权利和义务按合同的规定落实到位。

4. 企业内部各单位之间的财务关系。这是指企业在实行内部独立核算以及履行内部经营责任制的前提下，企业内部各单位之间在生产经营环节中相互提供产品或劳务所形成的经济利益关系，这种关系在性质上体现的是企业内部各单位间的经济利益关系。

5. 企业与职工之间的财务关系。职工是企业的受雇佣劳动者，应按劳动合同履行工作责任，同时企业要向劳动者支付劳动报酬。这种关系体现的是企业与职工在劳动成果上的分配关系。

三、财务管理的过程

财务管理的过程是指财务管理的工作步骤与一般工作程序。它是用来组织和监督财务活动、处理财务关系，进而实现财务管理目标的手段。财务管理过程主要包括以下工作程序与步骤。

（一）财务规划与预测

管理者在企业的生产经营过程中主要承担着以下三种角色：一是制定战略目标；二是编制长期计划及对所确定的战略目标进行具体化；三是通过实际和预算的对比，评价企业实际经营业绩。这是一个战略目标—计划—控制—评价的连续循环过程，详见图1-2。

财务规划是企业整体战略目标与计划的具体化。在财务战略的指导下，企业财务人员要根据企业财务活动的历史资料，考虑现实的要求和条件，对企业未来的财务活动作出预计和测算，这就是财务预测。包括对企业筹集的资金需要量预测、对产品销售情况预测、对成本费用预测、对投资后的现金流量预测、对风险预测等。

在财务预测的基础上,围绕战略目标的实现对财务管理工作进行系统规划和安排,从而使得后续日常财务管理工作有据可依。

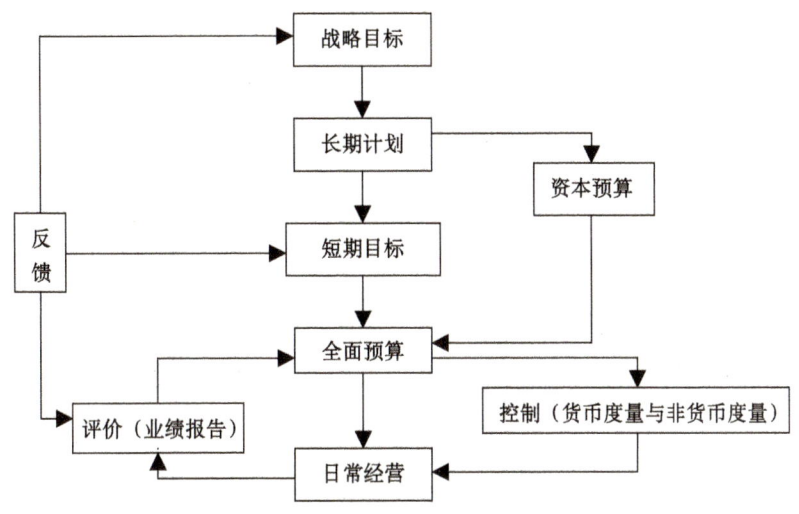

图1-2 企业管理的循环过程

(二)财务决策

财务决策是企业财务管理人员按照财务战略目标的总体要求,利用专门的方法对各种备选方案进行比较和分析,并从中选出最佳方案的过程。

财务决策是财务管理的核心。财务预测为财务决策服务。筹资、投资等重大财务决策一旦失误,可能导致全盘皆输,直接关系到企业的兴衰成败。

(三)财务预算

财务预算是企业财务战略规划的具体计划,是控制财务活动的依据。长期计划和预算指明了企业未来的发展方向和目标,而短期计划和预算则指导着企业的日常经营活动。在实际工作中,如果分别编制长期预算和短期预算,可能会产生关注短期预算的管理者会忽略长期目标,而关心长期预算的管理者们可能会对日常事务处置不当的问题。这时的企业更需要一个可以让管理者在关注短期预算的同时可以兼顾长期预算的媒介,全面预算应运而生。全面预算是一套详细表述经营日程、资本预算和预计财务报告的阶段性经营计划,它包括对销售、费用、现金收支和资产负债表的预测。财务预算是企业业务执行的依据和标准。

(四)财务控制

财务控制是确保企业财务战略规划实现的保证。财务控制就是对预算和计划的执行进行追踪监督、对执行过程中出现的偏差进行调整和修正,以保证预算目标的实现。财务控制的手段包括建立组织机构,设置责任中心(成本中心、利润中心、投资中心),确定内部转移价格,协调内部组织间的利益,建立内部控制体系等。

(五)财务分析

财务分析主要是根据财务报表等有关资料,运用特定的方法,对企业财务活动的过程及其结果进行分析和评价的一项工作。财务分析是对已经完成财务活动的总结，也是财务预测的前提，在财务管理的循环中起着承上启下的作用。

四、财务管理的基本原则

财务管理原则（Financial Principles），也称理财原则，是企业开展财务管理工作所应遵循的指导性的理念或标准。以价值创造为目标的财务管理应该遵循以下原则：

（一）系统原则

财务管理是企业管理系统的一个子系统，本身又由筹资管理、投资管理、分配管理等子系统构成。在财务管理中坚持系统原则，是理财工作的首要出发点，具体要求做到以下几点：

1. 总体优化。只有整体最优的系统才是最优系统。理财必须从企业整体战略出发，不是为财务而财务；各财务管理子系统必须围绕整个企业理财目标进行，不能"各自为政"；实行分权管理的企业，各部门的利益应服从企业的整体利益。

2. 结构优化。任何系统都是有一定层次结构的层级系统。在企业资源配置方面，应注意结构比例优化，从而保证整体优化，如应实现资金结构优化、资产结构优化、分配结构优化等。

3. 保持适当的弹性。财务管理系统处于理财环境之中，必须保持适当的弹性，以适应环境的变化，从而做到"知彼知己，百战不殆"。

（二）现金收支平衡原则

在财务管理中，贯彻的是收付实现制，而非权责发生制，客观上要求在理财过程中做到现金收入与现金支出在数量上、时间上达到动态平衡，即现金流转平衡。企业的现金流入和流出的发生，是因营业收入与营业支出产生的，同时又受企业筹资与投资活动的影响。获取收入以发生支出为前提，投资以融资为前提，负债本息的偿还支付及红利分配要求企业经营获利或获得新的资金来源。企业就是要在这一系列的复杂业务关系中保持现金的收支平衡，而保持现金收支平衡的基本方法是现金预算控制。现金预算可以说是筹资计划、投资计划、分配计划的综合平衡，因而现金预算是进行现金流转控制的有效工具。

（三）成本—收益—风险权衡原则

在理财过程中，要获取收益，必须付出成本，同时也面临着风险。因此成本、收益、风险之间总是相互联系、相互制约的。收益风险均衡，就是要求企业对每一项具体的财务活动全面分析其收益性和安全性，按照风险和收益适当均衡的要求制订方案，趋利避害，力争做到既能降低风险，又能取得较高的收益。具体要求如下：

1. 成本与收益权衡。在财务管理中，时时刻刻都需要进行成本与收益的权衡。在筹资管理中，要进行资金成本与资金收益的权衡；在投资管理中，要进行投资成本与投资收益的权衡；在运营资金管理中，收益难以量化，但应追求成本最低化；在分配管理中，应在追求分配管理成本最小的前提下，妥善处理各种财务关系。

2. 收益与风险权衡。收益与风险往往相伴而生，高收益通常伴随高风险，低收益通常伴随低风险。但应注意的是，高风险并不必然带来高收益，有时甚至是高损失。可见，认真权衡收益与风险是很重要但也是很困难的。在筹资管理中，要权衡财务杠杆收益与财务风险；在投资管理中，要比较投资收益与投资风险；在分配管理中，要考虑再投资收益与再投资风险。在理财工作中，收益与风险权衡的问题无处不在。一般情况下，风险与收益总是相互矛盾的，为追求较大利益，往往要冒较大风险，如果风险过大会减弱企业未来获利能力，如果收益过小也会增加企业未来风险。因此，财务管理的原则是：在风险一定的情况下，使收益达到较高的水平；在收益一定的情况下，将风险控制在较低的水平。

3. 成本、收益、风险三者综合权衡。在理财过程中，不能割裂成本—收益权衡与收益—风险权衡，而应该将成本、收益、风险三者综合权衡，用以指导各项财务决策与计划。财务管理中，各种方案的优选、整体优化、结构优化等，都体现了成本、收益、风险三者之间的综合权衡。

（四）时间价值原则

财务管理最基本的观念是货币具有时间价值，货币只有被当作资本投入生产流通才能增值。运用货币时间价值观念，要把项目未来的成本和收益都以现值表示，为把未来收益和成本折现，必须确定货币机会成本的大小或利率高低。具体的利率是权衡风险后决定的，风险投资的收益应当高于无风险投资的收益。将货币时间价值运用在资金筹集、运用和分配方面是提高财务管理水平，搞好融资、投资、分配决策的有效保证。

（五）激励监督原则

现代公司制企业的所有权与经营权分离，由此产生委托代理关系。现代企业的委托代理关系一般包括顾客与公司、债权人与股东、股东与经理以及经理与雇员等多种关系。企业和这些关系人之间的关系，大部分属于委托代理关系。这种既相互依赖又相互冲突的利益关系，需要通过"合约"来协调。在组成合约集的众多关系中，都会出现代理难题和代理成本。由于委托人与代理人之间在企业的经营过程中会有多次利益背离，委托人为了确保代理人的行为符合自己的利益，就有必要进行激励、约束、惩罚和监督，而这些强制措施都会带来代理成本。为了提高企业的财务价值，企业将采取更加灵活多样的激励机制，如员工持股、利润分成、高层管理人员股票期权以及灵活的福利制度等，来降低企业的代理成本，同时也增加员工对企业的认同感。另外，对于财务合约中的债务合约、管理合约等的执行情况要进行监督，建立健全完善的约束机制。

案例解析

推动企业财务管理向价值型财务管理模式转变是财务管理的时代发展诉求，达成这一模式转变的具体要求包括以下层面：

1. 构建"目标—战略—财务管理"为主线的价值模型。价值型财务管理模式强调财务对企业战略的重新定位和全面支持，从价值最大化的目标出发，根据企业的经营战略目标，如更大的市场份额、更低的产品成本等，分析并设计财务战略，充分考虑：①财务资源的可获得性；②预计或潜在的财务收益；③财务收益的时间分布和现金流量；④是否存在协同财务收益；⑤发展战略的内在风险，等等。

2. 组织与流程：财务治理、SBU 与业务流程。实现价值的增长必须解决组织流程问题：第一步是财务治理层面的问题，包括财务治理结构框架、利益相关者管理政策、董事会的财务决策与监控制度、对经营者的激励与约束机制等。第二步是由层级管理架构向扁平化的、以"作业""流程"为中心，由合作小组组成的动态企业组织结构转变，建立内部责任主体间的市场链机制，引导企业上下共同趋向价值最大化这一目标。

3. 价值驱动因素：KVD 与 FCF。关键价值驱动因素（KVD）是指影响或推动价值创造的那些决策变量。与价值驱动因素相关的标准叫作关键绩效指标（KPI）。财务管理的任务就是要将企业战略目标、分析技术和管理程序结合在一起，寻求和挖掘价值驱动因素并使之工具化和制度化，以使管理当局和员工理解价值的形成过程，把握实现企业价值最大化目标的具体方法，并通过驱动因素的优先顺序来确定企业资源配置方案。

4. 价值规划与全面预算体系。改进传统预算模式与方法，建立以价值增值为目标的预算程序，确认和监督企业的价值创造活动的全过程，建立预算与战略计划的联系等。具体而言：①将传统的预算方式转化为一种以作业单元和价值链为基础的分析工具，用以衡量企业所开展的各项工作；②通过良好的预算技术，使企业既定的衡量尺度从现行的财务报告具体科目转变为企业的预算目标指标，并与战略充分对接。③建立精巧的预算数据模型，描绘经营管理行为的偏差与年度经营目标之间的关系。④分解和评价产品在每一个环节和工作中所形成的"经济增加值"。

5. 价值报告与预警机制。价值报告作为战略控制手段之一，它并不是职能部门的总结报告和财务会计报表，而是反映活动、过程、结果和信息反馈与价值目标、战略以及全面预算指标偏差程度的全套报告体系。建立全方位的预警机制，强化价值实现过程的风险控制，内容包括价值预警制度体系、工作流程、指标体系与标杆选择、预警的反馈与处理机制等。

6. 价值控制：资产组合与风险控制。所有与企业价值创造相关联的资产，包括有形资产、无形资产、人力资源、信息资源、组织与文化、客户与供应商和竞争优势等都将纳入企业价值财务管理的资产组合。同时，建立全方位的财务控制体系、多元的财务监控措施，设立顺序递进的多道财务保安防线、具体且可操作的财务控制方式。

7. 价值化的 KPI 和激励制度。建立聚焦价值创造的评价体系：①建立具有战略性、整体性、行为导向性的"战略绩效测量指标体系"，为经营决策提供标杆；②建立针对全活动、全流程的评价体系，通过财务评价对企业各种活动、运营过程进行透彻的了解和准确把握,尤其要对它们对企业整体价值的影响程度作出正确判断,为企业进行财务战略性重组决策提供依据;③建立与价值创造挂钩的绩效激励机制,以公平的价值分享政策及薪酬计划为前提,以激励经营者、全体员工为实现企业价值最大化目标而努力。

任务二 掌握企业财务管理的目标定位

任务目标

1. 掌握财务管理目标的演化过程及其特征;
2. 理解财务管理目标实现中的冲突与协调。

案例导入

宏伟公司是一家从事IT产品开发的企业,由三位志同道合的朋友共同出资100万元,三人平分股权比例共同创立。企业发展初期,创始股东都以企业的长远发展为目标,关注企业的持续增长能力,所以,他们注重加大研发投入,不断开发新产品,这些措施有力地提高了企业的竞争力,使企业实现了营业收入的高速增长。在开始的几年间,销售业绩以年均增长60%的速度提升。然而,随着利润的不断快速增长,三位创始股东开始在收益分配上产生分歧。股东王力、张伟倾向于分红,而股东赵勇则认为应将企业取得的利益用于扩大再生产,以提高企业的持续发展能力,实现长远利益的最大化。由此产生的矛盾不断升级,最终导致坚持企业长期发展的赵勇被迫出让持有的1/3股份而离开企业。但是,此结果引起了与企业有密切联系的广大供应商和分销商的不满,因为他们的业务发展壮大都与宏伟公司密切相关,而且深信宏伟公司的持续增长将为他们带来更多的机会。于是,他们威胁如果赵勇离开企业,他们将断绝与企业的业务往来。面对这一情况,其他两位股东提出他们可以离开,条件是赵勇必须收购他们的股份。赵勇的长期发展战略需要较多投资,这样做将导致企业陷入没有资金维持生产的境地。这时,众多供应商和分销商伸出了援助之手,他们或者主动延长应收账款的期限,或者预付货款,最终赵勇又重新回到了企业,成为公司的掌门人。

经历了股权变更的风波后,宏伟公司在赵勇的领导下,不断加大投入,实现了企业规模化发展,在同行业中处于领先地位,企业的竞争力和价值不断提升。(资料来源:《财务管理设计题目》,http://www.docin.com)

案例思考: 赵勇坚持企业长远发展,而其他股东要求更多的分红,你认为赵勇的目标是否与股东财富最大化的目标相矛盾?

🔍 任务解构

一、财务管理目标定位

财务管理目标又称理财目标,是企业组织财务活动、处理财务关系所要达到的根本目的,是企业经营目标在财务上的集中和概括。财务管理目标决定着企业财务管理的基本方向,它既是一切财务活动的出发点和归宿,也是评价企业理财活动是否合理的基本标准。科学合理地选择、确定财务管理目标,是现代企业财务管理成功的前提条件。

(一)企业财务管理目标的特征

财务管理目标作为评价理财活动的基本标准,应具备稳定、可操作、可追溯等特征。具体来说:

1. 财务管理目标具有相对稳定性。随着宏观经济体制和企业经营方式的变化,财务管理目标也可能发生变化。但是,宏观经济体制和企业经营方式的变化是渐进的,只有发展到一定阶段以后才会产生质变,因此财务管理目标作为人们基于对客观环境的认识、判断而确立的一种行为导向也应是相对稳定的。

2. 财务管理目标具有可操作性。财务管理目标是实行财务目标管理的前提,它要能够起到组织动员的作用,要能够据以制定经济指标并进行分解,能够计量并进行科学的绩效考评。因此,财务管理目标就必须具有可操作性。

3. 财务管理目标的层次性。财务管理目标是企业财务管理系统顺利运行的导向系统,财务管理系统要素的层次性决定了财务管理目标必然具有层次性;同时财务管理目标的可操作性也要求在财务管理实践中必须确立"总体目标—分部目标—具体目标"这一目标体系,这样才能将总体目标的实现落于实处。

(二)财务管理目标的演化

随着市场经济体制的逐步完善,财务管理理论在不断地丰富和发展,财务管理目标也在不断演化。迄今为止,经历了利润最大化、股东财富最大化、企业价值最大化、利益相关者价值最大化等的理财目标观点的演化过程。

1. 利润最大化。利润最大化观点认为,利润是企业积累财富的源泉,利润代表了企业新创造的财富,利润最大化使企业经营资本有了可靠的来源,只有每个企业最大限度地获得利润,整个社会财富才能实现最大化,整个社会才能进步和发展。企业利润越大,越接近企业的目标。但利润最大化目标存在以下缺点:

(1)没有明确利润最大化中利润的概念。例如,利润是指会计利润还是经济利润,是短期利润最大化还是长期利润最大化?这就给企业管理当局提供了进行利润操纵的空间,同时,片面追求利润最大化,可能导致企业短期行为,与企业发展的战略目标背离。

(2)不符合货币时间价值的理财原则。它没有考虑利润的取得时间,不符合现代企业"时间就是价值"的理财理念。

(3) 不符合风险与报酬均衡的理财原则。它没有考虑利润和所承担风险的关系，容易增大企业的经营风险和财务风险。

(4) 没有考虑利润取得与投入资本额的关系。该利润是绝对指标，不能真正衡量企业经营业绩的优劣，容易导致企业陷入"粗放型增长"误区，低效率使用经济资源。

2. 股东财富最大化。股东财富最大化是指通过财务上的合理经营，为股东创造尽可能多的财富。该目标以未来一定时期归属于股东权益的现金流量，按考虑风险报酬率的资本成本折算为现值，由此得到的股东投资报酬现值，是股东财富的具体体现。股东财富最大化与利润有密切的关系，是在考虑了货币时间价值、风险和资本成本后，通过利润最大化实现股东财富最大化。在完善的资本市场条件下，股东财富最大化也表现为股票价格最高化。股东财富最大化目标考虑了取得报酬的时间，考虑了风险与报酬的关系，考虑了资本成本，能够克服企业在利润追求上的短期行为。但该目标仍存在如下不足：

(1) 适用范围有限。该目标只适用于上市公司，不适用于非上市公司，因此不具有普遍的代表性。

(2) 不符合可控性原则。股票价格受多种因素的影响，如国家政策的调整、国内外经济形势的变化、股民的心理预期等，这些因素对企业管理当局而言是不可能完全加以控制的，把不可控因素引入用以评价理财行为效果的财务管理目标系统中显然是不合理的。

(3) 不符合理财主体假设。理财主体假设认为，企业的财务管理工作应限制在每一个经营上和财务上具有独立性的单位组织内，而股东财富最大化将股东这一理财主体与企业这一理财主体相混同，不符合理财主体假设。

(4) 不利于资本市场的发展。证券市场既是股东投资的场所，也是债权人进行投资的重要场所，同时还是经理人市场形成的重要条件，股东财富最大化片面强调站在股东立场的资本市场的重要性，不利于资本市场的全面发展。

(5) 它更多地强调的是股东利益，而对其他利益相关者重视不够。

3. 企业价值最大化。企业价值最大化又称公司价值最大化，是指采用最优的财务结构，充分考虑资金的时间价值以及风险与报酬的关系，使企业价值达到最大。企业价值最大化是指股东价值与债权人价值之和最大化，也就是企业资产的总价值最大化。

与股东财富最大化相比，企业价值最大化目标兼顾了股东和债权人的利益。企业价值最大化目标与利润有密切的关系，同时综合了利润、货币时间价值、风险、债务比率、利率、税率等多种因素衡量企业的价值，反映了企业整体和长期的发展。

企业价值最大化并不等同于股东财富最大化，但是，若在一定条件下使债权人与股东无利益冲突，企业价值最大化目标模式的性质特征基本等同于股东财富最大化，所以在讨论企业理财目标时，往往将企业价值最大化与股东财富最大化等同。

企业价值最大化是财务经济学理论最常采用、实务界最被广泛接受的理财目标。

但该目标也有些问题需要我们去关注：

（1）企业价值计量方面存在问题。首先，把不同理财主体的自由现金流混合折现不具有可比性。其次，把不同时点的现金流量同时进行折现不具有说服力。

（2）不易为管理当局理解和掌握。企业价值最大化实际上是几个具体财务管理目标的综合体，包括股东财富最大化、债权人财富最大化和其他利益主体财富最大化，对这些具体目标的衡量有不同的评价指标，往往使财务管理人员无所适从。

4. 利益相关者价值最大化。该观点从"企业是一组契约的联结点"角度出发，认为现代企业是一个由多个利益相关者组成的集合体，财务管理是正确组织财务活动、妥善处理财务关系的一项经济管理工作，企业的经营者应对企业的全部利益相关者而不是个别成员负有责任，经营者是对整个组织而不是个别成员如股东负有责任。财务管理目标应从更广泛、更长远的角度来找到一个更为合适的理财目标，这就是利益相关者财富最大化。利益相关者价值最大化目标也强调股东首要地位，并同时强调企业其他利益相关者与股东之间的协调关系。但此观点也有明显的缺点：

（1）该观点否定了企业是股东所有的传统理念，而企业在特定的经营时期，几乎不可能使利益相关者财富最大化，只能做到其协调化。

（2）利益相关者价值最大化目标用多重价值最大化目标取代单一价值最大化目标，其所设计的计量指标中许多已超出了财务管理自身的范畴。

二、财务管理目标实现中的冲突与协调

现代企业制度的出现，产权高度分化，财产的所有权与财产的占有权、经营权发生了分离，传统意义上的财产取得了两种形式和两重主体：其一是以价值形式存在和运动的投资者的股权或债权，这是由股东或债权人掌握的资本所有权，它的归属主体是出资者；其二是以实物形式存在和运动的企业资产，由经营者掌握和运用、行使经营权，它的占有主体是企业法人。因此，从产权分离的角度来看，理财主体可分为出资者财务主体和经营者财务主体。作为两个不同的利益主体，在财务管理目标上必定存在着差异。出资者的财务管理目标应该是投出资本的安全和增值，关心企业的稳定发展和长远利益，追求股东财富最大化；经营者的财务管理目标则可能为经理效用最大化，获取更高的报酬。

现代企业所有权和经营权的分离，产生了委托代理关系。在公司制下，委托代理关系主要表现为两方面：（1）股东与经营者；（2）股东与债权人。因此，在企业财务关系中，最重要的关系是所有者、经营者、债权人之间的财务关系。

由于委托代理关系的存在，代理冲突、利益冲突在出资者与经营者之间不可避免，为了妥善地处置代理冲突，势必发生一些代理成本，对经营者的行为进行监控，这些代理成本会成为企业价值的抵减因素，企业价值的下降必然会影响股东财富最大化的实现。因此，在委托代理关系的链条中，为了防止利益冲突和非均衡性，并使二者目标保持一致，应在公司法人治理结构、激励机制等方面设计一套科学的方案，使出资者利益、经营者利益与企业价值之间实现最大程度的协调与统一。将企业价值最大化目标作为企业财务管理目标，首要任务就是要协调相关利益群体的关系，减少各相关利益群体之间的利益冲突导致的企业总体收益和价值的下降，使利益分配在数量上和时间上达到动态的协调平衡。

（一）所有者与经营者的矛盾与协调

很久以来，人们便认识到现代公司中所有权和控制权的分离导致了一种很不好的状况，即管理者将股东利益最大化、企业价值最大化目标放了自身利益最大化目标之后。所有者与经营者的利益冲突表现为：管理者不持有企业的股份，他的努力带来的企业盈利的增加不能为己所有，却要承担这些努力的全部成本；或者相反，管理者花钱的成本由全体股东承担，而花钱的好处由管理者享受。因此，管理者可能会利用企业资源进行过度的在职消费；可能以企业规模最大化作为主要目标以达到减少恶意收购、增加工作安全性、增加控制企业资源的权利的目的；可能为了维护自身的利益而在管理中采取短期行为等。

解决所有者与经营者利益冲突的最好方法就是建立激励和约束经营者的长期契约或合同，一方面通过契约关系对管理者的行为进行密切监督，以解聘等方式约束经营者有悖于股东利益的行为；另一方面应提供必要的激励与动力，对管理者实施诸如"股票期权""绩效股""年薪制"等激励方式，使管理者为实现自身利益最大化（客观上实现企业利益最大化）而努力工作。

（二）所有者与债权人的矛盾与协调

所有者与债权人之间存在利益冲突的根源在于他们对公司现金流量索取权的本质差别。债权人通常对公司的现金流量具有固定的、第一位的索偿权，而股东只对剩余现金流量具有索偿权。如果没有充足的现金流量履行其在财务上的偿债义务，那么股东有权宣告公司破产。因此债权人以比股东更消极的眼光看待项目选择和决策中的风险。所有者与债权人的利益冲突可能导致企业从债权人那转移财富，如支付过高的股利、提高财务杠杆水平、改变举债资金的原定用途用于高风险项目以获取额外报酬等。

债权人为保护自己利益，通常可以采用以下方式：

1. 在债权债务协议中签订相关的限制性条款，包括：（1）限制公司的投资政策；（2）限制公司的股利政策；（3）限制过高的财务杠杆，例如要求企业在发行新的担保债券之前必须征得原有债权人的同意。

2. 收回借款或停止借款，即当债权人发现公司有侵蚀其权益价值的意图时，违反了相关协议时，可以采取收回债权和不给予公司增加放款的措失，从而保护自身权益。

案例解析

赵勇的目标与股东财富最大化目标不冲突。股东财富最大化是指通过财务上的合理经营，为股东带来最大的财富。在财务上的合理经营有很多方式，赵勇坚持企业长远发展，也属于财务上的合理经营，所以赵勇的做法与目标不仅不与股东财富最大化目标相矛盾,可以说恰巧是股东财富最大化目标的具体体现。既注重企业现在发展又重视企业长远发展,是公司很好的战略性目标,这样才能实现股东财富最大化。

任务三　理清企业财务管理的组织架构与规范

任务目标

1. 理解财务管理机构设置的原则与模式;
2. 了解财务管理规范的含义及其分类。

案例导入

华润的多元化道路从香港开始,以"从鸡蛋到导弹"式的产业整合思路,依靠资金与政府背景,在国内大肆收购零售、房地产、啤酒、纺织、电力、建材、微电子、农业深加工等一系列不相关联的业务。一举成为与青岛啤酒并列的啤酒业龙头,稳坐纺织行业老三的位置,也是中国地产行业中规模最大、盈利能力最强的公司之一,实现了由贸易为主向多元化发展的转变。这种多元化扩张产生了较为严重的财务管理问题,诸如资金管理分散、子公司的财务信息严重失真、投资管理和资产管理无序,多头担保失控等问题。(资料来源:《华润用母子公司管控模式解决多元化扩张》,http://finance.sina.com.cn)

案例思考:华润集团财务管理部门应当采取何种措施以解决多元化扩张所带来的财务管理问题?

任务解构

一、明晰财务管理组织机构的设置

企业财务管理是一项开放性、动态性、综合性的管理活动,在企业管理工作中具有举足轻重的地位,企业要想在瞬息万变的市场中立于不败之地,归根结底要以财务管理为核心不断优化企业内部管理。因此,在企业内部,财务机构的科学设置和财务管理人员的合理聘用,对财务管理以及整个企业管理职能的充分发挥,都具有十分重要的意义。

(一)财务管理机构的设置原则

企业财务机构的设置没有一定之规,应根据企业经营特点和规模来决定。企业设置财务管理机构一般应遵循以下原则。

1. 适应性原则。企业财务管理机构的设置应符合企业组织形式的现状,并与企业的经营类型和业务规模相适应。一般而言大型企业特别是股份有限公司等理财活

动复杂的企业，应根据需要设置独立财务机构，而理财活动相对简单的中小型企业，则可采取财务会计合一的机构设置模式。

2. 成本效益原则。财务机构的设置必然需要花费一定的成本，投入一定的人、财、物资源，这就需要企业权衡利弊，只有当机构设置带来的效益能够弥补其所花费的成本时，财务机构的设置才是可行的。

3. 国际惯例原则。财务机构的设置在考虑我国企业现状的同时，应借鉴国际成功经验，尽量符合国际惯例，以更有利于与国际经济接轨。

（二）财务管理机构设置的一般模式

财务管理机构，是指企业处理同各有关方面财务关系、实施财务管理的机构。目前企业财务管理机构常见的组织形式主要有以下两种：

1. 财务与会计一体化的组织形式。财务与会计一体化组织形式是指财务机构与会计机构合二为一，它承担着进行会计核算和财务管理的双重职能。

在这种形式下，企业一般设立一个财会部门，由总会计师或主管财务的副经理来领导，负责企业的财务与会计两方面的管理工作。其优点是关系简明，便于集中管理，并能提高工作效率。这种组织形式一般适用于集权型的中小型企业。但要注意不能因强化会计工作而弱化财务管理工作。

2. 财务机构与会计机构分立的平行组织形式。财务机构与会计机构分立的平行组织形式是指将会计核算职能与财务管理职能分离，将财务、会计分开设置机构，财务管理职能由独立于会计核算职能之外的财务管理机构完成。

在这种形式下，企业一般在财务副总经理或总会计师之下，设置平行的财务部和会计部，分别履行财务职能和会计职能。财务部主要负责企业财务管理工作，即资金筹集、编制财务预算、投资决策、营运资本日常管理、信用和保险、利润分配、公司内部财务治理、日常财务活动的控制、分析、评价并提出报告。其优点是充分发挥财务与会计部门各自的作用，权限清楚，责任明确。这种组织形式一般适用于大中型企业。

二、理清财务管理规范

财务规范是与企业财务管理工作相关的国家法律、法规和宏观、微观财务制度等行为规范性的总称。财务规范是引导和制约财务工作的保证，是评价财务工作的依据，同时又是引导财务工作向科学、合法、合规方向发展的行为机制。

财务规范按其制约方式不同可以分为：

（一）由财务相关法规和制度构成的强制性规范

该类规范具体包括：《公司法》《税法》《会计法》《企业财务通则》《行业财务制度》《企业内部财务制度》等；

（二）由各种财务惯例和技术标准构成的技术性规范

该类规范具体包括：财务预测、决策、控制、分析、评价的具体方法和标准等。

（三）由财务人员传统和习惯构成的职业道德规范

该类规范具体包括：财务职业理想、财务工作态度、财务职业责任、财务职业技能、财务工作纪律、财务工作作风等。

案例解析

华润集团在多元化扩张过程中，需要作出相关措施，以应对多元化所带来的财务管理问题。这些问题包括：

1. 理顺母子关系，建立战略业务单元。以多元化控股下的专业化管理为基本框架，突破股权与财务架构，在集团专业化分工的基础上，将集团及下属公司按战略管理的原则划分为战略业务单元（SBU），各利润中心任何一项业务经营得好坏都能按战略进行检查。每个SBU必须是可制定战略、可执行战略的单位。只有更加专业化、符合集团总体战略要求的业务单元，才可能进入SBU序列。

2. 建立全面预算管理体系。在利润中心行业分类和发展战略的基础上，推行全面预算管理，将发展战略细化为年度经营目标，并层层分解，落实到每个业务单元的日常经营上，借以进行过程控制。推行全面预算管理，将竞争战略所要实现的中长期财务目标值，如营业额、利润、资产回报率等通过预算层层分解，成为年度指标、季度指标，最终落实到利润中心中的每个单位、每个人身上，确保战略目标的实现。全面预算以战略为导向，兼顾长期发展战略目标和短期业务经营目标，上下结合不断反复修正，成为保证战略实现的重要环节。

3. 建立内部管理报告体系。在战略执行过程中，每个利润中心定期进行管理分析和编制管理报告，并汇总成为集团总体管理报告，作为战略执行的检查和重大决策的依据。管理报表不同于对外的财务会计报表，而是一个层次清晰、内容直观的内部报表，能够反映每一个战略业务单元的业务特点，并同时兼顾结果控制与过程控制。各利润中心报表按行业特点对市场竞争战略进行检查，集团和利润中心同时监测战略目标与业务经营目标的执行过程和结果。最后通过汇总分析形成集团的管理报告，监测整体业绩结果。管理报告体系中的表现形式有两种：在线形式和报告文本形式。在线形式偏重数字，具有在互联网上同步互动的特点；而报告文本形式则偏重于定性分析。

集团财务部向集团领导每月提交管理报告，就集团上月整体经营情况进行分析，重点说明利润中心的经营亮点、所处行业情况、竞争对手情况、宏观因素影响及集团所关注的事项。在线形式和报告文本形式结合起来，使管理报告体系成为集团管理层对利润中心进行决策的重要参考依据。

4. 建立战略导向的业绩评价体系。根据利润中心不同的行业性质和发展战略，建立战略导向的业绩评价体系，以业绩评价引导战略执行，按评价结果确定利润中心奖惩。评价体系适应利润中心的竞争战略，战略转化成了财务、顾客、流程和学习四个维度的关键业绩指标，从而使考核评价成为战略执行工具。四个维度的设置来自（平衡记分卡BSC）的理念，从而使考核评价成为战略执行工具。以前对企业的业绩评价比较偏重短期、财务性、与过去比。加入了顾客、流程和学习维度后，使企业不仅要与过去比，还要和行业平均水平比，和行业标杆企业比；不仅要看营业额、利润、ROE 等财务指标，还要比客户和员工满意度、员工专业技能提高程度、社会贡献度、环保安全等"绿色指标"、软指标；不仅要重视短期效益，还要关注企业中长期战略目标实现程度等。这样，对企业的评价有了更全面、更客观的标准，使企业的发展更具可持续性，更加稳健、更加有后劲。

关于评价指标的选择，集团层面可重点关注 ROE 和经营性现金流两类指标。其他指标都是非常个性化的，不同行业重点不同。具体指标的选择，由利润中心根据自己的竞争战略目标，经过 BSC 细化为战略地图、成为行动方案后按需要设定。但必须包含 BSC 所要求的四维度的内容。关键业绩指标构成了业绩评价体系的量化指标，主管集团领导对该利润中心经营的总体要求构成了非量化指标。两者执行结果，成为利润中心经理人考核评价体系的依据。

5. 加强内部审计系统。集团及利润中心通过内部审计来强化战略执行和全面预算的推行，从而支持战略管理决策和经营预算决策的有效性。审计分为常态审计和非常态审计，常态审计是每年组织 1~4 次定期的审计，以加强控制；非常态审计是在特殊情况下，或者接到举报时，由集团随时进行审计。所属公司的审计主要来自四个方面：一是集团公司审计部门对所属公司经营者或各项经营业务进行审计；二是所属公司审计部门对公司经营者或各项经营业务进行审计；三是所属公司监事会对公司经营者或各项经营业务进行审计；四是社会专业审计机构/公司受集团公司董事会审计部门或所属公司董事会的委托对公司经营者或各项经营业务进行审计。

6. 全面实行经理人考核体系。战略责任和经营责任同时落实到各级责任人，从而战略策划和战略执行的考核与经营管理目标责任也同时落实到利润中心经理人身上。结合战略性的业绩评价结果，同时按设定的经理人标准对利润中心负责人进行年度考核，并与其薪酬与任免挂钩，以考核促进战略执行。考核重点既包括结果的考核也包括对过程的考核。考核体系主要从业绩评价、管理素质、职业操守三方面进行评价，不但考核财务业绩，还要从激情、学习、团队、诚信、创新、体质、成长环境等方面进行考核和选拔。考核体系另一个重点是对资源有效利用的评价，其核心理念是增值利润（EVA）。

项目回顾

通过本项目的学习，要求理解掌握财务管理基本概念与基本出发点；财务管理的本质及财务管理概念；企业财务活动的内容、财务关系及其本质；财务管理的目标及财务管理基本原则，把握企业财务管理过程，了解财务管理机构设置及其行为主体。理解财务活动、财务关系、财务管理与价值创造之间的关系，理解企业价值评估公式。这些都为进一步学习财务管理通用理论与方法奠定坚实的基础。

技能训练

1. 思考题

成立于 2004 年 11 月 8 日的山东美晨科技股份有限公司，于 2011 年 6 月 20 日在深圳证券交易所以 25.73 元/股的价格发行 A 股股票 1 430 万股（股票代码 300237），共筹集资金 3.32 亿元；募集资金仍将围绕主业实施，主要用于新增橡胶减振系列产品技改项目、新增橡胶流体管路产品项目、新建技术中心项目及其他与主营业务相关的营运资金项目建设。

根据以上材料，思考讨论下述问题：

（1）山东美晨科技股份有限公司以 25.73 元/股的价格发行 1 430 万股股票的财务活动属于哪类财务活动？

（2）将发行股票募集到的资金用于新增橡胶流体管路产品项目建设，属于哪类财务活动？你认为进行该项目建设，应该考虑将资金投放于哪几个方面？

（3）募集到的资金用于新增橡胶流体管路产品项目，企业生产能力扩张，这样企业用于原材料、在产品、产成品、应收账款、员工工资等方面的流动资金必然增加，这种有效安排资金使生产经营活动能顺畅进行的财务活动属于什么财务活动？如果新增生产在销售环节上，因赊销过多，导致企业流动资金几乎全部占用在应收账款上，会导致什么结果？

（4）新增橡胶流体管路产品项目投入运营后，会计年度末期如果盈利的话，应如何进行利润分配呢？企业的利润分配决策是否会影响下一年度的筹资、投资与营运资金等财务活动？

2. 案例分析

MT 企业成立于 1960 年，属国营单位，当初设矿时，全部职工不过 200 人，拥有固定资产 40 万元，流动资金 10 万元，矿长、书记等享受国家处级待遇，企业领导班子全部由上级主管部门——某地区煤炭管理局任命。企业的主要任务是完成国家下达的煤炭生产任务，表 1-1 是该厂 1975～1979 年间的生产统计。①

表 1-1　　　　　　　MT 企业生产任务完成统计表

年份	产量（万吨）			产值（万元）		
	计划	实际	增减	计划	实际	增减
1975	14	16	2	560	640	80
1976	14	16.5	2.5	560	660	100
1977	15	18	3	600	720	120
1978	15	19	4	600	760	160
1979	16	20	4	640	800	160
合计	74	89.5	15.5	1 960	3 580	620

由于 MT 企业年年超额完成国家下达的生产任务，多次被评为红旗单位。MT 企业生产的煤炭属优质煤，由国家无偿调配，企业所需的生产资料和资金每年均由某

---

① 资料来源：吴平安等编著：《财务管理学教学案例》，中国审计出版社 2001 年版。

地区煤炭管理局预算下拨。曾有参观团问过王矿长：你们的材料充足吗？车辆够用吗？王矿长没有直接回答，却领着他们参观了一下仓库。参观团所见：仓库堆满了铁锹等备用工具，足可以放心地使用3年，车库停放着5辆披满灰尘的解放牌汽车。有人用手一擦，惊叹道：呵，全是新车，你们企业真富有！

　　进入20世纪80年代，经济形势发生了深刻变化，计划经济结束，商品经济时代开始。国家对企业拨款开始实行有偿制，流动资金实行贷款制，产品取消调配制。MT企业骤然之间产生了危机感，为了生存与发展，企业开始改革。成立了销售部，销售管理方面实行优质优价，送货上门制度等；生产管理方面实行以销定产制；物资管理方面实行定额消耗制度，限额领料、定额储备等。按矿长的话讲：我们所做的一切管理工作都是为了实现自负盈亏，多创造利润，为国家多作贡献，为企业员工多发奖金，多搞福利。表1-2是MT企业1985~1989年间的生产经营统计。

表1-2　　　　　　　　MT企业生产经营统计表

年份	煤炭产量（万吨）	营业收入（万元）	营业成本（万元）	营业利润（万元）
1985	30	3 000	1 800	1 200
1986	32	3 200	1 920	1 280
1987	32	3 200	1 760	1 440
1988	28	3 360	1 820	1 540
1989	26	3 380	1 690	1 690

　　MT企业从规模上毕竟属于中小企业，进入90年代随着市场经济的建立、国家抓大放小政策的实施，MT企业不得已走上了股份制改造之路，1994年10月，国家将MT企业的净资产2 000万元转化为2 000万股，向社会发售，每股面值1元，售价2元，民营企业家石开购得1 000万股，其余股份被50位小股东分割，石开成为董事长，经董事会选举，董事长任命，杨记担任MT股份有限公司总经理。

　　MT股份公司成立之后，决策层开始考虑负债融资问题，目标资本结构是：自有资金与借入资金之比为1:1；其次要考虑的是更新设备，引进先进生产线等重大投资问题。董事会决议：利用5年左右时间使企业的生产技术水平赶上一流，企业产品在本地区市场占有率达到20%，在全国市场占有率达到3%，资本（自有资金）报酬率达到26%，股票争取上市并力争使价格突破15元/股。

　　请根据案例背景资料分析以下问题：

　　（1）MT公司财务管理目标的演进过程。

　　（2）各阶段的财务管理目标的优点及其局限性。

项目二

财务管理工具箱：收益分析工具

【项目目标】

1. 熟悉财务收益分析的含义及其涉及的内容；
2. 掌握投资活动收益分析的内涵及其具体方法、经营活动收益分析内涵及其具体方法；
3. 灵活运用收益分析工具科学分析具体企业的财务状况和盈利能力；
4. 具备将这些内容内化吸收的基础上通俗易懂地讲述清楚的能力。

【项目简介】

财务管理的主要职能在于通过资源的获取、配置及对资源消耗过程进行过程控制，实现资金（本）增值最大化的目标。这一过程中财务管理者需处理好两大核心问题——收益与风险，即在科学评价财务活动收益和风险水平的基础上，制定出相关的财务决策，进而推动企业经营目标的实现。因此，科学理财的前提是正确理解并掌握关于财务收益与风险分析的基本方法，才能在此基础上运用这些方法开展相应的财务活动。为此，本书将通过项目二和项目三分别展开对财务收益分析方法和财务风险分析方法的介绍，以期通过这两个项目的学习掌握财务管理的基本分析工具。

本项目的主要内容是财务收益分析的基本工具，具体包括财务成本分析工具、经营活动收益分析工具和投资活动收益分析工具三项任务，内容框架如图2-1所示。

【项目分解】

根据项目内容，本项目可分解为如下任务：

任务一：财务收益及其分析内容
任务二：财务成本分析
任务三：经营活动收益分析
任务四：投资活动收益分析

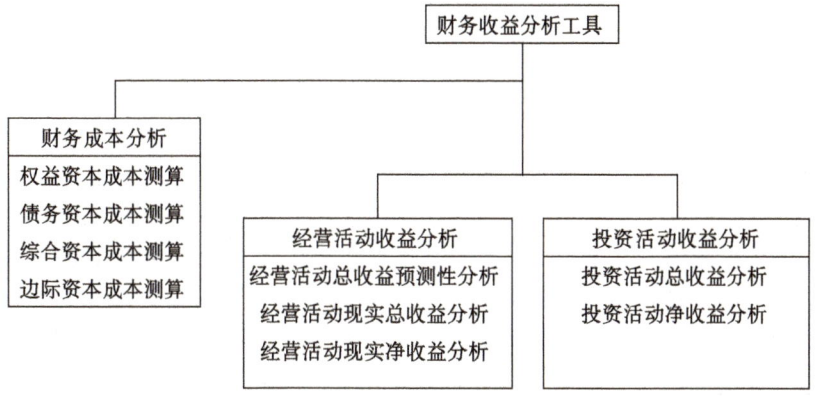

图 2-1 财务收益分析基本工具

任务一 财务收益及其分析内容

🔍 任务目标

1. 理解财务收益的内涵与外延；
2. 掌握财务收益分析的内容。

🔍 任务解构

一、财务收益的内涵与外延

企业价值创造的过程实质上是一个"将本求利"的过程，这里所谓的"本"其一般表现形态即是资金（本）的投放。不论是企业经营决策还是财务决策均需评估或评价这一资本投放的最终效果——财务收益，因此需要开展财务收益分析工作。

这里所谓的"财务收益"是指企业经营过程中资金（本）运用的收益水平，反映在上述"将本求利"中"利"的大小。在计量口径上，财务收益水平可以划分为总收益和净收益两个方面，前者通常是指营业活动层面的总收入补偿营业总成本后的差额，体现各项营业活动的绩效水平；后者则是指在总收益基础上进一步补偿资金（本）成本后的净额，体现营业活动和理财活动的综合效果，也能一定程度上揭示理财活动的经济效果。在衡量方法上，财务收益水平既可以用绝对数——收益额表示，也可以用相对数——收益率来揭示，分析过程中需结合具体情况和分析目的来选择使用绝对额还是用相对数开展财务收益分析。

二、财务收益分析的内容

企业经营的主要目标在于价值创造，从价值创造来源看，企业的新增价值无外乎来源于日常经营活动——产品（包括商品和服务）经营和金融投资活动——资本经营两大方面。特别是，随着经营理念的转变和资本市场的逐步完善，人们的经营观念在逐步转变，资本经营越来越成为企业营业活动的重要方面，相应的投资活动也越来越成为企业的重要盈利来源。因此，开展企业财务收益分析也自然要涉及产品经营和资本经营两类营业活动，即经营活动收益分析和投资活动收益分析①。

（一）经营活动收益分析

在企业经营实践中，产（商）品或服务经营往往是大部分企业的核心业务活动，企业通过生产性项目投资及其日常供产销活动的组织，实现价值创造目标。经营活动收益分析就是指对企业这类生产性项目投资及其日常经营活动财务效果所进行的分析，它能揭示出企业通过财务资源在企业内部相关业务活动中的配置来实现财富创造的效果。日常经营活动的投入产出机制决定了此类业务活动财务收益效果可以通过经营活动资源回报率和经营活动资源利用效率予以揭示。具体分析方法将在本项目任务三中进行详细介绍。

（二）投资活动收益分析

在知识经济和资本经济时代，企业在保持和提升传统商品经济模式下竞争优势以获取利润的同时，越来越重视轻资产运营模式的利用，以对外投资为主要途径的资本经营也自然成为企业盈利的重要来源。投资活动收益分析就是针对这类对企业外部资金投放活动经济效果的分析活动，它能揭示出企业通过资本经营活动来追求财富创造的效果。对外投资活动的盈利机制，决定了此类活动财务收益效果可以通过投资活动资源回报率和投资活动经济价值创造能力予以揭示。具体分析方法将在本项目任务四中进行详细介绍。

任务二　财务成本分析

 任务目标

1. 理解资本成本测算的基本原理；
2. 掌握权益资本成本测算；
3. 掌握债务资本成本测算；
4. 掌握综合资本成本测算；
5. 掌握边际资本成本测算。

---

① 这里关于"经营活动""投资活动"和"营业活动"三个概念的口径和范畴系沿用会计学和财务管理学中的习惯用法。其中"经营活动"主要指企业对内的一切资金投放活动，包括项目投资活动和项目日常运行活动；而"投资活动"则主要指企业对外的资本投放活动，即传统意义上的"对外投资"；"营业活动"则是"经营活动"和"投资活动"两类业务活动的总称，在本书中是"理财活动"的对称，也是理财活动所服务和支持的对象。

任务解构

一、资本成本的内涵与测算基本原理

（一）资本成本的内涵

资金是一种稀缺的经济资源，任何企业都不可能无偿地占用他人的资金，必须向资金提供者支付一定的报酬，以作为其放弃资金增值机会的补偿，而这种报酬对于筹资企业来说则是使用该资金的成本。只有在资金成本低于投资的资金回报率时，筹集资金才是有意义的，否则筹资越多亏损越大。

资金成本是指企业为筹集和使用资金而支付的各种费用的总和。主要包括资金筹集费用和资金使用费用两部分。

1. 资金筹集费用。资金筹集费用是指企业从资金所有者手中筹集资金所要负担的各项交易费用，包括借款的手续费，发行股票、债券而支付的各项代理费，如印刷费、广告费、担保费、公证费等。筹资费用一般都属于一次性费用。

2. 资金使用费用。资金使用费，又称资本占用费，是资金使用人在生产经营、投资过程中因使用资金而支付给资金提供者的报酬，例如支付给股东的股利、向债权人支付的利息等。资金使用成本一般与所筹资金的多少以及使用时间有关，具有经常性、定期性支付的特点，是资金成本的主要内容。

（二）资本成本测算的基本原理

在财务决策中，一般用相对数来表示资本成本水平。因资本成本构成中的两个部分发生特点不同，在测算资本成本过程中可以采取不同的处理方式，由于资金筹集费具有"一次性费用"特点，因此一般将其作为筹资总额的一个扣除项，用资金使用费与扣除资金筹集费后的筹资净额相比较，分析单位资金的使用代价。资本成本的基本测算公式如下：

$$K = \frac{D}{P-F} = \frac{D}{P(1-f)} \times 100\%$$

式中：K——资金成本率；

　　　D——使用成本；

　　　F——筹资费用；

　　　f——筹资费用率。

二、权益资本成本分析

权益资本是来自于股东对企业的投资活动而形成的资本来源，没有固定的到期日，可供企业永久性使用，可以看成是企业的"自有资本"。常见的权益资本筹措方式主要包括发行普通股筹资、发行优先股筹资、保留盈余筹资等。权益资本成本主要体现为企业支付给股东的股利回报，企业利润分配顺序决定了权益资本成本的开支来自于企业税后净利润，是企业利润分配的一部分，这决定了权益资本成本不

具有税盾效应。

(一) 普通股资本成本测算方法

从理论上看，普通股的成本就是普通股股东在一定的风险条件下所要求的最低投资报酬率，即必要报酬率，其测算方法一般有三种：股利折现模型、资本资产定价模型和债券收益率加风险报酬率法。

1. 股利折现模型

$$P(1-f) = \sum_{t=1}^{\infty} \frac{D_t}{(1+K_C)^t}$$

式中：P——普通股融资总额，即发行价格；

D_t——普通股第 t 年的股利；

K_C——普通股投资的必要报酬率，即普通股资金成本率；

f——筹资费率。

运用上列公式测算成本又因股利政策的不同而不同：

如果公司采用固定股利的支付政策，即每年分配的现金股利均为 D，则资本成本测算公式为：

$$K_C = \frac{D}{P(1-f)} \times 100\%$$

【例 2-1】某公司拟发行一批普通股，发行价格为 15 元，每股发行费用为 2 元，预定每年分配的现金股利为每股 1.5 元，则其资金成本为：

$$K_C = \frac{1.5}{15-2} \times 100\% = 11.54\%$$

如果公司采用固定增长股利政策，当前每股股利为 D_0，股利固定增长率为 g，则资金成本测算公式为：

$$K_C = \frac{D_0(1+g)}{P(1-f)} \times 100\% + g = \frac{D_1}{P(1-f)} \times 100\% + g$$

【例 2-2】某公司准备增发一批普通股，发行价格为 15 元，每股发行费用为 2 元，预计第一年分配的现金股利为每股 1.5 元，以后每年股利增长 5%，则其资金成本为：

$$K_C = \frac{1.5}{15-2} \times 100\% + 5\% = 16.54\%$$

2. 资本资产定价模型

资本资产定价模型的含义可以简单地描述为，普通股投资的必要报酬率等于无风险报酬率加上风险报酬率。用公式表示如下：

$$K_C = R_f + \beta(R_m - R_f)$$

式中：R_f——无风险报酬率；

R_m——市场报酬率；

β——股票的贝他系数。

【例 2-3】已知某股票的 β 值为 1.7，市场报酬率为 10%，无风险报酬率为

5%,该股票的资金成本率测算为:

$K_C = 5\% + 1.7 \times (10\% - 5\%) = 13.5\%$

3. 债券收益率加风险报酬率法

该方法的基本原理在于根据"风险与报酬对等"这一原则,普通股股东对企业的投资风险要大于债券投资者,因而会在债券投资者要求的收益率基础上再增加一定的风险溢价。

【例2-4】某公司已发行的债券的投资报酬率为6%,现准备发行一批股票,经过分析,该股票高于债券的投资风险报酬率为3%,则该股票的必要报酬率即资金成本率为:

6% + 3% = 9%

(二)优先股资本成本测算方法

优先股的股利通常是固定的,一般为股票面值的某一百分比,类似公司债券的利息。同时,公司利用优先股筹资也需发生发行费等筹资费用,因此,优先股资金成本的测算类似于固定股利政策下普通股资金成本的测算模型。测算公式为:

$$K_P = \frac{D}{P_0(1-f)} \times 100\%$$

式中:K_P——优先股资本成本率;

D——优先股每股年股利;

P_0——优先股筹资总额,即发行价格;

f——筹资费率。

【例2-5】某公司准备发行一批优先股,每股发行价格为6元,发行费用为每股0.1元,预计年股利为0.8元,其资金成本的测算如下:

$$K_P = \frac{0.8}{6-0.1} \times 100\% = 13.56\%$$

(三)留存收益资本成本测算方法

企业的留存收益是由企业当年税后净利润扣除派发现金股利后差额继续留存于企业内部所形成的未来经营和投资所需的资本来源,具体包括提取的盈余公积和未分配利润两大部分,它在终极产权上归属于普通股股东,资金性质上与普通股资金相同。从表面上看,企业使用留用利润好像不需要付出任何代价,但实际上,股东愿意将其留用于企业而不作为股利取出投资于别处,总会要求与普通股等价的报酬。因此,留用利润的使用也有成本。因留存收益可以看成是股东对企业的再投资,所以其成本确定方法与普通股相同,只是计算公式的分母中不必再考虑筹资费用这一因素。

三、债务资本成本分析

债务资本是债权人进行债权投资而向企业贷放的资金,其特点是本金具有到期性,利息具有固定性和刚性支付特点。债务资本的成本主要体现为支付给债务资金提供者的利息，债务资本成本的支付来源于企业息税前利润，因此它的存在可以给企业带来"税盾"效应，从而具有降低资本成本的功能，这一点在测算资本成本过程中需要特别留意。

（一）长期借款资本成本测算方法

企业长期借款资本成本可按下列公式计算：

$$K_L = \frac{B_0 \times i \times (1-T)}{B_1 - F} \times 100\%$$

式中：K_L——长期借款资本成本率；

B_0——长期借款本金额；

B_1——长期借款实际资金到位额，在有补偿性余额等款下与借款本金额不相等；

i——长期借款利息率；

T——企业所得税税率；

F——长期借款筹资费用。

【例 2-6】 某企业向银行取得 500 万元的长期借款，年利息率为 8%，期限为 5 年，每年付息一次，到期一次还本。假定筹资费用率为 0.2%，所得税税率为 25%，则该笔长期借款的成本计算如下：

$$K_L = \frac{500 \times 8\% \times (1-25\%)}{500 \times (1-0.2\%)} \times 100\% = 6.01\%$$

如果长期借款有附加的补偿性余额条款，计算资本成本时长期借款筹资额应该扣除补偿性余额，从而其实际的资本成本将会提高。接【例 2-6】，如果银行要求企业保持 20% 的补偿性余额，则长期借款的成本计算为：

$$K_L = \frac{500 \times 8\% \times (1-25\%)}{500 \times (1-20\%-0.2\%)} \times 100\% = 7.52\%$$

上述计算长期借款成本的方法比较简单，但是没有考虑货币的时间价值，因此，其计算结果不是十分准确。如果考虑货币的时间价值，可以按内含报酬率计算原理先计算借款的税前成本，然后再计算税后成本。篇幅所限，这里不作赘述，有兴趣的读者可以参考本项目任务三中关于内含报酬率的计算原理进行测算。

（二）长期债券资本成本的测算方法

与长期借款类似，企业债券成本中的利息费用也在所得税前列支，也能发挥"税盾"效应，这一点应予考虑。此外，债券的发行有溢价发行、平价发行和折价发行三种情况，其中溢价发行和折价发行时实际筹措到的资金总额与面值并不一致，这一点也应予以考虑。债券的资本成本率通常可以按如下公式进行测算：

$$K_B = \frac{I_B(1-T)}{B(1-f_B)}$$

$$K_B = \frac{M \times i \times (1-T)}{P \times (1-f)} \times 100\%$$

式中：K_B——债券资本成本率；

M——债券的面值；
i——债券票面利率；
P——债券实际发行价格；
f——债券发行费率。

【例 2-7】 某企业发行总面额为 1 000 万元的债券，票面利率为 8%，期限 5 年，发行费用占发行价格总额的 5%，企业所得税税率为 25%。若债券平价发行，则其资本成本为：

$$K_B = \frac{1\,000 \times 8\% \times (1-25\%)}{1\,000 \times (1-5\%)} = 6.32\%$$

若债券以 1 200 万元的总价格溢价发行，则其资本成本为：

$$K_B = \frac{1\,000 \times 8\% \times (1-25\%)}{1200 \times (1-5\%)} = 5.26\%$$

若债券以 800 万元的总价格折价发行，则其资本成本为：

$$K_B = \frac{1\,000 \times 8\% \times (1-25\%)}{800 \times (1-5\%)} = 7.89\%$$

在考虑货币时间价值的情况下，也可以按内含报酬率计算原理确定债券筹资的税前资本成本，再计算其税后资本成本。篇幅所限，这里不作赘述，有兴趣的读者可以参考本项目任务三中关于内含报酬率的计算原理进行测算。

四、综合资本成本分析

企业的资金不可能仅从一个渠道、通过一种方式获得，企业可能同时从多种渠道、采用多种方式筹集资金。因此，要全面衡量一个企业的筹资成本，除了分别计算不同来源、不同方式取得的资金的成本外，还要计算全部资金的总体成本水平——综合资本成本。

综合资本成本是指企业全部资金的总成本。一般以个别资金占企业全部资金的比重作为权数，对个别资金成本进行加权平均，从而确定资金的综合成本水平。其基本测算公式为：

$$K_W = \sum_{i=1}^{n} W_i K_i$$

式中：K_W——综合资本成本率；
W_i——第 i 种资金来源占全部资金来源的比重；
K_i——第 i 种资金来源个别资本成本。

综合资本成本的计算存在一个权数计算基础的选择问题，可供选择的价值形式有三种：

（一）账面价值

即以个别资金的账面价值来计算权数。企业财务会计所提供的资料主要是以账面价值为基础的，因此可以直接通过资产负债表得到相关数据，这是它的优点。但是，当债券和股票的市价脱离账面价值较大时，则会影响筹资决策的准确性；同时，账面价值反映的是过去的资本结构，不适合未来的筹资决策。

（二）现行市价

即以个别资金的现行市价来计算权数。它的优点是能够反映当前筹资的资本成本和资本结构，有利于筹资管理。按市场价值确定的资金比例反映了公司现实的资本结构和综合资金成本率，但是，由于市场价格的变动较频繁而不宜选中，因此，在实务中常常采用一定时期证券的平均价格。此外，按账面价值和市场价值确定筹资比例，反映的是公司过去和现在的资本结构，未必适用于公司将来的筹资管理决策。

（三）目标价值

即以未来预计的目标市场价值来确定权数。一般认为，采用目标价值确定资金比例，能够体现期望的目标资本结构。就公司的筹资管理决策而言，对综合资本成本的一个基本要求是，要适应公司未来的筹资管理决策。利用资金的目标价值则可以体现出公司在未来要采取的资本结构，对公司的筹资决策具有指导作用，但是事实上，资金的目标价值难以客观地确定。

理论上，以市场价值和目标价值为基础计算权数有许多优点，但是，在理财实务中，通常选择账面价值来确定资本比例，原因是易于使用，有据可依。

五、边际资本成本分析

边际资本成本率是指企业追加筹资的资本成本率，即企业新增1元资金所需负担的资金成本。企业在追加资金时必须要考虑边际资本成本的高低。边际成本最能反映出企业筹资成本的变化的实际情况，它不仅是企业筹资决策，而且是投资决策的一个重要指标。企业在进行投资决策时，往往要以边际资本成本为折现率来计算投资方案的净现值；或以边际资本成本作为内含报酬率的比较对象。

前述企业的个别资本成本和综合资本成本，是企业过去筹集或目前使用的资本成本。然而在现实中，可能出现这么一种情况：当企业以某种筹资方式筹资超过一定限度时，个别资本成本率会提高。此时，即使企业保持原有的资本结构也有可能导致综合资本成本率的增加。在未来追加筹资的过程中，为了便于比较不同规模范围的筹资组合，企业可以预先测算边际资本成本。下面举例说明边际资本成本率的规划过程。

【例2-8】某公司目前拥有的资金为1 000万元，其中长期负债200万元，优先股50万元，普通股750万元。为了满足企业追加投资的需要，公司拟筹措新的资金，边际资本成本测算过程如下：

（1）确定企业的目标资本结构。假定公司的财务人员经过分析后认为目前的资本结构处于目标资本结构范围内，在今后筹资时应予以保持。

（2）测算各种资金的个别资本成本。财务人员在分析了市场状况和企业的筹资能力之后，认为随着公司筹资规模的扩大，各种资金的成本也会发生变化。其变化范围测算结果如表2-1所示。

表 2-1　　　　　　　某公司追加筹资个别资本成本测算表

筹资方式	目标资本结构	追加筹资数额范围（万元）	个别资本成本率（%）
长期债务	0.2	15 000 以下 15 000～40 000 40 000 以上	6 7 8
优先股	0.05	3 000 以下 3 000 以上	10 12
普通股权益	0.75	22 500 以下 22 500～75 000 75 000 以上	14 15 16

（3）测算筹资总额的分界点。根据目标资本结构和各种资本成本变化的分界点，测算筹资总额的分界点。其计算公式为：

$$BP_j = \frac{TF_j}{W_j}$$

式中：BP_j——第 j 种筹资方式的筹资总额分界点；

TF_j——第 j 种筹资方式资本成本变化分界点；

W_j——目标资本结构中第 j 种资金的比重。

本例中筹资总额分界点测算结果如表 2-2 所示。

表 2-2　　　　　　　筹资分界点测算表

筹资方式	个别资本成本率（%）	各种资金筹资范围（万元）	筹资总额分界点（万元）	筹资总额的范围（万元）
长期债务	6 7 8	15 000 以下 15 000～40 000 40 000 以上	15 000/0.2 = 75 000 40 000/0.2 = 200 000	75 000 以下 75 000～200 000 200 000 以上
优先股	10 12	3 000 以下 3 000 以上	3 000/0.05 = 60 000	60 000 以下 60 000 以上
普通股权益	14 15 16	22 500 以下 22 500～75 000 75 000 以上	22 500/0.75 = 30 000 75 000/0.75 = 100 000	30 000 以下 30 000～100 000 100 000 以上

表 2-2 显示了特定资本成本率变动的分界点。例如长期债务在 15 000 万元以下时，其资金成本率为 6%，而在目标结构中，债务资本的比重为 20%，这表明在债务资本成本率由 6% 上升到 7% 时企业可筹资 75 000 万元，当企业筹资超过 75 000 万元时，债务资本成本率就上升为 7%。

（4）测算边际资本成本。根据上一步划分的筹资额分界点，重新针对这几个范围测算综合资本成本。测算过程如表 2-3 所示。

表2-3　　　　　　　　　　　　边际资本成本规划表

序号	筹资总额范围（万元）	资本种类	目标资本结构	个别资本成本率（%）	边际资本成本率（%）	综合边际资本成本率（%）
1	30 000 以下	长期债务 优先股 普通股	0.2 0.05 0.75	6 10 14	1.2 0.5 10.5	12.2
2	30 000~60 000	长期债务 优先股 普通股	0.2 0.05 0.75	6 10 15	1.2 0.5 11.25	12.95
3	60 000~75 000	长期债务 优先股 普通股	0.2 0.05 0.75	6 12 15	1.2 0.6 11.25	13.05
4	75 000~100 000	长期债务 优先股 普通股	0.2 0.05 0.75	7 12 15	1.4 0.6 11.25	13.25
5	100 000~200 000	长期债务 优先股 普通股	0.2 0.05 0.75	7 12 16	1.4 0.6 12	14
6	200 000 以上	长期债务 优先股 普通股	0.2 0.05 0.75	8 12 16	1.6 0.6 12	14.2

任务三　经营活动收益分析

任务目标

1. 掌握经营活动总收益预测性分析方法；
2. 掌握经营活动现实总收益分析；
3. 掌握经营活动现实净收益分析。

任务解构

一、经营活动总收益预测性分析

所谓"经营活动总收益预测性分析"是指在经营性项目投资决策前，对企业内部实体性项目整个生命周期内各项投入产出进行预测，在此基础上对项目未来投产后可能的财务效果进行分析，从而为经营项目投资决策提供依据。常用的分析方法主要包括以下三种方法：

（一）净现值法

净现值（Net Present Value，NPV）是反映投资项目最终收益绝对额的经济指标，通常表述为"项目寿命周期内各年净现金流量的现值总和"。由此其计算公式则可表述如下：

净现值 = Σ 每年净现金流量的现值

$$NPV = \sum_{t=0}^{n} \frac{NCF_t}{(1+k)^t}$$

式中：NCF_t——第 t 年的净现金流量；

　　　k——折现率；

　　　n——项目预计终结年限。

计算净现值指标的关键有三：其一，合理确定项目的受益期 n；其二，合理预测项目未来各年的净现金流量 NCF_t；其三，合理选择折现率 k。其中，项目受益期和各年现金流量可以根据市场调研和市场预测资料结合其他相关资料进行预计；折现率既可以选择企业的资本成本，也可以选择行业平均收益率，还可以选择企业预期实现的投资报酬率。

决策规则上，在单个项目采纳与否的投资决策中，若某项目净现值大于等于 0 则应接受该项目，若某项目净现值小于 0 则应拒绝该项目；而在互斥决策中，则应在可行方案中选择净现值最大的投资方案。

【例 2-9】某公司经过初步测算分析，拟在总装车间增设一条新工艺生产线。其原始投资额定为 125 万元，其中固定资产投资为 100 万元，开办费投资为 5 万元，流动资金投资为 20 万元。建设期为 1 年，建设期与购建固定资产有关的资本化利息为 10 万元，于该投资项目竣工时一并付清。固定资产投资和开办费投资于建设起点投入，流动资金于完工时即第一年末投入。该生产线计划使用期为 10 年，固定资产按直线法折旧，期满有 10 万元净残值；开办费自投产年份起分 5 年摊销完毕。预计投产后第一年获营业利润 8 万元，以后连续每年递增 50%；最后三年每年获利 80 万元，所得税税率为 25%；流动资金原始投资于终结点一次收回。要求计算该投资项目的各处净现金流量；假设资本成本为 10%，则该项目的净现值计算如下：

①资金流量计算期 n = 1 + 10 = 11（年）

②固定资产原值 = 100 + 10 = 110（万元）

③固定资产年折旧额 = (110 - 10) ÷ 10 = 10（万元）

④开办费年摊销额 = 5 ÷ 5 = 1（万元）

⑤投产后每年获利分别为（万元）：8，12，18，27，40.5，60.75，91.125，80，80，80

⑥建设期净现金流量：

NCF_0 = -(100 + 5) = -105（万元）

NCF1 = -20（万元）

⑦经营期每年净现金流量：

NCF_2 = 8 × (1 - 25%) + 10 + 1 = 17（万元）

$NCF_3 = 12 \times (1 - 25\%) + 10 + 1 = 20$（万元）
$NCF_4 = 18 \times (1 - 25\%) + 10 + 1 = 24.5$（万元）
$NCF_5 = 27 \times (1 - 25\%) + 10 + 1 = 31.25$（万元）
$NCF_6 = 40.5 \times (1 - 25\%) + 10 + 1 = 41.38$（万元）
$NCF_7 = 60.75 \times (1 - 25\%) + 10 + 0 = 55.56$（万元）
$NCF_8 = 91.125 \times (1 - 25\%) + 10 + 0 = 78.34$（万元）
$NCF_9 = 80 \times (1 - 25\%) + 10 + 0 = 70$（万元）
$NCF_{10} = 80 \times (1 - 25\%) + 10 + 0 = 70$（万元）
$NCF_{11} = 80 \times (1 - 25\%) + 10 + 0 + (10 + 20) = 100$（万元）

⑧项目净现值：

$$NPV = \sum_{t=0}^{n} \frac{NCF_t}{(1+k)^t}$$

$$= -105 + \frac{-20}{(1+10\%)^1} + \frac{17}{(1+10\%)^2} + \cdots + \frac{70}{(1+10\%)^{10}} + \frac{100}{(1+10\%)^{11}}$$

$$= -105 - 20 \times 0.909 + 17 \times 0.826 + \cdots + 70 \times 0.386 + 100 \times 0.350$$

$$= 122.15（万元）$$

由于项目的净现值大于0，所以该项投资应该接受。

运用净现值法对内生产性实体项目投资效果进行预测性分析的优点是，该指标考虑了资金的时间价值因素，符合长期投资决策的要求；关注了投资项目全过程的现金流量，评价比较全面；能够反映各投资方案的净收益。但是，净现值指标仅能反映各方案收益的绝对水平，却不能揭示方案本身所能达到的真实报酬率是多少；而且在原始投资不等的互斥决策中，该指标不具可比性。

（二）现值指数法

现值指数（Profitability Index，PI）是指投资项目投产以后净现金流量的总现值与初始投资额现值之间的比值。其计算公式为：

$$获利指数 = \frac{项目投产后净现金流量总现值}{初始投资额} = 1 + \frac{净现值}{初始投资额}$$

$$PI = \frac{\left[\sum_{t=1}^{n} \frac{NCF_t}{(1+i)^t}\right]}{C} = 1 + \frac{NPV}{C}$$

决策规则上，在单个项目采纳与否的投资决策中，若某项目现值指数大于等于1则应接受该项目，若某项目现值指数小于1，则应拒绝该项目；而在互斥决策中，则应在可行方案中选择获利指数最大的投资方案，并结合净现值指标进行决策。

【例2-10】现仍以【例2-9】的有关资料为例，计算该项目的现值指数。

$$PI = 1 + \frac{NPV}{C} = 1 + \frac{122.15}{105} = 1.163$$

因为该方案的现值指数大于1，所以该方案应予接受。

运用现值指数法进行对内实体性项目投资效果预测性分析的优点是，考虑了资金的时间价值；能够反映各投资方案单位投资创造财富的能力。但由于现值指数是用相对数来表示的，在投资额不等的互斥决策中，现值指数最大的项目选择并不一定符合企业价值最大化目标，即此时现值指数指标缺乏鉴别力，可能使企业作出错误的选择。

（三）内含报酬率法

内含报酬率（Internal Rate of Return，IRR）是指某一特定投资项目内在的真实报酬率水平。如果使用该水平的折现率对项目未来的净现金流入量进行折现，则其现值总和必然等于投资额的总现值，因此内含报酬率在数量上等于使该投资项目净现值等于零时的折现率。即若 $\sum_{t=0}^{n} \frac{NCF_t}{(1+k)^t} = 0$，则此时的 k 即为内含报酬率。

1. 若项目投产后各年净现金流量相等，则可按如下步骤计算 IRR：

首先，计算年金现值系数。

$$(P/A, IRR, n) = \frac{C}{NCF}$$

式中：$(P/A, IRR, n)$——折现率为内含报酬率、期限为 n 期的年金现值系数；

C——初始投资额；

NCF——投产后各年相等的净现金流量。

其次，反查年金现值系数表，若能够找到该系数，则该系数所对应的折现率即为内含报酬率；若无法找到该系数，则在该期限下找出位于该系数两侧且与该系数最邻近的两个系数所对应的折现率，并转入下一步；

最后，根据上述两个邻近的系数及对应的折现率，采用插值法计算出该投资方案的内含报酬率。

【例 2-11】某项目初始投资额 12 000 万元，预计项目投产后各年净现金流量均相等，为 3 500 万元，项目有效寿命期为 5 年，则该项目内含报酬率计算如下：

$$(P/A, IRR, 5) = \frac{C}{NCF} = \frac{12\ 000}{3\ 500} = 3.429，查年金现值系数表知：$$

14%	3.433
IRR	3.429
15%	3.352

插值计算：$\frac{IRR - 14\%}{3.429 - 3.433} = \frac{15\% - 14\%}{3.352 - 3.433} \Rightarrow IRR = 14.05\%$

2. 若项目投产后各年净现金流量不相等，则采用逐步测试法计算内含报酬率，具体计算步骤如下：

首先，估计一个折现率，并按这个折现率计算项目净现值。若净现值等于零，则这个折现率就是内含报酬率；若净现值大于零，则说明估计的这个折现率小于内含报酬率，应调高折现率重试；若净现值小于零，则说明估计的这个折现率大于内含报酬率，应调低折现率重试。经逐步测试，最后找出使净现值由正到负的两个邻近的折现率,则项目内含报酬率位于这两个折现率之间。

然后,根据上述两个折现率及其相对应的正负两个净现值,采用插值法计算出一个使净现值等于零的折现率,即为该方案的内含报酬率。

$$IRR = i_1 + (i_2 - i_1) \times \frac{|NPV_1|}{|NPV_1| + |NPV_2|}$$

式中:i_1——使测试净现值 NPV_1 大于零,且为正值中最小的折现率;

i_2——使测试净现值 NPV_2 小于零,且为负值中最大的折现率。

决策规则上,应用内含报酬率法对投资项目财务效果进行预测性分析,在单个项目采纳与否的决策中,若内含报酬率大于或等于必要报酬率则应接受该项目;若内含报酬率小于必要报酬率则应拒绝该项目。而在互斥决策中,则应选用内含报酬率超过必要报酬率最多的投资项目,并结合净现值法进行决策。

【例2-12】某项目初始投资额为12 000万元,项目寿命期5年,投产后各年营业净现金流量分别为2 000万元、6 000万元、5 000万元、5 500万元和4 000万元,企业要求实现的必要报酬率为20%,则该项目的内含报酬率计算如下:

(1) 当 $i_2 = 23\%$ 时:

$$NPV_2 = \frac{2\,000}{1+23\%} + \frac{6\,000}{(1+23\%)^2} + \frac{5\,000}{(1+23\%)^3} + \frac{5\,500}{(1+23\%)^4} + \frac{4\,000}{(1+23\%)^5} - 12\,000 = 101 \text{ 万元} > 0$$

表明该项目的内含报酬率高于23%,转下一步,继续提高测试折现率进行测试。

(2) 当 $i_3 = 24\%$ 时:

$$NPV_3 = \frac{2\,000}{1+24\%} + \frac{6\,000}{(1+24\%)^2} + \frac{5\,000}{(1+24\%)^3} + \frac{5\,500}{(1+24\%)^4} + \frac{4\,000}{(1+24\%)^5} - 12\,000 = -183 \text{ 万元} < 0$$

表明该项目的内含报酬率低于24%,则可断定项目内含报酬率处于23%~24%之间,停止测试并转下一步计算内含报酬率。

(3) 采用插值法计算内含报酬率:

$$IRR = 23\% + (24\% - 23\%) \times \frac{|101|}{|101| + |-183|} = 23.36\% > 20\%$$

由于内含报酬率高于企业要求的必要报酬率,因此该项目可以投资,其实际报酬率超过企业的预期。

运用内含报酬率法进行项目投资效果分析的优点是,考虑了资金的时间价值,符合长期投资决策的要求;可正确反映各投资方案的真实报酬水平。但是,它计算复杂,一般要经过多次试算才能求得;另外,内含报酬率计算是以项目前期产生的收益的再投资仍然按照内含报酬率水平增值为前提,这在实际当中有时很难做到。

二、经营活动现实总收益分析

所谓"经营活动现实总收益分析"是指针对企业内部实体项目投产后日常经营

过程中的实际总收益水平所开展的分析工作。这一分析工作的对象是项目经营活动业已取得的实际总收益,是对经营活动资源消耗回报能力的评价。一般而言,可以通过如下指标完成经营活动现实总收益分析。

(一)经营活动资金息税前收益率

从企业经营过程来看,内部生产性实业经营活动的本质是通过对长短期生产性资产(经营资源)的运营来实现资金增值的过程。企业价值创造效果的好坏从根本上取决于这些经济资源的收益能力,而经营活动资金息税前收益率则是揭示这一收益能力的重要指标。经营活动资金息税前收益率可通过下式予以揭示:

$$经营活动资金息税前收益率 = \frac{经营活动息税前利润}{经营活动占用资产平均水平} \times 100\%$$

$$= \frac{息税前利润 - 投资收益}{平均资产总额 - 平均对外投资总额} \times 100\%$$

【例 2-13】三江公司 20×5 年简要资产负债表和利润表如表 2-4、表 2-5 所示。

表 2-4　　　　　　　　　　　　资产负债表

编制公司:三江公司　　　　　　20×5 年 12 月 31 日　　　　　　　　　　单位:万元

资产	年末余额	年初余额	负债及所有者权益	年末余额	年初余额
流动资产:			流动负债:		
货币资金	900	800	短期借款	2 300	2 000
交易性金融资产	500	1 000	应付账款	1 200	1 000
应收账款	1 300	1 200	应付职工薪酬	400	300
预付账款	70	40	其他应付款	100	100
其他应收款	80	60	流动负债合计	4 000	3 400
存货	5 200	4 000	非流动负债:		
流动资产合计	8 050	7 100	长期借款	2 500	2 000
			非流动负债合计	2 500	2 000
			负债合计	6 500	5 400
非流动资产:			所有者权益:		
持有至到期投资	400	400	实收资本	12 000	1 000
固定资产(净值)	14 000	12 000	盈余公积	1 840	1 600
无形资产	550	500	未分配利润	2 660	1 000
非流动资产合计	14 950	12 900	所有者权益合计	16 500	14 600
资产总计	23 000	20 000	负债及所有者权益总计	23 000	20 000

表 2-5　　　　　　　　　　　　　　　　利润表

编制公司：三江公司　　　　　　　20×5 年 12 月　　　　　　　　　　　　单位：万元

项　目	本期金额	上期金额
一、营业收入	20 000	18 000
减：营业成本	12 200	10 700
营业税金及附加	1 200	1 080
销售费用	900	1 020
管理费用	1 000	800
财务费用	300	200
加：投资收益	300	300
二、营业利润	4 700	4 500
加：营业外收入	150	100
减：营业外支出	650	600
三、利润总额	4 200	4 000
减：所得税费用	1 050	1 000
四、净利润	3 150	3 000
……		

注：财务费用全部为借款利息支出。

则三江公司 20×5 年经营活动资金息税前收益率为：

$$\frac{3\ 150 + 1\ 050 + 300 - 300}{(20\ 000 + 23\ 000)/2 - (1\ 000 + 500 + 400 + 400)/2} \times 100\% = 20.64\%$$

经营活动资金息税前收益率越高，表明企业经营活动中单位资源消耗所实现的回报越多，经营活动的财务收益能力越强，企业营业活动中业务层面的价值创造能力越好；反之说明经营活动对所耗资源的回报能力低下，需要进一步查找造成这一现状的原因所在。

需要注意的是，当营业外收支净额占据利润总额较大比重的情况下，计算该指标时需要用营业外收支净额调整"经营活动息税前利润"，这样才能更加准确地反映企业的一般盈利能力。

(二) 经营活动资金周转率

在企业生产性投资规模既定的情况下，经营活动资金周转速度很大程度上决定了企业的收益能力和水平。经营活动资金周转速度体现了企业经营的效率性，揭示着企业利用经济资源开展经营活动的能力，资金利用能力越强、效率越高，单位资金创造的营业额和利润自然越多，企业财务收益能力相应地也越强。因此，可以通过考察经营活动资金利用效率的高低反映企业潜在的财务收益能力。这种能力可以通过"经营活动资金周转率"予以揭示。

$$经营活动资金周转率 = \frac{营业收入}{经营活动占用资金平均水平}$$

$$= \frac{营业收入}{平均资产总额 - 平均对外投资总额}$$

【例2-14】承接【例2-13】，则三江公司20×5年度经营活动资金周转率为：

$$\frac{20\,000}{(20\,000+23\,000)/2-(1\,000+500+400+400)/2}=0.98$$

经营活动资金周转率水平越高，意味着企业利用经济资源开展经营活动的效率越高。在产品或服务成本水平得到有效控制的前提下，前述经营活动资金息税前利润率也自然会越高；反之企业财务收益能力可能越差。一般而言，经营活动资金周转率至少不能低于1，否则意味着在一个经营年度内投放在经营活动上的资金还尚未周转1次，存在资金闲置浪费问题。当然，不能绝对化地以1为评价标准，还需结合企业所在行业的业务特点和行业一般水平来具体剖析。

（三）经营活动资本息税前收益率

从营运资金管理角度审视企业的经营活动，开展经营活动所需的资源未必全部要企业"主动"地通过权益筹资或借款去筹措，完全可以通过对商业活动的科学设计使用"自然性融资"来支撑企业经营活动对资金的部分需求，即利用商业信用融资。这种自然性融资通常不需要企业负担融资成本，因此对这部分资金利用得越充分，企业财务收益效果就自然越好，这种效果最终体现为资本息税前收益率的高低上。可以通过下式计算企业经营活动资本息税前收益率：

$$\text{经营活动资本息税前收益率}=\frac{\text{经营活动息税前利润}}{\text{经营活动占用有偿资金平均水平}}\times100\%$$

$$=\frac{\text{息税前利润}-\text{投资收益}}{\text{平均资产总额}-\text{对外投资平均余额}-\text{平均无息债务总额}}\times100\%$$

【例2-15】承接【例2-13】，则三江公司20×5年度经营活动资本息税前收益率为：

$$\frac{3\,150+1\,050+300-300}{(20\,000+23\,000)/2-(1\,000+500+400+400)/2-(1\,000+1\,200+300+400+100+100)/2}$$
$$\times100\%=22.34\%$$

在经营活动息税前收益率既定的情况下，企业经营活动资本息税前收益率水平越高，表明企业营运资金管理水平越高，对无息商业信用资金利用程度越高，需要理财活动提供贷款、股权融资等有偿资金支持的规模越小。相应地，这些有偿资金的资金回报率也自然越高，最终带动企业价值创造效果的最大化。

需要注意的是，当营业外收支净额占据利润总额较大比重的情况下，计算该指标时需要用营业外收支净额调整"经营活动息税前利润"，这样才能更加准确地反映企业的一般盈利能力。

（四）经营活动资本周转率

如前文所述，企业经营活动所需资金一部分可以通过商业信用这类自然性融资满足，另一部分则需要通过筹措有偿资本予以满足。资本有偿性决定了有偿资本利用效率的高低必然影响到最终财务收益水平，而对自然性"免费"资金的有效利用则可以很大程度上提升有偿资本的利用效率，这是影响企业收益水平的另外一个因素。简言之，对于经营活动而言，不论是通过对自然性融资的利用，还是通过提升业务活动的效率进而加速资金周转来最终提高收益水平，最终都将体现为经营活动资本周转率的提高，这是揭示企业财务收益能力的重要指标。经营活动资本周转率可以按下式计算：

$$经营活动资本周转率 = \frac{营业收入}{经营活动占用有偿资本水平}$$

$$= \frac{营业收入}{平均资产总额 - 对外投资平均余额 - 平均无息债务总额}$$

【例2-16】承接【例2-13】，则三江公司20×5年度经营活动资本周转率为：

$$\frac{20\,000}{(20\,000+23\,000)/2-(1\,000+500+400+400)/2-(1\,000+1\,200+300+400+100+100)/2}$$
$$=1.06$$

经营活动资本周转率是"经营活动资本收益率"指标的重要补充，它可以进一步说明企业"经营活动资本收益率"高低的原因。一般而言，经营活动资本周转率越高，企业经营活动资金收益率就可能越高，企业资金提供者特别是权益资本提供者的收益就越有保障，权益资本提供者投资回报率也将越高。一般而言，经营活动资本周转率也不应低于1，否则意味着企业不仅没有利用好自然性融资，而且花费资本成本筹措到的资金也未得到充分利用，甚至出现资金沉淀、浪费问题，应引起企业关注。当然，对这一指标的分析也应结合企业所在行业的业务特点和行业一般水平来具体剖析。

三、经营活动现实净收益分析

所谓"经营活动现实净收益分析"是指针对企业内部实体项目投产后，日常经营过程中的实际净收益水平所开展的分析工作。这一分析工作的对象是项目经营活动业已取得的实际净收益，是对经营活动对股东投资最终回报能力的评价。一般而言，可以通过如下指标完成经营活动现实净收益分析。

（一）经营活动资金净收益率

财务管理的总体目标在于"股东财富最大化"，因此一切资源投入和消耗都是为了实现股东回报的最大化。这一目标实现程度很大程度上表现为企业单位资源投入所能创造的净收益水平的高低上，因此可以用"经营活动资金净收益率"这一指标来揭示企业经营资源的股东财富创造能力。该指标计算原理如下：

$$经营活动资金净收益率 = \frac{经营活动净收益}{经营活动平均资金占用额} \times 100\%$$

$$= \frac{(息税前利润 - 投资收益 - 经营性负债利息) \times (1 - 所得税税率)}{平均资产总额 - 平均对外投资} \times 100\%$$

【例2-17】承接【例2-13】，企业所得税税率为25%，经营性负债利息为280万元，则三江公司20×5年度经营活动资金净收益率为：

$$\frac{(4\,500-300-280) \times (1-25\%)}{(20\,000+23\,000)/2-(1\,000+500+400+400)/2} \times 100\% = 14.45\%$$

经营活动资金净收益率反映每一单位经营资源通过企业的运营所能创造的股东净收益水平，揭示的是企业业务活动对股东财富的贡献能力。该指标越高，说明企业运营经济资源创造利润的能力越强，股东最终的回报越多；反之，说明经营团队对经济资源的利用效率低下，未充分发挥资源的价值创造功能。在财务收益分析实务中，除应与行业一般水平比较外，还应开展趋势分析，这样更能发现问题。

需要注意的是，当营业外收支净额占据利润总额较大比重的情况下，计算该指标时需要用营业外收支净额调整"税前利润"，这样才能更加准确地反映企业的一般盈利能力。

(二) 经营活动资金经济增加值率

资源的稀缺性决定资金的有偿性，即资本成本的客观性。资本成本是经营活动资本收益的底线，连资本成本都无法补偿的资金运用是不经济的资金运用。因此，从价值创造角度看，只有补偿资金成本后的剩余才是企业经营活动创造的超额利润。也只有从这一角度思考问题，才能真正实现经营资源的优化配置。然而，资金成本在会计报表中体现得并不完整、充分，利润表中仅体现出债务利息成本，权益资本成本并未体现，也就是说现行利润表所体现出的净利润并非企业营业活动为股东创造的经济价值。因此，欲客观揭示经营活动为股东创造的净收益，需将资金成本考虑进来，计算经营活动资金经济增加值率。计算公式如下：

$$\text{经营活动资金经济增加值率} = \frac{\text{经营活动经济增加值}}{\text{经营活动资金占用额}} \times 100\%$$

$$= \frac{(\text{息税前利润} - \text{投资收益} - \text{经营性负债利息}) \times (1 - \text{所得税税率}) - [(\text{平均总资产} - \text{平均对外投资})] \times \text{综合资本成本率} + \text{经营性负债利息}}{\text{平均资产总额} - \text{平均对外投资}} \times 100\%$$

【例 2 - 18】承接【例 2 - 13】，假设三江公司综合资本成本率为12%，公司所得税税率为25%，经营性负债利息为280万元，则三江公司20×5年度经营活动资金经济增加值率为：

$$\frac{(4\,500 - 300 - 280) \times (1 - 25\%) - [(20\,000 + 23\,000)/2 - (1\,000 + 500 + 400 + 400)/2] \times 12\% + 280}{(20\,000 + 23\,000)/2 - (1\,000 + 500 + 400 + 400)/2}$$

$\times 100\% = 3.83\%$

经营活动资金经济增加值率揭示了企业经过一个财务年度的运营，经营活动中所投放的单位资金在补偿自身资金成本后所能给股东创造的经济价值（剩余收益）。该指标水平越高，说明经营活动对资源的利用效果越好，股东财富最大化理财目标实现的效率越高；该指标水平越低，说明在股东财富创作过程中资源利用效率越低，资源配置在经营活动上的效果越差，应引起经营者和投资者关注。

(三) 经营活动资本净收益率

如前文介绍"经营活动资本息税前收益率"指标时所述，企业最终净收益的创造过程中，除了消耗主动性筹资活动所提供的有偿债务资金和权益资金外，还通过商业信用方式占用了没有资金成本的"自然性"融资,这两部分资金构成经营活动全部资金来源,在全部资金来源中这两部分具有此消彼长的关系。显然,对后者的充分利用可以节约企业大量的资金成本,快速提高企业收益水平。因此,除利用"经营活动资金净收益率"指标反映企业经营活动财务收益能力外,还可以进一步计算"经营活动资本净收益率"指标,进一步揭示企业经营活动开展过程中营运资金管理成效对有偿资本收益水平的影响。计算原理如下:

$$经营活动资本净收益率 = \frac{经营活动净收益}{经营活动占用有偿资金平均水平} \times 100\%$$

$$= \frac{(息税前利润 - 投资收益 - 经营性负债利息) \times (1 - 所得税税率)}{平均资产总额 - 对外投资平均余额 - 平均无息债务总额} \times 100\%$$

【例2-19】承接【例2-13】,假设三江公司适用的公司所得税税率为25%,经营性负债利息为280万元,则三江公司20×5年度经营活动资本净收益率为:

$$\frac{(4\,500 - 300 - 280) \times (1 - 25\%)}{(20\,000 + 23\,000)/2 - (1\,000 + 500 + 400 + 400)/2 - (1\,000 + 1\,200 + 300 + 400 + 100 + 100)/2} \times 100\% = 15.64\%$$

一般而言,在企业经营活动资金净收益率既定的情况下,对无息商业信用资金的利用程度越高,经营活动资本净收益率水平也将随之提高,此时表明企业高效的营运资金管理对股东财富创造作出了突出的贡献。企业只需要筹措相对较少的有偿资本就能实现预定的收益目标。反之,说明营运资金管理水平影响了企业净收益的创造效率。

需要注意的是,当营业外收支净额占据利润总额较大比重的情况下,计算该指标时需要用营业外收支净额调整"税前利润",这样才能更加准确地反映企业的一般盈利能力。

(四)经营活动资本经济增加值率

"经营活动资本净收益率"只是反映了对"免费"商业信用资本进行利用的条件下,单位有偿资本的净收益率水平,它是一个"绝对"净收益率概念,也可以理解为单位资金净收益的总额,它不能很好地揭示企业经营活动的收益能力,因为为创造这些净收益所消耗的有偿资金是需要付出资本成本的,只有这些收益弥补资本成本后还有剩余,才证明这些有偿资金的筹措并投放在经营活动上是价有所值的,也才能证明企业的经营是"经济"的。这一点,可以通过经营活动资本经济增加值率予以反映,其计算方法如下:

$$\frac{经营活动资本}{经济增加值率} = \frac{经营活动经济增加值}{经营活动有偿资本占用额} \times 100\%$$

$$= \frac{(息税前利润 - 投资收益 - 经营性负债利息) \times (1 - 所得税税率) - (平均总资产 - 平均对外投资) \times 综合资本成本率 + 经营性负债利息}{平均资产总额 - 对外投资平均余额 - 平均无息债务总额}$$

$$\times 100\%$$

【例 2-20】承接【例 2-13】，假设三江公司综合资本成本率为 12%，经营性负债利息为 280 万元，公司所得税率为 25%，则三江公司 20×5 年度经营活动资金经济增加值率为：

$$\frac{(4\,500-300-280)\times(1-25\%)-[(20\,000+23\,000)/2-(1\,000+500+400+400)/2]\times 12\%+280}{(20\,000+23\,000)/2-(1\,000+500+400+400)/2-(1\,000+1\,200+300+400+100+100)/2}$$

$\times 100\% = 4.14\%$

与前述"经营活动资本净收益率"指标相较，可以看出三江公司 20×5 年度中，虽然"经营活动资本净收益率"高达 15.56%，但扣除经营活动所占用资金的资本成本后，单位资源投入最终创造的财富只有 4.14%；同时，与前述"经营活动资金经济增加值率"相比，"经营活动资本经济增加值率"提高了 0.31%，这说明该公司通过营运资金管理工作的开展，在商业交往中有效地利用了免费的自然性融资，节约了有偿资金的投放，最终提升了有偿资金的投资回报率，对股东最终的投资收益也将产生重要的贡献。

任务四 投资活动收益分析

任务目标

1. 掌握投资活动总收益分析方法；
2. 掌握投资活动净收益分析方法。

任务解构

一、投资活动总收益分析

所谓"投资活动总收益分析"是指针对企业对外投资活动的总体收益水平所开展的分析工作。这一分析工作的对象是企业投资活动所取得的实际总收益，是考察投资活动对资源消耗回报能力的总体评价。一般而言，可以通过如下指标完成投资活动总收益分析。

（一）投资活动总资金息税前收益率

作为与经营活动并驾齐驱的企业价值创造途径之一，企业的投资活动同样需要消耗经济资源，不论该资源具体表现形态是货币、实物或是无形资产，均具有稀缺性，由此决定资金回报率必然成为企业投资决策的重要依据。从投资资源消耗与回报口径匹配角度看，与投资资源消耗相对应的收益是投资活动所带来的息税前收益，因此可以利用投资活动总资金息税前收益率来评价企业投资活动的总体回报能力。该指标计算原理如下式所示：

$$投资活动总资金息税前收益率 = \frac{投资活动息税前收益}{平均投资总额} \times 100\%$$

$$= \frac{投资收益 - (利息总额 - 经营性负债利息)}{(期初投资额 + 期末投资额)/2} \times 100\%$$

【例 2-21】承接【例 2-13】，假设三江公司经营性负债利息为 280 万元，则 20×5 年度投资活动总资金息税前收益率为：

$$\frac{300 - (300 - 280)}{(1\,000 + 500 + 400 + 400)/2} \times 100\% = 24.35\%$$

投资活动总资金息税前收益率反映了单位资金投放在投资活动上所能实现的总回报情况。该指标水平越高，意味着投资活动越有效率，对企业价值创造的贡献率越高。在财务收益分析过程中，一方面应将企业该指标具体水平与同行业一般水平进行比较；另一方面应将该指标具体水平与经营活动资金息税前收益率相比较。如果该指标水平经常性低于经营活动资金息税前收益率水平，就意味着企业将资金配置在投资活动上是相对不经济的，应将资金更多地投放于经营活动，除非对外投资还蕴含着其他战略性思考；反之，如果该指标水平经常性高于经营活动资金息税前收益率水平，则意味着企业将资金配置在经营活动上的效率不如配置在投资活动上的效率高，从企业价值最大化角度看，应将资金更多地配置在投资活动上，这样才能实现企业价值创造效率的最高化和价值总量最大化。

（二）投资活动总资本息税前收益率

企业营业活动的目标在于为股东创造财富，股东实现财富增长的代价是股东权益资本的投入，但从财务运作角度看，参与股东财富创造的资源却不仅仅限于股东权益资本，企业还会利用债权人资本追逐财务杠杆收益，进而提升股东的投资回报率。上述"投资活动总资金息税前收益率"仅仅反映了股东权益资本和债权人资本的平均综合收益水平，即投资活动对所耗经济资源的回报能力。为进一步揭示投资活动对股东权益资本的贡献度，还可以计算"投资活动总资本息税前收益率"。基本原理如下：

$$\text{投资活动总资本息税前收益率} = \frac{投资收益 - (利息总额 - 经营性负债利息)}{平均对外投资 - (平均总负债 - 平均经营性总负债)} \times 100\%$$

【例 2-22】承接【例 2-13】，假设三江公司负债总额中有 5 500 万元是为经营活动举借的负债，经营性负债利息为 280 万元，则三江公司 20×5 年度投资活动总资本息税前收益率为：

$$\frac{300 - (300 - 280)}{(1\,000 + 500 + 400 + 400)/2 - [(2\,000 + 2\,500 + 3\,400 + 4\,000)/2 - 5\,500]} \times 100\% = 40\%$$

与"投资活动总资金息税前收益率"相比，"投资活动总资本息税前收益率"揭示了股东投放在投资活动上的单位资金所能带动的总体收益的水平。这一指标水平与企业的资本结构关系密切，一般而言，投资活动中负债率越高，该指标水平可能越高，此时股东投放在投资活动上的资金的回报率也就可能越高，但此时企业的投资风险水平也将随之提高。另外，股东最终实现的投资价值还取决于"投资活动总资金息税前收益率"与债务资本成本之间的关系，为揭示投资活动对股东的最终价值，还需开展投资活动净收益分析。

二、投资活动净收益分析

(一) 投资活动资金净收益率

财务管理的总体目标在于"股东财富最大化",因此一切资源投入和消耗都是为了实现股东回报的最大化。这一目标实现程度很大程度上表现为企业单位资源投入所能创造的净收益水平的高低上,因此可以用"投资活动资金净收益率"这一指标来揭示企业投放于投资活动的资源的股东财富创造能力。该指标计算原理如下:

$$投资活动资金净收益率 = \frac{投资活动净收益}{平均对外投资} \times 100\%$$

$$= \frac{[投资收益 - (利息总额 - 经营性负债利息)] \times (1 - 所得税税率)}{(期初投资额 + 期末投资额)/2} \times 100\%$$

【例 2-23】 承接【例 2-13】,假设三江公司所适用的企业所得税税率为 25%,经营性负债利息为 280 万元,则三江公司 20×5 年度投资活动资金净收益率为:

$$\frac{[300 - (300 - 280)] \times (1 - 25\%)}{(1\,000 + 500 + 400 + 400)/2} \times 100\% = 18.26\%$$

投资活动资金净收益率水平越高,意味着单位资金投放于对外投资活动上所创造的可供股东支配的财富量越大,投资活动的财务收益能力越强。

"投资活动资金净收益率"指标不仅与前述"投资活动资金息税前收益率"有关,很大程度上也取决于企业在投资活动上的税收筹划工作的成效,税收筹划工作成效越好,最终投资活动资金净收益率水平也会越高,投资活动的财富创造效率越高。

(二) 投资活动资金经济增加值率

与"经营活动资金经济增加值率"原理相同,投资活动所消耗的资金也是要承担显性或隐性资金成本的,资金成本是投资活动收益率的底线,无法补偿资金成本的资金投放是不经济的投放。因此,从价值创造角度看,只有补偿资金成本后的剩余才是企业投资活动创造的超额收益——经济收益,也只有从这一角度思考问题,才能真正实现经营资源的优化配置。因此,欲客观揭示投资活动创造的经济净收益,需将资金成本考虑进来,计算投资活动资金经济增加值率。计算公式如下:

$$投资活动资金经济增加值率 = \frac{投资活动经济增加值}{投资活动资金占用额} \times 100\%$$

$$= \frac{投资收益 \times (1 - 所得税税率) - 平均对外投资 \times 综合资金成本率}{平均对外投资} \times 100\%$$

【例 2-24】 承接【例 2-13】,假设三江公司综合资金成本率为 12%,公司所得税税率为 25%,则三江公司 20×5 年度投资活动资金经济增加值率为:

$$\frac{300 \times (1 - 25\%) - (1\,000 + 500 + 400 + 400)/2 \times 12\%}{(1\,000 + 500 + 400 + 400)/2} \times 100\% = 7.57\%$$

"投资活动资金经济增加值率"揭示了企业经过一个财务年度的运营,投资活动中所投放的单位资金在补偿自身资金成本后所能给股东创造的经济价值（剩余收益）。该指标水平越高，说明投资活动对资源的利用效果越好，股东财富最大化理财目标实现的效率越高；该指标水平越低，说明在股东财富创作过程中资源利用效率越低，资源配置在投资活动上的效果越差，应引起注意。

（三）投资活动资本净收益率

前文"投资活动总资本息税前收益率"仅仅揭示了股东投放在投资活动上的单位资金所能带动的总体收益的水平。但这一收益水平并非投资活动为股东创造的最终回报率，因为该指标分子中的投资活动息税前收益是企业投资活动资金提供者的总投资收益，并不完全归属于股东所有。因此，为揭示股东在投资活动上的最终净收益情况，还需计算"投资活动资本净收益率"指标，计算原理如下：

$$投资活动资本净收益率 = \frac{[投资收益 -(利息总额 - 经营性负债利息)] \times (1 - 所得税税率)}{平均对外投资 - (平均总负债 - 平均经营性总负债)} \times 100\%$$

【例2-25】承接【例2-13】，公司负债总额中有5 500万元是为经营活动举借的负债，经营性负债利息为280万元，则三江公司20×5年度投资活动资本净收益率为：

$$\frac{[300 -(300 - 280)] \times (1 - 25\%)}{(1\,000 + 500 + 400 + 400)/2 - [(2\,000 + 2\,500 + 3\,400 + 4\,000)/2 - 5\,500]} \times 100\% = 30\%$$

与中三江公司"投资活动总资金息税前收益率"（24.35%），相比，本例中"投资活动资本净收益率"（30%）有了显著的提升，其原因在于企业投资活动运用了财务杠杆。因此，"投资活动资本净收益率"这一指标水平与企业的资本结构关系密切，当"投资活动总资金息税前收益率"高于企业债务资金利息率时，投资活动中负债率越高，该指标水平越高，此时股东投放在投资活动上的资金的回报率也就越高，但此时企业的投资风险水平也将随之提高；反之，当"投资活动总资金息税前收益率"低于企业债务资金利息率时，财务杠杆将发挥负效应。

（四）投资活动资本经济增加值率

尽管股东投入企业的权益资本是企业的"自有资本"，但资源的稀缺性决定了这种资本也是有成本的——权益资本成本。企业的投资活动只有足额补偿所耗权益资金的资金成本，才算是初步履行了来自于股东的受托责任，在此基础上才能谈及"为股东创造超额财富"。显而易见，上述"投资活动资本净收益率"并不能完美揭示这一点，为此需要计算"投资活动资本经济增加值率"来体现投资活动对股东财富最大化的贡献程度。计算原理如下：

$$投资活动资本经济增加值率 = \frac{投资活动经济增加值}{投资活动权益资本占用额} \times 100\%$$

$$= \frac{投资收益 \times (1 - 所得税税率) - 平均对外投资 \times 综合资金成本率}{平均对外投资 - (平均负债总额 - 平均经营性负债总额)} \times 100\%$$

【例2-26】承接【例2-13】，假设三江公司综合资金成本率为12%，公司所得税税率为 25%，负债总额中有 5 500 万元是为经营活动举借的负债，则三江公司 20×5 年度投资活动资本经济增加值率为：

$$\frac{300\times(1-25\%)-(1\,000+500+400+400)/2\times12\%}{(1\,000+500+400+400)/2-[(2\,000+2\,500+3\,400+4\,000)/2-5\,500]}\times100\%=12.43\%$$

投资活动资本经济增加值率揭示了企业经过一个财务年度的运营，投资活动中所投放的单位权益资金在补偿自身资金成本后所能给股东创造的经济价值（剩余收益）。该指标水平越高，说明投资活动对资源的利用效果越好，股东财富最大化理财目标实现的效率越高；该指标水平越低，说明在股东财富创造过程中资源利用效率越低，资源配置在投资活动上的效果越差，应引起注意。

项目回顾

本项目的目的在于为读者提供一套财务收益分析的基本工具。内容安排上，本项目首先从企业财务收益分析的概念界定、内容划分入手，对企业财务收益分析的基本范畴进行了界定。在此基础上，首先介绍了财务成本分析的基本方法，从个别资本成本、综合资本成本和边际资本成本三个方面对财务成本测算方法作了较为详细的介绍，这些内容是财务收益分析不可或缺的。然后从一个新视角、新框架下，先后展开了经营收益分析和投资收益分析工具的介绍。在经营收益分析一节中，从经营活动总收益预测性分析、现实总收益分析和现实净收益分析三个角度展开介绍；在投资收益分析一节中，先后从投资活动总收益分析和投资活动净收益分析两个层面展开介绍。本章所提供的分析方法重在基本原理和思路的介绍，读者在实践工作中可以借鉴这些方法举一反三，根据管理工作的需要增加设计其他更具决策相关性的分析指标。

技能训练

1. 思考题

（1）你如何理解"企业基本价值创造活动可以划分为经营活动和投资活动"这一说法？

（2）对于同一经营性投资项目而言，净现值、现值指数和内含报酬率三个指标之间有何关联关系？

（3）边际资本成本测算的基本原理和步骤如何？

（4）企业营运资金管理成效与经营活动净收益率之间有何关系？

2. 练习题

尝试根据以下简要会计报表及相关说明资料计算本项目介绍过的相关指标（见表 2-6 和表 2-7）。

表 2-6　　　　　　　　　　　　　　资产负债表

编制单位：四海公司　　　　　　　2015 年 12 月 31 日　　　　　　　　　单位：万元

资产	期末数	期初数	负债及所有者权益	期末数	期初数
流动资产：			流动负债：		
货币资金	26 042	21 439	短期借款	31 000	20 000
应收票据	54 578	17 796	应付票据	2 560	1 686
应收账款	16 963	30 412	应付账款		2 121
预付账款	8 956	6 195	应付职工薪酬	1	34
其他应收款	65 072	54 836	应交税金	11 072	6 770
存货	29 846	15 518	其他应付款	12 913	2 512
流动资产合计	201 457	146 196	流动负债合计	57 546	33 123
			非流动负债：		
			长期借款	13 836	
			应付债券	625	
非流动资产：			非流动负债合计	14 461	
长期股权投资	371 059	375 738	负债合计	72 007	33 123
固定资产	41 847	54 961	所有者权益：		
减：累计折旧	10 696	26 620	实收资本	79 765	79 765
固定资产净值	31 151	28 341	资本公积	317 301	317 301
在建工程	19	1 045	盈余公积	67 844	58 620
无形资产	7 217	7 733	未分配利润	73 986	70 244
非流动资产合计	461 989	439 477	所有者权益合计	538 896	525 930
资产合计	610 903	559 053	负债及所有者权益合计	610 903	559 053

表 2-7　　　　　　　　　　　　　　利润表

编制单位：四海公司　　　　　　　2015 年 12 月　　　　　　　　　　单位：万元

项目	2015 年度	2014 年度
一、营业收入	253 498	305 764
减：营业成本	220 888	272 339
营业税金及附加	599	66
销售费用	12 395	4 740
管理费用	13 585	18 127
财务费用	1 313	1 022
加：投资收益	31 678	29 816
二、营业利润	36 396	39 286
加：营业外收入	110	818

续表

项　　目	2015 年度	2014 年度
减：营业外支出	37	46
三、利润总额	36 469	40 058
减：所得税费用	9 117.25	10 014.5
四、净利润	27 351.75	30 043.5

假设四海公司 2015 年度经营性负债水平为 65 000 万元，企业综合资本成本为 13%，所得税税率为 25%，财务费用中经营性负债利息为 1 100 万元。

项目三

财务管理工具箱：风险分析工具

【项目目标】

1. 掌握经营活动资金运用风险分析方法；
2. 掌握投资活动资金运用风险分析方法；
3. 掌握筹资风险分析方法。

【项目简介】

风险与收益是一对孪生兄弟，两者相伴而生。高风险往往伴随高收益，低风险的代价必然是收益水平低下，这是理财实践中人们总结出来的基本经济规律。这一规律提示人们既不能盲目追求高收益而置风险于不顾，也不能一味地为规避风险而放弃收益机会，而应结合企业自身实际情况科学权衡收益与风险之间的关系，作出适宜的财务决策。因此，财务风险分析必然成为企业财务管理的重要工作内容。本项目将围绕企业三大类价值创造活动——经营活动、投资活动和筹资活动分别介绍各类风险分析的基本方法。

本项目的主要内容是财务风险分析的基本工具，具体包括经营活动资金（本）运用风险分析、投资活动资金（本）运用风险分析和筹资风险分析三项任务，内容框架如图3-1所示。

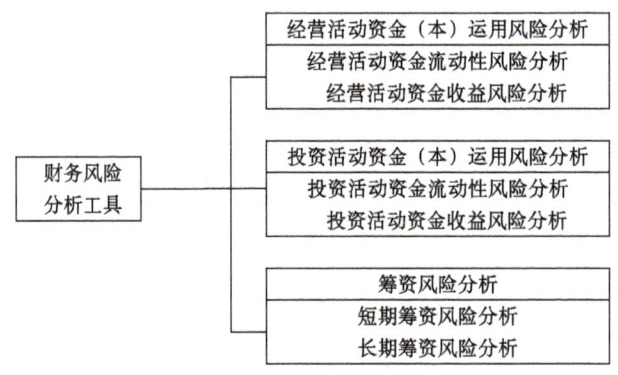

图3-1 财务风险分析基本工具

【项目分解】

根据项目内容，本项目可分解为如下任务：
任务一：经营活动资金运用风险分析
任务二：投资活动资金运用风险分析
任务三：筹资风险分析

任务一　经营活动资金运用风险分析

任务目标

1. 掌握经营活动资金流动性风险分析方法；
2. 掌握经营活动资金收益风险分析方法。

任务解构

一、经营活动资金流动性风险分析

经营活动资金流动性风险主要指经营活动中资金流入与资金流出在时间上的不一致所导致的偿债（如无法支付采购款、无力偿还到期债务等）风险。一般而言，这种风险源于资产结构合理性问题和经营活动营运能力问题。通常可以通过以下指标分析企业经营活动资金流动性风险。

（一）经营活动现金平衡率

从根本上讲，支撑企业自身经营活动的收支循环能力应来自于自身的"造血"能力，即经营活动以收抵支的能力。如果自身经营活动的"造血"能力——产生现金的能力不足，要么会出现经营规模萎缩问题，要么需要不断地依靠外部"输血"（筹资）来维系经营活动。前者将导致产生企业市场占有率降低、获利机会流失等问题；后者会使企业维系经营规模的资金盘子越来越大，不仅背负高昂的资金成本，而且会产生新的偿债问题，进一步加大经营风险，如此造成恶性循环。只有自身经营活动产生现金的能力超过经营活动消耗现金的能力，企业才能具备支付能力，降低经营风险的同时创造出新的财富，并不断扩大经营规模，如此进入良性发展状态。可见，可以通过经营活动现金收支平衡程度——"经营活动现金平衡率"来揭示企业经营活动的风险水平。该指标计算原理如下：

$$经营活动现金平衡率 = \frac{经营活动现金流入}{经营活动现金流出}$$

【例 3-1】 三江公司 20×5 年度现金流量表简表如表 3-1 所示。

表 3-1　　　　　　　　　　　现金流量表

编制单位：三江公司　　　　　20×5 年 12 月　　　　　　　　　　　单位：万元

项　目	金额
一、经营活动产生的现金流量	
销售商品、提供劳务收到的现金	18 500
收到的税费返还	16
经营活动现金流入小计	18 516
购买商品、接受劳务支付的现金	13 130
支付给职工以及为职工支付的现金	787
支付的各项税费	805
经营活动现金流出小计	14 722
经营活动产生的现金流量净额	3 794
二、投资活动产生的现金流量	
收回投资取得的现金	500
取得投资收益所收到的现金	230
投资活动现金流入小计	730
购建固定资产、无形资产和其他长期资产支付的现金	2 050
投资活动现金流出小计	2 050
投资活动产生的现金流量净额	-1 320
三、筹资活动产生的现金流量	
取得借款收到的现金	800
筹资活动现金流入小计	800
分配股利、利润或偿付利息支付的现金	620
筹资活动现金流出小计	620
筹资活动产生的现金流量净额	180
四、汇率变动对现金及现金等价物的影响	
五、现金及现金等价物净增减额	2 654

则该公司的经营活动现金平衡率为：

$$\text{经营活动现金平衡率} = \frac{18\ 516}{14\ 722} = 1.26$$

一般而言，"经营活动现金平衡率"不应低于 1，而且该指标值越高，意味着企业经营活动以收抵支能力越强，经营活动资金流动性风险越低。由【例 3-1】可见，三江公司 20×5 年度"经营活动现金平衡率"水平为 1.26，说明在这一年度中该公司经营活动产生的现金足以保障自身现金消耗所需，经营活动资金流动性还不错。

需要注意的是，计算"经营活动现金平衡率"所使用的是某财务期间的累积数,而企业在这一财务期间的现金收支活动是分散于日常经营过程中的,累积数的平衡不意味着日常收支活动的完全平衡。因此,在使用该指标评价企业经营活动资金流动性风险时,尽可能缩短考察的财务期间长度,同时结合其他分析工具进行全面考察。

(二)经营性资产现金比

经营活动资金流动性风险除来自于经营活动收支平衡能力的不确定性这一根本性因素以外,很大程度上直接来源于经营性资产结构的合理性。如果在全部资产中变现能力较弱的资产占比过大,当企业经营活动需要现金支付时,可用于偿还的资金就会捉襟见肘、力不从心;相反,如果变现能力较大的资产占比较高,企业的支付和偿还能力就会较强,从而承担较低的资金流动性风险。因而,可以通过资产变现性来反映企业潜在的资金流动性风险,"经营性资产现金比"就是比较理想的指标,其计算原理如下:

$$经营性资产现金比 = \frac{经营性货币资金平均余额}{经营性资产平均余额} \times 100\%$$

$$= \frac{经营性现金及现金等价物平均余额}{平均资产总额 - 平均对外投资} \times 100\%$$

【例3-2】三江公司20×5年简要资产负债表和利润表如表3-2、表3-3所示。

表3-2　　　　　　　　　　资产负债表

编制公司:三江公司　　　　20×5年12月31日　　　　　　　　　单位:万元

资产	年末余额	年初余额	负债及所有者权益	年末余额	年初余额
流动资产:			流动负债:		
货币资金	900	800	短期借款	2 300	2 000
交易性金融资产	500	1 000	应付账款	1 200	1 000
应收账款	1 300	1 200	应付职工薪酬	400	300
预付账款	70	40	其他应付款	100	100
其他应收款	80	60	流动负债合计	4 000	3 400
存货	5 200	4 000	非流动负债:		
流动资产合计	8 050	7 100	长期借款	2 500	2 000
			非流动负债合计	2 500	2 000
			负债合计	6 500	5 400
非流动资产:			所有者权益:		
持有至到期投资	400	400	实收资本	12 000	12 000
固定资产(净值)	14 000	12 000	盈余公积	1 840	1 600
无形资产	550	500	未分配利润	2 660	1 000
非流动资产合计	14 950	12 900	所有者权益合计	16 500	14 600
资产总计	23 000	20 000	负债及所有者权益总计	23 000	20 000

表 3–3　　　　　　　　　　　**利润表**

编制公司：三江公司　　　　20×5 年 12 月 31 日　　　　　　　　　　单位：万元

项　目	本期金额	上期金额
一、营业收入	20 000	18 000
减：营业成本	12 200	10 700
营业税金及附加	1 200	1 080
销售费用	900	1 020
管理费用	1 000	800
财务费用	300	200
加：投资收益	300	300
二、营业利润	4 700	4 500
加：营业外收入	150	100
减：营业外支出	650	600
三、利润总额	4 200	4 000
减：所得税费用	1 050	1 000
四、净利润	3 150	3 000
……		

注：财务费用全部为借款利息支出。

则该公司 20×5 年度经营性资产现金比为：

$$\frac{(800+900)/2}{(20\,000+23\,000)/2-(1\,000+500+400+400)/2}\times 100\%=4.18\%$$

一般而言，经营性资产现金比这一指标越高，意味着投放于现金及现金等价物这类变现能力较强的资产上的资金越多，可直接用于商业支付和债务偿还的资产越多，企业经营活动潜在的偿债风险水平越低。当然，这一指标也并非越高越理想，因为资金被现金及现金等价物占用越多，所背负的机会成本越高，企业的盈利性越差，这实质上是以牺牲盈利性来追求安全性的做法。

（三）应收账款周转率

如前所述，企业经营活动资产流动性风险根本上源于经营活动现金收支平衡能力，经营活动上收支平衡能力缺乏进而导致资产流动性风险加大的原因在于投放在经营活动上的资金的回收能力低下。换言之，如果企业经营活动上投放的资金能尽快回流，一般就不至于发生收不抵支的情况（长期性经营亏损除外），自然经营活动风险水平也将随之降低。因此，可以通过经营活动资金回收效率来揭示经营活动资金流动性风险。"应收账款周转率"是比较常用的财务指标。

应收账款周转率是说明应收账款流转速度的指标。它可以用年度内应收账款转化为现金的平均次数表示，即应收账款周转次数；也可以用企业从取得应收账款的权利到收回款项平均所需的时间表示，即应收账款周转天数，或平均应收账款回收期、平均收现期。其计算原理为：

$$应收账款周转率=\frac{营业收入}{平均应收账款}$$

$$应收账款周转天数 = \frac{360}{应收账款周转率}$$

式中,"营业收入"来自利润表,是指扣除销售折扣与折让后的销售净额;平均应收账款是资产负债表中"应收账款"和"应收票据"的期初、期末金额的平均数之和。

【例 3-3】承【例 3-2】,则三江公司 20×5 年应收账款周转率为:

$$\frac{20\ 000}{(1\ 200 + 1\ 300)/2} = 16（次）$$

应收账款周转率既反映了企业应收账款的变现能力、变现速度和管理效率,也反映了企业信用政策的宽严程度。应收账款周转率越高,说明企业催收账款的速度越快,从而可以减少坏账损失;而且资产的流动性强,短期偿债能力也强,一定程度上可以弥补"经营性资产现金比"指标值不理想的影响。但应收账款周转率过高,也可能是企业的信用政策过于严格,付款条件过于苛刻,从而会失去许多销售机会,限制销售量的扩大,影响财务目标的实现。应收账款周转率过低,则说明企业催收账款的效率太低,或信用政策太宽,从而影响资金的正常周转。对于季节性经营的企业、大量使用分期收款结算方式以及大量使用现金结算的销售都会影响该指标的正确计算。而年末销售大量增加或年末销售大幅度下降也会对指标计算结果产生较大的影响。因此,在运用该指标时,应与企业前期指标或行业平均水平作比较才能得出正确的分析结论。

(四) 存货周转率

企业投放于经营活动上的资金除被客户占用的应收账款外,最主要的是滞留于仓库和车间的存货,它们的转化速度也直接影响着企业经营周期的长短,影响着资金流动性的高低。因此,考察企业经营活动资产流动性时还需要关注"存货周转率"这一重要的指标。

存货周转率又称存货利用率,它可以用年度内存货转化为现金的平均次数——存货周转次数表示;也可以用存货周转一次所需的时间——存货周转天数表示。其计算公式为:

$$存货周转率 = \frac{营业成本}{平均存货}$$

$$存货周转天数 = \frac{360}{存货周转率}$$

【例 3-4】承【例 3-2】,则三江公司 20×5 年存货周转率为:

$$\frac{12\ 200}{(4\ 000 + 5\ 200)/2} = 2.65（次）$$

存货周转率越高,说明存货的流动性越强,存货管理效率越高;反之,存货周转率低,存货周转慢,相应的存货储存就会占用更多的资金。但是,过高的存货周转率也可能导致诸如订货费用等其他费用的增加,还可能导致存货不足和发生缺货的现象,引起停工待料等问题。衡量一个企业存货周转率高低的标准取决于同行业存货平均水平及企业过去的存货周转情况。存货周转率降低可能是因为企业的产品不适销对路;或是存货库存管理不善;或是企业销售能力不强;也可能是企业为了应付涨价或原材料可能出现的短缺,而有意增加库存。因此,在实际分析时,企业应根据具体情况作出判断。

二、经营活动资金收益风险

企业经营活动风险除表现为经营活动资金流动性所带来的支付和偿还风险外,还表现为经营活动本身收益水平的不确定性上。因此,在进行经营项目决策时,需要结合其风险因素和风险水平开展经营收益风险分析。常用的分析方法主要包括风险调整折现率法、风险调整现金流量法、敏感性分析法和经营杠杆分析法等方法。

(一) 经营项目风险调整折现率决策法

在本书项目二任务三经营活动总收益预测性分析方法中,经营项目净现值和现值指数的测算,均涉及折现率的选择问题。这里的折现率不论如何选择,其本质上都是企业投资该经营项目所要求的收益率。风险与报酬之间的依存规律决定,随着经营项目收益的不确定性越大,所要求的必要投资报酬率——折现率也将越高,经营项目的评估价值将随之而得以降低,直至该项目被否决掉(此时经营项目的风险已超出企业承受能力),这是企业作经营性项目投资决策的基本原理。因此,可以结合经营项目的风险水平调整折现率水平,进而作出最终的风险投资决策,这就是风险调整折现率决策法的基本思路。具体操作步骤如下:

(1) 计算经营项目各财务年度综合收益期望值 $(\overline{C}_0) = \sum_{t=1}^{n} \dfrac{\overline{C}_t}{(1+R_F)^t}$

(2) 计算整个方案各年收益的综合标准离差 $(\sigma_0) = \sqrt{\sum_{t=1}^{n} \dfrac{\sigma_t^2}{(1+R_F)^{2t}}}$

(3) 计算方案各年收益综合标准离差率 $(V_0) = \dfrac{\sigma_0}{\overline{C}_0}$

(4) 以无风险收益率为基础调整折现率 $(K_0) = R_F + bV_0$

(5) 以 K_0 为折现率进行决策。

【例3-5】经营性项目 H 原始投资 10 000 万元,经营期 3 年,投产后各年的净现金流量不完全确定,各种可能性如表 3-4 所示,无风险报酬率为 5%。

表3-4　　　　　　　H 项目经营净现金流量预测表　　　　　　　单位:万元

第一年		第二年		第三年	
净现金流量	概率	净现金流量	概率	净现金流量	概率
3 000	0.2	4 000	0.6	4 000	0.2
4 000	0.5	5 000	0.2	5 000	0.6
5 000	0.3	5 500	0.2	6 000	0.2

则该项目风险调整折现率决策过程如下:

(1) 计算经营项目各财务年度综合收益期望值：

$\overline{C}_1 = 3\,000 \times 0.2 + 4\,000 \times 0.5 + 5\,000 \times 0.3 = 4\,100$（万元）

$\overline{C}_2 = 4\,000 \times 0.6 + 5\,000 \times 0.2 + 5\,500 \times 0.2 = 4\,500$（万元）

$\overline{C}_3 = 4\,000 \times 0.2 + 5\,000 \times 0.6 + 6\,000 \times 0.2 = 5\,000$（万元）

$\overline{C}_0 = \dfrac{4\,100}{1+10\%} + \dfrac{4\,500}{(1+10\%)^2} + \dfrac{5\,000}{(1+10\%)^3} = 11\,203$（万元）

(2) 计算整个方案各年收益的综合标准离差（σ_0）：

$\sigma_1 = [(3\,000-4\,100)^2 \times 0.2 + (4\,000-4\,100)^2 \times 0.5 + (5\,000-4\,100)^2 \times 0.3]^{\frac{1}{2}} = 700$

$\sigma_2 = [(4\,000-4\,500)^2 \times 0.6 + (5\,000-4\,500)^2 \times 0.2 + (5\,500-4\,500)^2 \times 0.2]^{\frac{1}{2}} = 632$

$\sigma_3 = [(4\,000-5\,000)^2 \times 0.2 + (5\,000-5\,000)^2 \times 0.6 + (6\,000-5\,000)^2 \times 0.2]^{\frac{1}{2}} = 632$

$\sigma_0 = \left[\left(\dfrac{700}{1+10\%}\right)^2 + \left(\dfrac{632}{(1+10\%)^2}\right)^2 + \left(\dfrac{632}{(1+10\%)^3}\right)^2\right]^{\frac{1}{2}} = 951$

(3) 计算方案各年收益综合标准离差率：

$V_0 = \dfrac{951}{11\,203} = 0.0849$

(4) 以无风险收益率为基础调整折现率 K_0（假设根据以往经验，确定风险价值系数 b = 20%）：

$K_0 = 5\% + 20\% \times 0.0849 = 6.70\%$

(5) 用风险水平调整后的折现率计算净现值 NPV：

$NPV = \dfrac{4\,100}{1+6.7\%} + \dfrac{4\,500}{(1+6.7)^2} + \dfrac{5\,000}{(1+6.7)^3} - 10\,000 = 1\,912$（万元） > 0

由于该项目的净现值大于0，说明不仅达到预期收益率水平，而且还有超额收益1 912万元，项目可以投资。

从方法操作原理上看，风险调整折现率法假设折现率随着风险水平提高而增大，便于理解。但是该方法将时间价值和风险价值混在一起，人为地假定风险一年比一年大，这不一定与实际相符，因为有的项目在最初几年收益不确定，但随着时间推移其收益可能比较稳定。因此，在应用该方法进行经营项目风险决策时需考虑项目本身的特点来决定方法的取舍。

（二）经营项目风险调整现金流量决策法

在对经营项目总收益作预测性分析时，除可以考虑风险因素调整折现率进行项目收益能力评估以外，还可以结合项目未来收益的不确定性程度对期望现金流量进行调整，然后以调整后的现金流量和无风险报酬率来评价项目的财务效果。本质上讲，这是一种本着稳健性原则来处理现金流量的决策方法，其基本思路是"考虑未来现金流量具有很大的不确定性，为不夸大项目的收益水平而盲目投资该项目，需结合收益的不确定性对期望收益打个折扣，以折扣后的现金流量反映项目的收益水平，以此为基础的评价结论自然就是包含了风险思考的分析结论"。经营项目风险

调整现金流量决策法基本步骤如下:
(1) 计算经营项目各年现金流量期望值;
(2) 计算经营项目各年现金流量标准离差;
(3) 计算经营项目各年现金流量标准离差率;
(4) 对照约当系数表,获取用以调整各年现金流量的约当系数 α;
(5) 用约当系数 α 调整各年现金流量;
(6) 用调整后的现金流量和无风险报酬率评估项目财务效果。

【例 3-6】承【例 3-5】,同类项目的约当系数如表 3-5 所示。

表 3-5　　　　　　　　同类项目约当系数表

标准离差率（V）	约当系数（α）
0.00~0.07	1.00
0.08~0.15	0.95
0.16~0.23	0.90
0.24~0.32	0.80
0.33~0.42	0.70
0.43~0.54	0.55
0.55~0.70	0.40
……	……

则 H 经营项目风险调整现金流量决策过程如下:

(1) 计算经营项目各年现金流量期望值 $\overline{C_t}$:

$\overline{C_1} = 3\,000 \times 0.2 + 4\,000 \times 0.5 + 5\,000 \times 0.3 = 4\,100$（万元）

$\overline{C_2} = 4\,000 \times 0.6 + 5\,000 \times 0.2 + 5\,500 \times 0.2 = 4\,500$（万元）

$\overline{C_3} = 4\,000 \times 0.2 + 5\,000 \times 0.6 + 6\,000 \times 0.2 = 5\,000$（万元）

(2) 计算经营项目各年现金流量标准离差 σ_t:

$\sigma_1 = [(3\,000 - 4\,100)^2 \times 0.2 + (4\,000 - 4\,100)^2 \times 0.5 + (5\,000 - 4\,100)^2 \times 0.3]^{\frac{1}{2}} = 700$

$\sigma_2 = [(4\,000 - 4\,500)^2 \times 0.6 + (5\,000 - 4\,500)^2 \times 0.2 + (5\,500 - 4\,500)^2 \times 0.2]^{\frac{1}{2}} = 632$

$\sigma_3 = [(4\,000 - 5\,000)^2 \times 0.2 + (5\,000 - 5\,000)^2 \times 0.6 + (6\,000 - 5\,000)^2 \times 0.2]^{\frac{1}{2}} = 632$

(3) 计算经营项目各年现金流量标准离差率 V_t:

$V_1 = \dfrac{700}{4\,100} = 0.17$　　　$V_2 = \dfrac{632}{4\,500} = 0.14$　　　$V_3 = \dfrac{632}{5\,000} = 0.13$

(4) 对照约当系数表,获取用以调整各年现金流量的约当系数 α_t:

$\alpha_1 = 0.9$　　$\alpha_2 = 0.95$　　$\alpha_3 = 0.95$

(5) 用约当系数 α 调整各年现金流量:

$NCF_1 = 0.9 \times 4\,100 = 3\,690$（万元）

$NCF_2 = 0.95 \times 4\,500 = 4\,275$（万元）

$NCF_3 = 0.95 \times 5\,000 = 4\,750$（万元）

(6) 用调整后的现金流量和无风险报酬率评估项目财务效果：

$$NPV = \frac{3\,690}{1+5\%} + \frac{4\,275}{(1+5\%)^2} + \frac{4\,750}{(1+5)^3} - 10\,000 = 1\,495(万元) > 0$$

可见，考虑风险因素后对 H 项目预期现金流量进行折扣后所计算出的净现值仍旧大于 0，说明该项目收益的风险水平尚可接受，可以投资经营并获利。

经营项目风险调整现金流量决策法克服了"风险调整折现率决策法"容易夸大远期风险的缺点，但如何准确合理地确定约当系数是个十分困难的问题。约当系数的选择除考虑行业一般风险水平以外，还需更多地考虑待投资经营项目本身的特殊性、投资企业的市场地位、管理素质等因素，而且约当系数的高低还会受决策层的风险态度影响。一般而言，保守型的决策者可能会将约当系数确定得高一些，反之会低一些。

（三）经营项目收益敏感性分析

影响经营活动收益水平的因素很多，这些因素的不确定性变化直接带来经营活动收益的不确定性，由此产生经营风险。为有效地控制经营收益风险水平，不论在经营项目投资决策还是在项目日常经营决策中，均需考虑相关影响因素变化对经营活动的影响。然而，一方面影响经营收益的因素众多，难以面面俱到；另一方面，各因素对经营活动收益的影响方式和程度并不相同。因此，在控制经营活动风险过程中，应本着"重要性"原则，识别和控制主要因素，进而降低经营项目的总体风险水平。敏感性分析法是解决这一问题的有效工具。

经营项目收益敏感性分析的主要任务包含两个方面：其一，通过敏感性系数计算，明确各因素对经营收益的影响程度，并按影响程度对这些因素进行排队，为经营项目风险控制提供依据；其二，测算在确保实现目标经营收益的前提下各影响因素的最大变化范围，为经营风险管理提供依据。

经营收益敏感性分析操作步骤如下：

（1）明确敏感性分析对象。这里所谓的敏感性分析对象是指用来反映经营项目经济效果的某财务指标，例如项目净现值、销售利润率等。

（2）识别该经营项目的敏感性因素。由于项目经营收益影响因素众多，因此通常选择具有直接、重大影响的因素作为因感性因素。例如，以项目净现值为敏感性分析对象，则项目原始投资额、销售量、销售价格、生产成本等均可作为敏感性分析对象。

（3）测算经营收益对各影响因素的敏感性程度。此时需计算敏感性系数：

$$敏感性系数 = \frac{分析对象变动率}{影响因素变动率} = \frac{分析对象变动额 \div 分析对象变化前水平}{影响因素变动额 \div 影响因素变化前水平}$$

【例 3-7】承【例 2-9】，测算该项目净现值对固定资产投资额的敏感性程度如下：

由【例 2-9】可知，该项目各年净现金流量分别为初始现金流量 -105 万元，第 1~11 年现金流量分别为 -20 万元（流动资金投资）、17 万元、20 万元、24.5 万元、31.5 万元、41.38 万元、55.56 万元、78.34 万元、70 万元、70 万元、100 万元，项目净现值为 122.15 万元。

（1）令固定资产投资额提高 10%，即增长到 110 万元，则相应的净现值为：

$$NPV = -110 - 5 + \frac{-20}{(1+10\%)^1} + \frac{17}{(1+10\%)^2} + \cdots + \frac{70}{(1+10\%)^{10}} + \frac{100}{(1+10\%)^{11}}$$

$$= -105 - 20 \times 0.909 + 17 \times 0.826 + \cdots + 70 \times 0.386 + 100 \times 0.350$$

$$= 112.15（万元）$$

净现值对固定资产投资额的敏感性系数 $= \dfrac{(112.15 - 122.15)/122.15}{10\%} = -0.82$

（2）令资本成本提高 10%，即增长到 11%，则相应的净现值为：

$$NPV = -100 - 5 + \frac{-20}{(1+10\%)^1} + \frac{17}{(1+10\%)^2} + \cdots + \frac{70}{(1+10\%)^{10}} + \frac{100}{(1+10\%)^{11}}$$

$$= -105 - 20 \times 0.901 + 17 \times 0.812 + \cdots + 70 \times 0.352 + 100 \times 0.317$$

$$= 106.86（万元）$$

净现值对资本成本的敏感性系数 $= \dfrac{(106.86 - 122.15)/122.15}{10\%} = -1.25$

（4）根据分析对象对各影响因素的敏感性系数由大到小排列影响因素，为风险因素控制提供依据。由【例3-7】可知，相比固定资产投资额而言，该经营项目净现值对资本成本的敏感性更高。因此，资本成本应该作为项目投资和运行过程中重点控制的对象。

（5）可以在第（4）步的基础上进一步计算在不影响项目可行性的前提下，相关因素最大的允许变化范围。

以【例3-7】中固定资产投资额为例：在其他因素不变的情况下，为使净现值不低于 0，固定资产投资额最高不能超过 222.15 万元，即固定资产投资额可承受的最大提升范围为"提高 122.15%"，一旦突破这一界限，该经营项目将陷入亏损状态。

（四）经营项目经营杠杆与潜在经营风险分析

成本性态规律决定经营性项目投产以后，在其他条件不变的情况下，产销量的增加一般不会改变固定成本总额，但却会降低单位固定成本，从而提高单位利润，这样使得利润的增长率大于产销量的增长率；反之，产销量的减少会提高单位固定成本水平，降低单位利润，使得利润下降率也大于产销量下降率。假如不存在固定成本，所有成本都是变动的，那么边际贡献就是利润，此时利润变动率就会等于产销量变动率。这种由于固定经营成本的存在而造成的利润变动率大于产销量变动率的现象，称为经营杠杆。可见，经营杠杆作用的客观存在，可能使企业获得一定的经营杠杆利益，也可能使企业承受相应的经营风险。

影响企业经营风险的因素有很多，主要有：

（1）产品需求的变动。市场对产品的需求越稳定，经营风险就越小；反之，经营风险就越大。

（2）产品售价的变动。产品售价变动不大，则经营风险小；否则经营风险会更大。

（3）产品成本。产品成本是收入的抵减，成本的不稳定会导致利润的不稳定，从而加大经营风险。

（4）固定成本比重以及经营杠杆作用。在企业全部的成本中，若固定资产所占的比重较大，则单位产品分摊的固定成本就越多，若产量发生变动，单位产品分摊的固定成本就会随之变动，最后导致利润更大幅度的变动，也就是经营杠杆的作用越大，此时经营风险水平就越高；反之，经营风险水平就越低。

经营活动开展过程中，为反映经营杠杆的作用程度，估计经营杠杆的利益的大小，评价潜在的经营风险水平的高低，需要测算经营杠杆系数，计算原理如下：

$$DOL = \frac{\Delta EBIT/EBIT}{\Delta Q/Q} = \frac{Q(P-V)}{Q(P-V)-FC}$$

式中：DOL——经营杠杆系数；

　　　　Q——产销量；

　　　　ΔQ——销售变动量；

　　　　EBIT——基期的息税前利润；

　　　　$\Delta EBIT$——息税前利润的变动额；

　　　　P——产品单位售价；

　　　　V——产品单位变动成本；

　　　　FC——固定成本总额。

【例3-8】某企业生产A产品，固定成本总额为160万元，变动成本率为60%，当产品销售额分别为1 200万元、800万元和400万元时，其相应的经营杠杆程度分别为：

$$DOL_1 = \frac{1\,200 - 1\,200 \times 60\%}{1\,200 - 1\,200 \times 60\% - 160} = 1.5$$

$$DOL_2 = \frac{800 - 800 \times 60\%}{800 - 800 \times 60\% - 160} = 2$$

$$DOL_3 = \frac{400 - 400 \times 60\%}{400 - 400 \times 60\% - 160} = \infty$$

可以看到，当企业的固定成本为0时，企业经营杠杆为1；固定成本越高，企业的经营杠杆越大；当营业利润刚好可以弥补固定成本时（如DOL_3），企业的经营杠杆为∞。也就是说企业的息税前收益越高，企业的经营杠杆也就越小，潜在的经营风险水平就越低。

需要注意的是，经营杠杆系数的大小虽能用来描述企业的经营风险，但是它所描述的仅仅是企业总的经营风险的一部分。经营杠杆本身并不会直接导致经营风险，它只是对企业销售或成本的不确定性，也就是风险具有放大作用。因此，经营杠杆系数反映的是企业经营的一种"潜在风险"，这种风险只有在销售或成本具有变动性的条件下才会实际产生作用。企业一般可以通过增加销售额、降低产品单位变动成本和降低固定成本比重等措施使经营杠杆系数降低，降低经营风险，但这往往可能受到其他条件的限制。

任务二　投资活动资金运用风险分析

任务目标

1. 掌握投资活动资金流动性风险分析方法；
2. 掌握投资活动资金收益风险分析方法。

任务解构

一、投资活动资金流动性风险分析

投资活动资金流动性风险主要指对外投资活动中由于所投金融资产质量低下而导致的投资本金和投资收益回收不利风险。一般而言，这种风险源于所投金融资产结构合理性问题和所投金融资产质量问题。通常可以通过以下指标分析企业投资活动资金流动性风险。

（一）短期投资比率

在企业全部对外投资中，按照回收期限长短可将投资资产划分为短期投资和长期投资两大类。其中短期投资通常被作为现金的储备形式，具有较高的变现能力，当企业需要货币资金时可以随时变现为现金进而收回投资本金，此时投资活动资金流动性风险较低；相比之下，长期投资具有回收期长、投资风险高的风险，变现力相对较弱，致使投资活动资金流动性风险提高。因此，可以通过对外投资资产结构分析来揭示投资活动资金流动性风险。

$$短期投资比率 = \frac{交易性金融资产平均余额}{对外投资总额平均余额} \times 100\%$$

【例3-9】 承【例3-2】，则三江公司短期投资比率为：

$$短期投资比率 = \frac{(1\,000 + 500)/2}{(1\,000 + 500 + 400 + 400)/2} \times 100\% = 65.22\%$$

短期投资比率越高，意味着在全部投资中货币性金融资产的比重越高，投资本金回收能力越强，企业对外投资资产整体流动性越高，相应地投资活动资金流动性风险越低。当然，通过这种途径降低投资活动资金流动性风险的代价自然是企业投资收益水平的降低，因为短期投资的收益率通常低于长期投资收益率。所以理财实践中不应一味地通过这种途径实现投资活动资金流动性风险，而是应结合经营活动资金流动性合理搭配长短期投资的比例，实现风险与收益的合理平衡。

另外，长期投资资产中若高质量投资资产较多时，即便短期投资比率不高，企业对外投资的整体流动性也未必低下，这一点在分析过程中不应忽略。

（二）A级债券投资比率

对于债权投资而言，不同信用级别的债券在证券市场上的变现力是不同的。在所有债券中，拥有 A（AAA、AA、A）等信用级别的债券收益安全性大，受经济形势影响的程度较小。因此，这些债券本金回收一般不会出现问题，当企业需要现金时也可以在证券市场上以合理的价格快速转化为现金。所以，在全部债券投资中，该类债券比例的高低能在很大程度上揭示企业债权投资的资金流动性风险。

$$A 级债券投资比率 = \frac{A 级债券投资平均余额}{债券投资平均余额} \times 100\%$$

该比率越高，意味着企业对外债权投资总体安全性越高，债权投资资金流动性风险越低。当然，A 级债券特有的安全性也注定了这类债券收益率相对较低，所以，有经验的投资人往往不会专注于 A 级债券的投资，也会在权衡风险的基础上适当选择级别相对低下的债券进行投资，以追求较高的投资收益。这一点在理财实践中是需要考虑的。

（三）投资收益现金比

投资活动资金流动性不仅体现为投资本金回收的风险，很大程度上还表现为投资收益的回笼风险。若企业对外投资所实现投资收益仅仅体现在账面收益，迟迟收不到现实的资金回笼，势必会影响其他再投资活动或经营活动上的偿付能力，由此也使得投资活动面临较大的风险。因此，可以通过"投资收益现金比"这一指标来揭示企业投资活动的收益回笼能力。

$$投资收益现金比 = \frac{取得投资收益所收到的现金}{投资收益} \times 100\%$$

【例 3 - 10】 承【例 3 - 1】和【例 3 - 2】，则三江公司投资收益现金比为：

$$投资收益现金比 = \frac{230}{300} \times 100\% = 76.67\%$$

投资收益现金比越高，意味着当年对外投资所实现的投资收益回笼比率越高，企业对外投资资产整体质量越高，相应地企业可以在经营活动或投资活动上自由支配的现金越多，企业财务自由度越大，投资活动资金流动性风险越低。

二、投资活动资金收益风险分析

企业对外投资活动资金运用风险一方面体现为投资资金流动性风险，另一方面体现为投资活动资金收益风险上。所谓"投资活动资金收益风险"是指投资活动资金收益率的不确定性程度。这种风险高低很大程度上受投资对象的选择方案的科学性影响。

企业开展对外投资时，一般并不把所有资金都投资于一种证券，而是同时持有多种证券，即进行组合投资——将资金同时投资于多种证券——由此形成的由多种证券构成的综合投资对象就是通常所说的"投资组合"。因此，企业投资活动资金收益风险主要表现为投资组合的收益风险上。

投资组合之所以能降低对外投资的风险水平，其根本原因在于组合中证券风险与收益的非完全正相关性。正是由于组合中所包含的证券的非完全正相关性，决定了组合的总体收益不确定性要低于各种证券各自收益不确定之和,由此降低对外投资活动资金收益风险的总风险水平,而且随着组合中所包含的证券的种类越多,资金收益风险被降低的程度越明显。投资组合的风险及收益关系可以通过著名的资本资产定价模型(Capital Asset Pricing Model,CAPM)予以分析。这个模型揭示了多样化投资组合中资产的风险和所要求的收益率之间的关系。

(一)投资组合的总风险

投资组合的总风险一般包括两部分:可分散风险和不可分散风险。其中,不可分散风险是系统性的风险,不能通过组合投资来分散;而可分散风险是证券发行企业的特有风险,是可以通过适当的组合投资来进行分散的。因此,可将投资组合的风险描绘如图3-2所示。

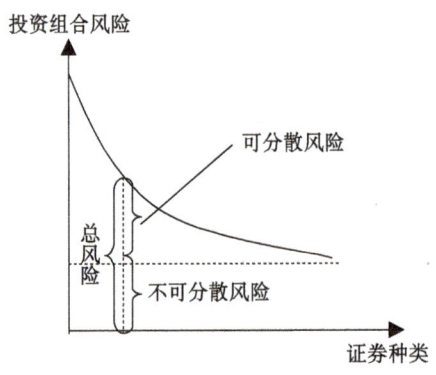

图3-2 投资组合风险构成图

由于可分散风险可以通过优化组合而分散化消除,因此,一个充分的投资组合几乎没有可分散风险。假设投资人都是理智的,都会选择充分投资组合,此时可分散风险将与资本市场无关。市场不会对它给予任何价格补偿,就像商品市场只承认社会必要劳动时间,而不承认个别劳动时间一样。市场不会给"浪费"以价格补偿,不会给那些不必要的风险以回报。通过分散化消除了可分散风险,几乎没有任何值得市场承认的、必须花费的成本。因此,证券组合的风险主要体现为系统性风险,其风险程度可用β系数来衡量。

(二)投资组合β系数

由于可分散风险可以通过组合投资加以消除,因此,投资者关心的是不可分散风险对投资组合的影响。在风险研究中,通常以β系数来衡量不可分散风险。β系数实质上是不可分散风险的指数,用于反映个别证券收益的变动相对于市场收益变动的灵敏程度。市场收益是指所有证券组成的市场投资组合的收益。从理论上讲,市场投资组合是由所有风险性证券组成的,它的收益率是无法确定的。但在实务中,就证券投资来说,通常是以一些具有代表性的证券指数(例如标普500)来模拟所在证券市场的市场投资组合,再根据证券指数中个别证券的收益率来估计市场投资组合的收益率,然后再采用一定的方法(回归分析、斜方差分析等统计分析技术)

来估算 β 系数。但由于 β 值的实际测算过程较为复杂,所以一般由专门机构进行测算,并提供结果供投资者使用。若将整个股票市场的 β 系数确定为 1,则某种股票的 β 系数如大于 1,表示其风险水平高于整个市场的平均风险水平;如果等于 1,表示其风险水平与整个市场平均风险水平相同;如果小于 1,表示其风险水平低于整个市场的平均风险水平。

在知道单项投资 β 系数的基础上,可以进一步测算投资组合的 β 系数。投资组合的 β 系数是该组合中各单项投资 β 系数的加权平均数,其权数为各单项投资在该投资组合中所占的比重。计算公式如下:

$$\beta_p = \sum_{i=1}^{n} W_i \beta_i$$

式中:β_p——投资组合的 β 系数;

W_i——组合投资中第 i 种投资占总投资的比重;

β_i——第 i 种投资的 β 系数;

n——投资组合中包含的投资总数。

显然,如果一个高 β 值证券(β > 1)被加入到一个平均风险组合(β_p)中,则组合风险将会提高;反之,一个低 β 值证券(β < 1)被加入到一个平均风险组合(β_p)中,则组合风险将会降低。所以,一种证券的 β 值可以度量该证券对整个组合风险的贡献,β 值可以作为这一证券风险程度的大致度量。

【例 3-11】某个投资者持有三种股票构成的证券组合,它们的 β 系数分别为 2.0、1.0、0.5,它们的投资在证券组合中的比重分别为 50%、30% 和 20%,则:

$\beta_p = 50\% \times 2.0 + 30\% \times 1.0 + 20\% \times 0.5 = 1.4$

即该投资组合的风险水平是市场平均风险水平的 1.4 倍。

(三)投资组合的风险报酬率与必要报酬率

严格上讲,投资组合的期望报酬率应表示为:

$\hat{K}_P = K_F + \hat{K}_C + \hat{K}_N$

式中:$\hat{K}_P$——投资组合的期望报酬率;

K_F——无风险报酬率;

$\hat{K}_C$——投资组合的非系统风险报酬率;

$\hat{K}_N$——投资组合的系统风险报酬率。

在确定市场情况下,各项投资的无风险报酬率(K_F)是相同的。$\hat{K}_C$ 是非系统风险报酬率,而非系统风险是可以通过组合投资进行分散的,因此它没有风险补贴,故在此不必考虑 $\hat{K}_C$。$\hat{K}_N$ 是投资组合的系统风险报酬率,也是投资所要求的风险补贴率,它的大小直接受投资组合 β 系数的影响。因此,上面的公式可进一步简化为:

$\hat{K}_P = K_F + \hat{K}_N = K_F + \beta_P(\hat{K}_m - K_F)$

式中:$\hat{K}_m$——市场平均报酬率。若是证券投资,则可认为 $\hat{K}_m$ 是证券市场上各种证券的平均报酬率,简称证券市场报酬率。$(\hat{K}_m - K_F)$的大小受市场全体投资者回避风险程度的影响,因此也称为市场平均风险补贴率。

由前述 β 系数的经济含义——投资组合风险相当于市场平均风险的倍数——可知,$β_P(\hat{K}_m - K_F)$即为该投资组合因冒相当于市场平均风险 $β_P$ 倍的风险而要求实现的风险补偿率,即风险收益率。

【例 3-12】A 公司进行组合投资,购买甲、乙、丙三种股票。β 系数分别为 2.0、1.0 和 0.5,它们在投资组合中的比重分别为 50%、40% 和 10%,设股票市场平均报酬率为 12%,无风险报酬率为 8%,则有:

投资组合的风险程度:$β_P = 50\% \times 2.0 + 40\% \times 1.0 + 10\% \times 0.5 = 1.45$

投资组合的风险收益率:$1.45 \times (12\% - 8\%) = 5.8\%$

投资组合的必要报酬率:$\hat{K}_P = 8\% + 1.45 \times (12\% - 8\%) = 13.8\%$

由此可以看出:在其他因素不变的情况下,投资组合的必要报酬率受到组合中各单项投资的 β 值以及各单项投资在组合投资中的比重大小的影响。在投资组合中,β 系数较高的单项投资所占比重越大,则组合投资中的 β 值越大,风险越大。相应地,该投资组合所要求的必要报酬率也因而越大,这是风险与报酬对等规律的客观体现。

任务三 筹资风险分析

任务目标

1. 掌握短期筹资风险分析方法;
2. 掌握长期筹资风险分析方法。

任务解构

一、短期筹资风险分析

企业开展经营活动需要流动资产作为经营项目的周转运营对象;开展投资活动,出于投资资金流动性考虑,也会投资一定规模的短期证券。考虑成本效益原则,企业一般主要筹措短期资金投放于这些短期资产上,这样既能满足经营或投资资产周转的需要,又能有效地降低资本成本水平。而企业短期筹资往往主要是通过短期债务来实现,短期债务到期日较近,偿还迫切性较大,由此给企业带来即时还本付息的压力,加大筹资风险。对于这种短期筹资风险,可以通过以下财务指标予以揭示。

(一)流动比率

短期筹资到期日短于一年,需要在不超过一年的时期内予以偿付,具有较强的偿还迫切性。债务的直接偿还手段是货币资金,而流动资产的周转特性决定了这些资产通常可以在不超过一年的时间内转化为现金,其周转期限与短期负债偿付期限比较吻合。因此,即使在短期债务到期时企业没有足够的货币资金直接偿付,但可以变现其他流动资产来偿还债务资金,避免不能偿还进而导致债务纠纷甚至破产清算的危机事件发生。所以,可以用流动资产对短期债务的保障程度——流动比率来揭示企业的短期筹资风险。该指标计算原理如下:

$$流动比率 = \frac{流动资产}{流动负债}$$

【例 3-13】承【例 3-2】,则三江公司 20×5 年末的流动比率为:

$$流动比率 = \frac{8\ 050}{4\ 000} = 2.01$$

可见,在三江公司每举借 1 元钱的短期债务资金,就有 2.01 元的流动资产作为偿付这 1 元钱债务的保障,与流动比率经验值(一般认为流动比率的理想值为 2,但这只是经验值,并不具备普适性,分析过程中应结合行业特点、企业资产结构、资产质量等具体因素对偿债能力的影响)相比,该公司的短期偿债能力是比较理想的,短期筹资风险比较低。

(二)速动比率

在全部流动资产中各种具体资产的变现能力有差别的,譬如存货相对交易性金融资产、应收账款等资产而言,变现能力相对较弱,变现成本较高,变现速度较慢。因此,如果在流动资产中存货所占比重较大,尽管流动比率很高,企业短期偿债能力也未必很强,仍旧会承担较高的短期筹资风险。为进一步分析企业短期筹资风险,可以在分析流动比率的基础上分析企业的速动比率,即考察变现能力较强的"速动资产"(流动资产扣除变现能力较弱的存货后的差额)对短期债务的保障程度。计算原理如下:

$$速动比率 = \frac{速动资产}{流动负债} = \frac{流动资产 - 存货}{流动负债}$$

【例 3-14】承【例 3-2】,则三江公司 20×5 年末的流动比率为:

$$速动比率 = \frac{8\ 050 - 5\ 200}{4\ 000} = 0.71$$

可见,在三江公司每举借 1 元钱的短期债务资金,只有 0.71 元的速动资产作为偿付的保障,与速动比率经验值(一般认为速动比率的理想值为 1,但这只是经验值,并不具备普适性,分析过程中应结合行业特点、企业资产结构、资产质量等具体因素对偿债能力的影响)相比,该公司的短期偿债能力是不太理想的,由此导致的短期筹资风险比较高。

从短期筹资风险角度看,流动比率、速动比率水平越高,意味着企业偿还短期债务的能力越强,短期筹资风险越低。但如果流动比率、速动比率过高,也可能是短期负债筹资不足,营运资本水平过高,大量流动资产是依靠长期筹资投放,这会使企业承担过高的资本成本;也可能是将资金过多地投放于货币资金、应收账款等流动资产上,而这些流动资产本身并不具备生产能力、财富创造能力,如果过多地持有势必降低企业资金获利能力。因此，流动比率、速动比率应保持在适当的水平上才比较理想。在分析企业短期筹资风险时需结合该指标的行业一般水平、企业速动资产及存货等其他流动资产结构及质量、临时举债能力、或有负债水平、可利用信用额度等因素综合判断。

另外，速动比率对企业短期筹资风险的揭示能力，很大程度上还取决于应收账款的规模和质量，如果应收账款规模过大、质量过低，尽管速动比率在数值上比较理想，企业的短期筹资风险也未必得到很好的控制。因此，利用速动比率分析企业短期筹资风险过程中，应对应收账款水平、账龄结构、债务人信用资质等因素给予充分的关注。

(三) 短期金融性债务与营运资金之比

企业经营实践中，维持经营活动和投资活动两大类营业活动的短期资金无外乎来自于两大途径：其一，伴随商业活动中的信用采购和信用销售活动而产生的自然性融资——商业信用融资，即对商业伙伴资金的占用，其通常无须支付资金成本，在偿付的自由度方面相对于银行借款等金融性债务而言也稍大一些；其二，通过金融性负债和权益性融资筹措的资金，其需要企业支付资金成本，而且其中的金融性债务资金在偿付方面具有相对更大的刚性。从企业理财角度看，全部流动资金扣除上述第一类自然性融资后的差额，才是企业财务部门的理财活动要去考虑的筹资规模——营运资金[①]筹资。而这些营运资金筹资又可通过两个途径来实现：短期金融性筹资（如短期借款、发行短期融资券等）和长期资本筹资（如长期借款、发行债券和股票等）。其中短期金融性筹资构成对银行等债权人的近期偿付义务，且如前文所述这些债务在偿付方面具有更大的刚性，由此给企业带来短期筹资风险。因此，可以通过这些资金占营运资金的比重——短期金融性债务与营运资金之比来揭示企业的短期筹资风险。计算原理如下：

$$短期金融性债务与营运资金比 = \frac{短期金融性债务}{营运资金} \times 100\%$$

$$= \frac{流动负债 - 自然性短期融资}{流动资产 - 自然性短期融资} \times 100\%$$

【例 3 – 15】承【例 3 – 2】，则三江公司 20×5 年末的短期金融性债务与营运资金之比为：

$$短期金融性债务与营运资金比 = \frac{4\,000 - 1\,200 - 400 - 100}{8\,050 - 1\,200 - 400 - 100} \times 100\% = 36.22\%$$

从短期筹资风险角度看，"短期金融性债务与营运资金之比"越高，意味着偿付压力和刚性相对较大的短期金融性筹资规模越大，相应地企业短期筹资风险水平

[①] 这里的营运资金概念与传统"流动资产减流动负债差额"这一概念不同，是指流动资产减商业性自然融资后的差额，即需要理财活动为支持经营活动和投资活动的开展而主动去筹措的有偿资金。而传统"流动资产减流动负债差额"在本书中定义为"营运资本"——需要用长期资本予以满足的流动资金投放额。详见王竹泉："构建财务报告分析新框架"，《新理财》，2015 年第 1 期。

越高。由【例3-15】可见,在三江公司中,价值8 050万元的流动资产投资除依靠1 700万元的自然性融资外,由风险相对较高的金融性短期负债来满足的只有2 300万元,仅占营运资金筹资总额的36.22%,更多地依靠长期债务和股权资金来满足。从偿还压力角度看,短期筹资风险不是很高,但由此带来的是相对更高的资本成本,一定程度上会影响企业的资本净收益率和资本净增加值率水平。

二、长期筹资风险分析

企业开展经营活动需要长期资产作为生产手段,开展投资活动需要持有一定规模的长期投资资产以获取更多的投资收益或落实其他战略目标(比如对其他企业的控制)。从确保财务安全性考虑,这些长期经营性和投资性资产均需筹措一定规模的长期资金予以保障。从所筹资金权益属性角度,可将企业长期筹资分为债务性长期筹资和权益性长期筹资。其中长期债务筹资虽然资金到期日超过一年,但企业一方面需承担固定性的利息支付负担,另一方面随着时间的推移,长期债务也会逐渐转化为短期债务,进而形成还本压力。如果企业不能及时足额支付利息、偿还本金,就会因此而降低信誉、陷入财务困境,甚至被破产清算,这便是长期筹资风险。长期筹资风险是企业理财活动必须关注的对象,如果这方面的风险得不到有效的控制,经营活动和投资活动的价值创造效果可能会大打折扣,甚至因此付诸东流。一般而言,企业可以通过以下财务指标对长期筹资风险进行分析。

(一)资产负债率

从筹资活动对营业活动的支持方式上来看,开展经营活动和投资活动所需要的资金一方面来源于股东投入,另一方面则来自于债权人投入。后者需要企业还本付息,如果企业过多地依靠债务资金来获取经营资源,就会面临较大的还本付息压力,从而加大筹资风险。因此,可以通过债务资金占总资产的比重来揭示潜在的筹资风险,这一比重便是"资产负债率"。计算公式如下:

$$资产负债率 = \frac{负债总额}{资产总额} \times 100\%$$

【例3-16】承【例3-2】,则三江公司20×5年末的资产负债率为:

$$资产负债率 = \frac{4\,000 + 2\,500}{23\,000} \times 100\% = 28.26\%$$

一般而言,资产负债率越高,意味着企业投资活动和经营活动对资金的需求更多地依靠债务资金来满足,由此企业将承担更高的财务风险。从降低潜在财务风险角度看,资产负债率越低企业财务越安全。但也不应过分地追求资产负债率最小化,否则意味着企业经营过程中对债权人资金利用不足,这一方面会承担过高的资本成本,影响营业收益水平;另一方面难以发挥财务杠杆效应对股东收益的提升作用,股东财富最大化目标难以更好地实现。因此,资产负债率应保持在适当的水平上,企业应综合权衡风险和收益水平,科学确定资产负债率水平。

从发挥财务杠杆正效应和控制长期筹资风险角度看,当企业经营活动和投资活动总资金息税前收益率接近或低于债务利息率时，为避免财务杠杆负效应的出现，应适当降低资产负债率；反之在确保还本付息能力的前提下，可以考虑适当提高资产负债率，以发挥财务杠杆正效应。

(二) 产权比率

在公司制企业中，股东以其投入到企业中的全部资金为限承担偿付义务和风险。作为企业无须归还的"本钱"，股东权益资本越充足，债权人的权益就越有保障，相应地企业因偿债风险而破产的可能性就越小，长期筹资风险越低。这里有这样一个逻辑，即使企业经营亏损，将债权人投入的资金全部亏掉，还有股东投入的资金作为还本付息的保障，这种保障程度越高，企业潜在的筹资风险就越低。鉴于此，可以通过产权比率来揭示企业潜在的长期筹资风险。所谓产权比率，就是指全部资金中债务资金与股东权益资金之间的比例关系，计算原理如下：

$$产权比率 = \frac{负债总额}{所有者权益总额}$$

【例 3-17】承【例 3-2】，则三江公司 20×5 年末的产权比率为：

$$产权比率 = \frac{4\,000 + 2\,500}{16\,500} = 0.39$$

可见，在三江公司中，每 1 元钱的股东权益资本保障着 0.39 元的债权人权益，从数值上看，债权人权益保障程度是比较高的，预示着该公司长期筹资风险水平不高。

一般而言，产权比率越低，意味着债权人权益越有保障，企业长期筹资风险水平越低。当然，如果该比率过低，企业同样会面临财务杠杆利用不足、资本成本过高等问题，影响股东财富最大化目标的有效实现。因此，应客观对待这一财务比率。

(三) 有形净值债务率

在企业股东权益资本筹集过程中，股东既可以货币出资，也可以实物资产和无形资产出资。在各类资产中，无形资产通常具有价值弱对应性、价值不稳定性、变现难度大等特点，有时难以按账面价值转化为现金，特别是在技术加速度进步的今天，无形资产价值贬损程度更高。因此，如果在全部股东出资中，有较多的无形资产出资，就会削弱上述"产权比率"对长期筹资风险的反映能力。所以，为进一步揭示股东权益资本对债权人权益的保障程度，需要继续考察企业的有形净值债务率，计算原理如下：

$$有形净值债务率 = \frac{负债总额}{股东权益总额 - 无形资产净值}$$

【例 3-18】承【例 3-2】，则三江公司 20×5 年末的有形净值债务率为：

$$有形净值债务率 = \frac{4\,000 + 2\,500}{16\,500 - 550} = 0.41$$

与上述"产权比率"相比，三江公司"有形净值债务率"水平有所提高，股东投入的有形资本（包括货币资本）对债权人权益保障程度有所下降，每 1 元钱的股东资本需要为 0.41 元债务资本的偿还做保障。不过，从【例 3-18】的数值上看，债权人权益保障程度仍是比较高的,预示着该公司长期筹资风险水平不高。

与上述"产权比率"相比,有形净值债务率是更加保守的一个长期筹资风险预警指标,它考虑到了无形资产的弱流动性问题。一般而言,有形净值债务率越低,意味着债权人权益越有保障,企业长期筹资风险水平越低。当然,如果该比率过低,一方面可能使企业同样面临财务杠杆利用不足、资本成本过高等问题;另一方面可能意味着该企业存在技术等无形资产投资不足问题,这些都可能会影响股东财富最大化目标的有效实现。因此,应客观对待这一财务比率。

(四)营运资本与营运资金比

如本部分在探讨"短期金融性债务与营运资金之比"这一指标时所述,企业营业活动营运资金(流动资产减商业性自然融资的差额)既可以通过短期金融性债务来筹措,也可以通过筹措长期资本来满足(营运资本部分——流动资产减流动负债)。如果"营运资本"部分规模越大,意味着通过长期资本支持日常营运的部分占比越高,企业的长期(总体)筹资风险越低。因此可以通过"营运资本与营运资金比"这一指标来揭示潜在的长期筹资风险水平,计算原理如下:

$$营运资本与营运资金比 = \frac{流动资产 - 流动负债}{流动资产 - 自然性短期融资} \times 100\%$$

【例3-19】承【例3-2】,则三江公司20×5年末的营运资本与营运资金比为:

$$营运资本与营运资金比 = \frac{8\ 050 - 4\ 000}{8\ 050 - 1\ 200 - 400 - 100} \times 100\% = 63.78\%$$

一般而言,营运资本与营运资金比水平越高,企业筹资风险越低。由【例3-19】可以看出,三江公司的全部流动资产投资所需资金扣除1 700万元的商业性自然融资以外,剩余的6 350万元中有63.78%是依靠长期资本来支持的。从财务周转角度看,这样一种筹资结构具有较高的安全性,筹资风险水平较低。

然而,需要注意的是,虽然营运资本与营运资金比水平越高,潜在的筹资风险水平越低,但此时企业也背负着较高的资本成本,因为相比之下长期资本的成本明显高于短期资金的成本水平。也就是说,高度的筹资安全性是以承担较高的资本成本为代价的。

项目回顾

本项目的目的在于提供一套分析财务风险的基本工具。内容安排上,从经营活动、投资活动和筹资活动三大活动入手,展开相关财务风险分析方法的介绍。在经营活动资本(金)运用风险分析方面,通过"经营活动现金平衡率""经营性资产现金比""应收账款周转率"和"存货周转率"等指标介绍了经营活动资金流动性风险分析方法,通过"经营项目风险调整折现率决策法""经营项目风险调整现金流量决策法""经营项目收益敏感性分析"和"经营项目经营杠杆与潜在经营风险分析"等分析方法介绍了经营活动资金收益风险分析思路;在投资活动资本(金)

运用风险分析方面,通过"短期投资比率""A级债券投资比率"和"投资收益现金比"等指标介绍了投资活动资金流动性风险分析方法,通过"投资组合风险与收益"分析介绍了投资活动资金收益风险分析方法;在筹资活动风险分析方面,通过"流动比率""速动比率"和"短期金融性债务与营运资金之比"等指标介绍了短期筹资风险分析方法;通过"资产负债率""产权比率""有形净值债务率"和"营运资本与营运资金比"等指标介绍了长期筹资风险分析方法。本章所提供的分析方法重在基本原理和思路的介绍,读者在工作实践中可以借鉴这些方法举一反三,根据管理工作的需要创新设计其他更具决策相关性的分析指标和分析方法。

技能训练

1. 思考题

(1) 如何理解"风险与报酬是一对孪生兄弟"这一说法?

(2) 经营活动现金平衡的关键是什么?

(3) 应收账款周转率与企业经营活动资金流动性有何关系?

(4) "经营项目风险调整折现率决策法"与"经营项目风险调整现金流量决策法"在进行经营项目收益风险分析过程中各自有何不足?

(5) 投资组合分散投资收益风险的内在原理是什么?

2. 练习题

(1) 某企业 20×3 年产品销售量为 30 万件,单位售价为 20 元,单位变动成本为 14 元,固定成本总额为 80 万元。试分析:

①该企业 20×3 年的经营杠杆系数是多少?

②如果其他条件不变,预计 20×4 年企业销售量比上年增长 20%,则息税前利润将上升多少?预计息税前利润为多少?

(2) 表 3-6 是两家公司的资产财务数据。

表 3-6 J 公司与 T 公司财务数据

财务数据	J 公司	T 公司
销售量(千克)	18 700	2 800
单位售价(元/千克)	32	87.5
单位变动成本(元/千克)	17	40
固定成本总额(元)	163 625	79 800
年利息(元)	26 971	12 277

试回答以下问题:

①计算两家公司的经营杠杆系数。

②如果销售量下降,哪家公司的息税前利润下降的幅度大?

(3) A 公司准备投资一个大型设备生产项目,该项目生命周期为 20 年,预计现金流量如表 3-7 所示。

表 3-7					该大型设备生产项目预计现金流量		单位：万元
0	1	2	3	4	5~18年，各年	19	20
-50 000	5 000	4 500	5 500	6 500	8 000	6 000	4 000

假设该公司资金成本率为15%，要求以项目净现值为分析对象，测算初始投资额的敏感性系数。

(5) 假设国债利率为5%，市场上所有证券的平均报酬率为13%，要求计算：

①市场风险报酬率是多少？

②若某股票 β 值为1.5，则投资该股票的必要报酬率应为多少？

③若某投资计划的 β 值为0.8，预期投资报酬率为11%，那么该投资计划是否值得投资？

④若某股票的必要报酬率为12.2%，那么它的 β 值是多少？

项目四

预测资金需求量

【项目目标】

1. 了解预测资金需求量在企业财务管理循环中的重要性;
2. 理解预测资金需求量的基本内涵与预测维度;
3. 掌握流动资金需求量的预测过程与工具;
4. 掌握非流动活动资金需求量的预测过程与工具。

【项目简介】

资金需求量预测是指企业根据生产经营与投资的需要,对未来所需资金的估计和测算。企业在进行投资决策之前,需要预测投资所产生的资金需要量,即对企业未来组织生产经营和投资活动的资金需要量进行估计、分析和判断,并形成资金需要量计划,它是企业确定后续筹资方法与工具的前提。

资金需求数量预测的基本目的,是保证未来所筹集的资金既能满足生产经营的需要,又不会产生资金多余而闲置,必须科学合理地进行预测。按照企业资金未来的投放方向,企业资金需求量预测包括流动资金的需求量预测与非流动资金的需求量预测,本项目具体结构如图4-1所示。

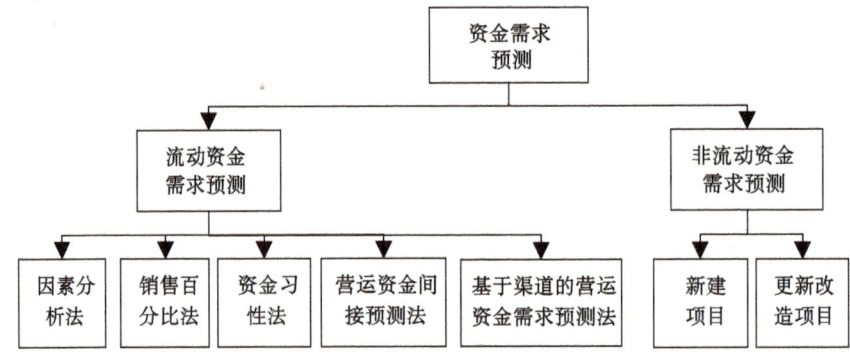

图4-1 资金需求预测基本结构

【项目分解】

根据项目内容，本项目可分解为如下任务：
任务一：预测流动资金需求量
任务二：预测非流动资金需求量

任务一　预测流动资金需求量

任务目标

1. 掌握流动资金需求量的预测流程与工具；
2. 理解因素分析法、销售百分比法、资金习性法、营运资金间接预测法、基于渠道的营运资金需求预测法等基本方法的使用步骤。

案例导入

随着企业管理模式的改革创新，资金管理模式也不断推陈出新，与之相适应，资金需求量预测模型与流程也在与时俱进。1998年，海尔率先在中国市场实行"现款现货"政策。2008年7月，海尔在"现款现货"政策的基础上，又提出防止"两多两少"策略：防止库存多、应收多、利润少、现金少。具体措施就是探索"零库存下的即需即供"，取消仓库，推进按订单生产，避免库存。海尔集团将原先的按库存生产模式转变为按订单生产模式，从原先的以企业为中心转变到以用户为中心上，以市场和客户为中心，通过向用户提供满意的产品和解决方案，引导渠道对于商品的快速流通，进而引导供应商对相关原材料按订单有序生产和供货先有订单后生产，将商品销售到终端用户手里，并针对新经济时代下顾客需求的日益多样化和个性化，打破原有资金链条上的部门边界，甚至公司边界，整合整个价值链上的资金流动。这不仅对顾客需求变化能够迅速作出响应，也极佳地提升了营运资金流动的效率与质量，价值链上的资金流动已经成为海尔集团维持资金链运转的重要渠道。（资料整理自彭家钧、王竹泉："海尔创新资金管理"，《中国外汇》，2013年第8期）

案例思考：海尔集团资金管理模式的创新对流动资金需求的预测提出了怎样的挑战？

任务解构

经营活动资金管理在企业财务管理中占据重要地位，企业经营活动的资金管理经常出现两极化现象，有的企业在经营过程中的各个环节出现大量的资金沉淀，造成资金浪费，而有的企业则经常面临资金的短缺，影响企业正常经营活动的顺利开展。这两种情况都在损耗企业价值,之所以出现这两种情况,主要是企业财务人员没有做好未来的资金预测,或者没有采用适合自身资金管理需要的预测工具和方法。按照企业经营活动的性质与内容,经营活动的资金需求预测包括流动资金需求预测与非流动资金需求预测两个层面,下文将对这两个层面主要的预测工具与方法进行一一介绍。

一、因素分析法

因素分析法又称分析调整法,是以有关项目基期年度的平均资金需要量为基础,根据预测年度的生产经营任务和资金周转加速的要求,进行分析调整,来预测资金需要量的一种方法。

资金需要量 =(基期资金平均占用额 - 不合理资金占用额)×(1 ± 预测期销售增减率)×(1 - 预测期资金周转速度增长率)

【例 4 - 1】 甲企业上年度资金平均占用额为 2 200 万元,经分析,其中不合理部分 200 万元,预计本年度销售增长 5%,资金周转加速 2%。则:

预测年度资金需要量 =(2 200 - 200)×(1 + 5%)×(1 - 2%)
　　　　　　　　　 = 2 058(万元)

二、销售百分比法

(一)基本原理

销售百分比法,是基于这样一个假设,即某些流动性经营资产和负债项目随销售额变化而呈一定比例的变化,根据预计销售额以及这个比例关系测算未来的资金需求量。其中,随销售额同比例变化的经营性资产被称为敏感性流动经营资产,随销售额同比例变化的流动负债被称为敏感性经营流动负债。

(二)基本步骤

第一步:确定随销售额同比例变化的敏感性流动经营资产和敏感性流动经营负债。通常情况下,敏感性资产项目包括库存现金、应收账款、存货等项目;而经营负债项目包括应付票据、应付账款等项目。

第二步:确定有关项目与销售额的稳定比例关系。

第三步:确定需要增加的筹资数量。

预计由于销售增长而需要的资金需求增长额,扣除利润留存后,即为所需要的外部筹资额。

【例 4 - 2】 光华公司 20 × 2 年 12 月 31 日的简要资产负债表如表 4 - 1 所示。假定光华公司 20 × 2 年销售额 10 000 万元,销售净利率为 10%,利润留存率 40%。20 × 3 年销售额预计增长 20%,公司有足够的生产能力,无须追加固定资产投资。

表 4 – 1　　　　　　　　　　光华公司资产负债表

20×2 年 12 月 31 日　　　　　　　　　　　单位：万元

资产	金额	与销售关系（%）	负债与权益	金额	与销售关系（%）
			短期借款	2 500	N
现金	500	5	应付账款	1 000	10
应收账款	1 500	15	其他应付款	500	5
存货	3 000	30	公司债券	1 000	N
固定资产	3 000	N	实收资本	2 000	N
			留存收益	1 000	N
合计	8 000	50	合计	8 000	15

首先，确定有关项目及其与销售额的关系百分比。在表 4 – 1 中，N 表示不变动，是指该项目不随销售的变化而变化。

其次，确定需要增加的资金量。从表 4 – 1 中可以看出，销售收入每增加 100 元，必须增加 50 元的资金占用，但同时自动增加 15 元的资金来源，两者差额 35% 产生了资金需求。销售额从 10 000 万元增加到 12 000 万元，增加了 2 000 万元，按照 35% 的比率可预测将增加 700 万元的资金需求。

最后，确定外部融资需求的数量。20×3 年的净利润为 1 200 万元（12 000 × 10%），利润留存率 40%，则将有 480 万元利润被留存下来，还有 220 万元的资金必须从外部筹集。

根据光华公司的资料，可求得对外融资的需求量为：

外部融资需求量 = 50% × 2 000 – 15% × 2 000 – 10% × 40% × 12 000
　　　　　　　 = 220（万元）

三、资金习性预测法

资金习性预测法，是指根据资金习性预测未来资金需要量的一种方法。所谓资金习性，是指资金的变动同产销量变动之间的依存关系。

（一）资金的分类

按照资金同产销量之间的依存关系，可以把资金区分为不变资金、变动资金和半变动资金。

不变资金是指在一定的产销量范围内，不受产销量变动的影响而保持固定不变的那部分资金。这部分资金包括：为维持营业而占用的最低数额的现金，原材料的保险储备，必要的成品储备，厂房、机器设备等固定资产占用的资金。

变动资金是指随产销量的变动而同比例变动的那部分资金。

半变动资金可采用一定的方法划分为不变资金和变动资金两部分。

（二）资金习性预测法的具体使用

资金习性预测法要求企业根据历史上企业资金占用总额与产销量之间的关系，

把资金分为不变和变动两部分,然后结合预计的销售量来预测资金需要量。计算步骤如下:

第一步:建立产销量与资金占用之间的函数关系;

设产销量为自变量X,资金占用为因变量Y,它们之间关系可用下式表示:

$Y = a + bX$

式中:a 为不变资金;b 为单位产销量所需变动资金。

第二步:选择高低点法或回归直线方程法,求解方程的常数项。

(三)资金习性预测法的形式

1. 根据资金占用总量同产销量的关系来预测资金需要量。

【例4-3】某企业20×1年至20×6年历年产销量和资金变化情况如表4-2所示,根据表4-2整理出表4-3。20×7年预计销售量为1 500万件,需要预计20×7年的资金需要量。

表4-2　　　　　　　　　产销量与资金变化情况表

年度	产销量(X:万件)	资金占用(Y:万元)
20×1	1 200	1 000
20×2	1 100	950
20×3	1 000	900
20×4	1 200	1 000
20×5	1 300	1 050
20×6	1 400	1 100

表4-3　　　　　　　　资金需要量预测表(按总额预测)

年度	产销量(X:万件)	资金占用(Y:万元)	XY	X²
20×1	1 200	1 000	1 200 000	1 440 000
20×2	1 100	950	1 045 000	1 210 000
20×3	1 000	900	900 000	1 000 000
20×4	1 200	1 000	1 200 000	1 440 000
20×5	1 300	1 050	1 365 000	1 690 000
20×6	1 400	1 100	1 540 000	1 960 000
合计 n=6	∑X = 7 200	∑Y = 6 000	∑XY = 7 250 000	∑X² = 8 740 000

$$a = \frac{\sum X^2 \cdot \sum Y - \sum X \cdot \sum XY}{n \sum X^2 - (\sum X)^2} = 400$$

$$b = \frac{n \sum XY - \sum X \cdot \sum Y}{n \sum X^2 - (\sum X)^2} = 0.5$$

$$y_1 = a + bx_1$$

$$y_2 = a + bx_2$$
$$\underline{+) \quad y_n = a + bx_n}$$
$$\sum y = n \cdot a + b \sum x$$

$a = (\sum y - b \sum x)/n = (6\,000 - 0.5 \times 7\,200)/6 = 400(万元)$

解得：$Y = 400 + 0.5X$

把 20×7 年预计销售量 1 500 万件代入上式，得出 20×7 年资金需要量为：$400 + 0.5 \times 1\,500 = 1\,150$（万元）

2. 逐项分析预测法。

逐项分析预测法的步骤如下：

第一步：分项目确定每一项目（现金、应收账款、存货、应付账款等）；

第二步：汇总每个项目的 a、b，得到总资金的 a、b；

a 和 b 用如下公式得到：

$a = (a_1 + a_2 + \cdots + a_m) - (a_m + 1 + \cdots + a_n)$
$b = (b_1 + b_2 + \cdots + b_m) - (b_m + 1 + \cdots + b_n)$

式中，a_1，a_2，$\cdots$，a_m 分别代表各项资产项目不变资金，$a_m + 1$，$\cdots$，a_n 分别代表各项负债项目的不变资金。b_1，b_2，$\cdots$，b_m 分别代表各项资产项目单位变动资金，$b_m + 1$，$\cdots$，b_n 分别代表各项负债项目的单位变动资金。

第三步：建立资金习性方程，进行预测。

【例 4-4】某企业历年资金占用与销售额之间的关系如表 4-4 所示，需要根据两者的关系，来计算资金占用项目中不变资金和变动资金的数额。

表 4-4   资金与销售额变化情况表   单位：元

年度	销售收入 X	资金占用 Y
20×1	2 000 000	110 000
20×2	2 400 000	130 000
20×3	2 600 000	140 000
20×4	2 800 000	150 000
20×5	3 000 000	160 000

根据表 4-4 资料，采用高低点法来计算资金占用项目中不变资金和变动资金的数额，计算如下：

$b = \dfrac{y \text{ 的差}}{x \text{ 的差}}$

$a = y - bx$

$b = \dfrac{\text{最高收入期的资金占用量} - \text{最低收入期的资金占用量}}{\text{最高销售收入} - \text{最低销售收入}}$

$= \dfrac{160\,000 - 110\,000}{3\,000\,000 - 2\,000\,000} = 0.05$

将 b = 0.05 代入 20×5 年 Y = a + bX，得：
a = 160 000 − 0.05 × 3 000 000 = 10 000（元）

同理，存货、应收账款、流动负债、固定资产等也可根据历史资料作这样的划分，然后汇总列于表 4−5 中。

表 4−5　　　　　　　　　资金需要量预测表（分项预测）　　　　　　　　　单位：元

项目	年度不变资金（a）	每 1 元销售收入所需变动资金（b）
流动资产：		
现金	10 000	0.05
应收账款	60 000	0.14
存货	100 000	0.22
小计	170 000	0.41
减：流动负债——应付账款及应付费用	80 000	0.11
净资金占用	90 000	0.30
固定资产——厂房、设备	510 000	0
所需资金合计	600 000	0.30

根据表 4−5 的资料得出预测模型为：

$Y = 600\ 000 + 0.30X$

如果 20×6 年的预计销售额为 3 500 000 元，则

20×6 年的资金需要量 = 600 000 + 0.30 × 3 500 000 = 1 650 000（元）

四、营运资金间接预测法

营运资金间接预测法是指企业在净利润的基础上对一些非现金收入、支出项目进行调整，计算出企业在一定期间内的营运资金需求量。该方法类似于现金流量表编制的间接法，计算公式如下：

净利润 + 计提的资产减值准备 + 固定资产折旧 + 无形资产摊销 + 长期待摊费用摊销 + 待摊费用的减少（减：增加）+ 预提费用增加（减：减少）+ 处置固定资产、无形资产和其他长期资产的损失（减：收益）+ 固定资产报废损失 + 财务费用 + 投资损失（减：收益）+ 投资收益（借方余额正号填列，贷方余额负号填列）+ 递延税款贷项（减：借项）+ 递延税款（期末数 − 期初数）

= 营运资金需求量 + 存货的减少（减：增加）+ 经营性应收项目的减少（减：增加）+ 经营性应付项目的增加（减：减少）+ 其他

= 经营活动产生的净现金需求量

五、基于渠道的流动资金需求预测法

基于渠道的流动资金需求预测法要求企业先将经营活动中对流动资金的需求划分为营销渠道、生产渠道、采购渠道的资金需求，分渠道预测流动资金需求，然后

再加总成流动资金总的需求量。其计算步骤如下:

1. 根据历史数据计算各渠道营运资金周转期。

采购渠道营运资金周转期 = 采购渠道营运资金/(销售成本/360)
　　　　　　　　　　　= (材料存货 + 预付账款 − 应付账款 − 应付票据)
　　　　　　　　　　　/(销售成本/360)

生产渠道营运资金周转期 = 生产渠道营运资金/(销售成本/360)
　　　　　　　　　　　= (在产品存货 + 其他应收款 − 应付职工薪酬
　　　　　　　　　　　− 其他应付款)/(销售成本/360)

营销渠道营运资金周转期 = 营销渠道营运资金/(销售收入/360)
　　　　　　　　　　　= (成品存货 + 应收账款 + 应收票据 − 预收账款
　　　　　　　　　　　− 应交税费)/(销售收入/360)

2. 计算各个渠道流动资金需求量。

采购渠道流动资金需求量 = 上年度销售收入 × (1 + 预计销售收入年增长率)
　　　　　　　　　　　× 预计的销售毛利率/采购渠道流动资金周转次数

生产渠道流动资金需求量 = 上年度销售收入 × (1 + 预计销售收入年增长率)
　　　　　　　　　　　× 预计的销售毛利率/生产渠道流动资金周转次数

营销渠道流动资金需求量 = 上年度销售收入 × (1 + 预计销售收入年增长率)
　　　　　　　　　　　/营销渠道流动资金周转次数

3. 汇总各个渠道流动资金需求量。

经营活动流动资金需求量 = 营销渠道流动资金需求量 + 生产渠道流动资金需求
　　　　　　　　　　　量 + 采购渠道流动资金需求量

该种预测模式将经营活动的营运资金需求具体到采购、生产、营销三大渠道,贯穿企业整个流转过程,真实还原了经营活动资金流动的本质,对渠道中每个阶段都可以全面考察,将业务流程管理与渠道预测的财务结果相结合,从业务角度对资金需求进行定性修正或用以评价财务预测的结果是否与实际的业务流程管理水平相一致,大大降低了日常经营活动的资金需求预测量。

案例解析

海尔集团资金管理模式的创新发展推动流动资金的预测向动态化、渠道化、业务融合的方向发展,很多资金耗用项目诸如存货、应收账款等都随着价值链管理的推动整合而消失,这要求企业财务管理部门不能再单从自身财务角度出发,而是从整个价值运转链条的运营上寻求突破点,将流动资金管理与价值链管理结合起来,通过与客户、供应商等各方利益相关者的协作沟通,快速降低业务活动上的流动资金需求,甚至成为企业发展的重要资金来源。流动资金需求的预测已经超越了财务活动的单一范畴。

任务二　预测非流动资金需求量

任务目标

1. 了解项目投资的分类；
2. 掌握新建项目的资金需求预测；
3. 理解更新改造项目的资金需求预测。

案例导入

电子公司（Electronics Unlimited）正在考虑投产一种新产品，预期未来五年的销售收入如表4-6所示。按照过去的经验，在新产品寿命周期的每一年，新产品的销售成本预期为年销售收入总额的60%。销售费用、管理费用预期为年销售收入总额的23.5%。新产品所创造的利润按40%的税率支付所得税。

表4-6　电子公司未来五年销售收入预期　　　　　　　　　　　单位：美元

项目	1	2	3	4	5
销售收入	1 000.00	1 300.00	1 300.00	866.67	433.37

为了投产新产品，电子公司不得不立刻支出两种类型的现金流。

首先，它必须投资50万美元购买新的专用生产设备。这项资本投资在新产品5年的预期寿命期内，按直线法全部计提折旧。在折旧期末，预期没有任何实际的残值。购买此设备后，不需要额外的固定资本支出。

其次，为了支持销售，必须增加对净营运资本的投资。一般情况下，为了支持每1美元的销售收入，电子公司需要投资27美分的净营运资本。实际上，这项投资必须在预期销售年的年初（或者说，在相邻的前一年年底）投入。随着销售额的加大，在销售开始之前就要增加净营运资本的投资。如果销售收入减少，就可以对净营运资本进行清算并收回一部分现金。在新产品寿命期末，剩余的净营运资本全部都要清算并以现金的形式收回。

最后，在新产品销售的第1年，电子公司预期会发生20万美元的推介费，这些费用可以在税前扣除，并且在产品寿命周期内不会再度发生。开发和试销新产品已经花掉了大约100万美元，这些支出也是一次性支出，在产品寿命周期内不会再度发生。

（资料节选自W. 卡尔·凯斯特等编著：《财务案例》，张志强等译，北京大学出版社2009年版）

案例思考：如果电子公司投产新产品，预测未来5年现金流量将如何变化？

任务解构

非流动资金需求预测是企业业务活动所需长期资金的需求预测，主要包括对内部项目投资（包括固定资产和无形资产）、对外投资等活动的资金需求预测。其中项目投资的资金需求预测根据项目投资的性质可以分为新建项目与更新改造项目的资金需求预测，而对外投资由于涉及业务类型广泛，其资金需求预测不仅包括战略投资的资金需求预测，还包括并购、反并购等资金需求预测。本任务主要讲解项目投资的资金需求预测，对外投资的资金需求预测将在高级财务管理教程中进行讲解。

一、项目投资的分类

在进行资金需求预测决策时，新建项目与更新改造项目的非流动资金的需求预测是有所差别的。

新建项目是指将一个项目从无到有地投资建设完成，其目的在于新增企业生产能力，扩大企业经营规模或经营范围，如企业添置机器设备、增建生产线、上新的产品线等。新建项目按其投资对象的具体内容，还可以进一步细分为单纯固定资产投资和完整工业项目投资两类。其中，单纯固定资产投资又称固定资产投资，这种投资一般只包括为形成固定资产本身而发生的必要的资金投入，不包括周转资金的投入。可见，单纯的固定资产投资仅仅能够形成必要的生产手段，还不是完整的工业项目投资，这种投资本身并不能独立为企业创造收益，必须与其他投资或原有项目相结合，才能发挥出加值创造的功能，如前述添置新设备投资即属此类。完整工业项目投资不仅包括前述"单纯固定资产投资"，而且还牵涉到流动资金投资，甚至还包括其他长期资产项目（如无形资产、开办费等）的投资，直至形成能够独立创造收益的工业项目，如前述增建生产线投资、上新的产品线投资即属此类。

更新改造项目投资是指对原有项目进行更新或功能改造而发生的资金投入，其目的在于恢复或改善现有项目的生产能力，如企业定期发生的设备更新投资、厂房改扩建投资、生产线改造投资等。工业企业项目投资分类如图4-2所示。

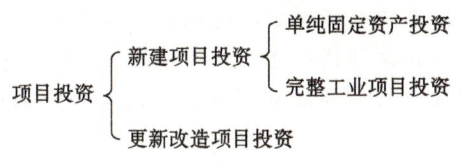

图4-2　工业企业项目投资分类

二、新建项目非流动资金需求的预测

（一）项目投资计算期

新建项目的资金预测必须首先预测项目计算期，项目计算期是指投资项目从投资建设开始到最终清理结束整个过程的全部期间，完整工业投资项目的计算期包括建设期、经营期和清理期三大阶段（如图4-3所示）。

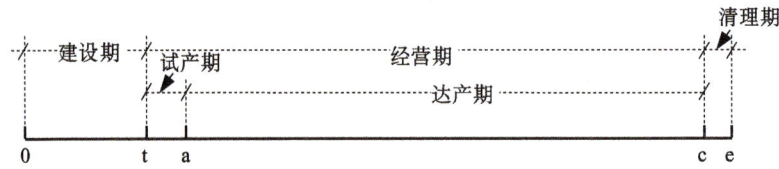

图 4-3 投资项目计算期示意图

（二）项目现金流量的预测

关于如何计算项目的现金流量，一般存在两种模式，即根据项目生命周期阶段进行预测分析与根据现金流向进行预测分析，在实际预测时，为保证项目现金流量需求预测的完整性，往往需要考虑对流动资金的需求。

1. 根据项目生命周期阶段分析现金流量。对于一个投资项目而言，其整个生命周期大致可以划分为三个阶段，即项目筹建阶段、项目运行阶段和终结清理阶段。每个生命周期阶段都有相应的现金流量发生，我们分别将它们称为"初始现金流量""营业现金流量"和"终结现金流量"。

（1）初始现金流量，是指从项目开始筹建直至正式投入运行期间发生的现金流量，一般包括如下几项内容：

①固定资产投资，包括固定资产的购建成本、运输成本和安装成本等。一般来说，固定资产投资构成项目初始现金流量的主体。

②土地等不计价资产的机会成本。尽管企业利用原有土地建设项目，不需要因再为该项目支付土地费用而发生现金流量，但是，土地作为一种稀缺的资源，投入其他企业或用于其他项目，甚至于从事农业生产，都可以产生一定的收益。因此，该土地用于本项目投资所产生的收益至少应当等于上述收益，即上述收益构成土地在本项目上的机会成本，这种机会成本必须在投资决策中予以考虑，作为一种现金流出量。

③流动资金垫支。固定资产投资只是解决了生产手段的形成问题，项目要想正式启动起来并循环运行，还必须有其加工和运作的对象，因此需要投入一定数量的资金在原材料、在产品、产成品和现金、应收款等流动资产上。这些资金在项目运行期间一直处于不断的周转循环状态之中，体现为价值形态的转换，当项目终止时，这些投资即可收回。因此，这部分资金并不是项目本身的消耗，项目所承担的是这部分资金的成本。

④其他投资。在项目筹建阶段，往往还会发生一些必要的，但无法对象化到具体资产上的资金投入，比如筹建期间的人工费、培训费、差旅费、谈判费、注册费、咨询费等。

⑤原固定资产的变价收入。对于改扩建项目来说，一般会涉及原有固定资产的拆分、处置等活动，此时会产生一定的变价收入。而对于新建项目来说，则不具有该种现金流量。

（2）营业现金流量，是指投资项目完成投入使用后，在其寿命周期内由于生产经营所带来的现金流入和流出的数量。这种现金流量一般以年为单位进行计算，它等于销售收入扣除付现成本和所得税后的差额。付现成本是需要支付现金的生产成本和期间费用。与付现成本对应的是非付现成本，非付现成本主要包括折旧费用、长期费用摊销等，发生时在会计核算中按权责发生制原则计入费用，但实际上并没有现金流出企业。所以，付现成本可以表述为总成本费用减以折旧为代表的非付现成本。现金流入是指营业现金收入；现金流出是指营业现金支出和交纳的税金。一般说来，在假定企业现行各种生产经营政策不变，且企业生产经营较稳定的情况下，可以认为一个投资项目的每年销售收入约当于营业现金收入，付现成本（不含折旧费等）约当于现金支出。营业现金流量的计算包括以下几种方式。

① 直接法。

税后净现金流量（NCF）= 年营业现金收入 − 付现成本 − 所得税

② 间接法。

$$\begin{aligned}
\text{税后净现金流量（NCF）} &= \text{年营业现金收入} - \text{付现成本} - \text{所得税} \\
&= \text{年产品销售收入} - (\text{生产成本} + \text{期间费用} \\
&\quad - \text{折旧摊销}) - \text{所得税} \\
&= \text{年产品销售收入} - \text{生产成本} - \text{期间费用} - \text{所得税等} \\
&\quad + \text{折旧摊销} \\
&= \text{税后净利} + \text{折旧摊销}
\end{aligned}$$

③ 税盾法。

$$\begin{aligned}
\text{税后净现金流量} &= \text{年产品销售收入} - \text{付现成本} - [\text{年产品销售收入} \\
&\quad - (\text{付现成本} + \text{折旧费等})] \times \text{所得税税率} \\
&= \text{年产品销售收入} \times (1 - \text{所得税税率}) - \text{付现成本} \\
&\quad \times (1 - \text{所得税税率}) + \text{折旧} \times \text{所得税税率} \\
&= \text{税后销售收入} - \text{税后付现成本} + \text{折旧抵税}
\end{aligned}$$

（3）终结现金流量，是指项目在寿命周期结束以后，在报废、清理过程中所发生的现金流入或现金流出。主要包括以下几项内容：

① 固定资产残值收入和变价收入。项目终结以后，若固定资产在经济、技术上还可以继续使用，则可以作为劳动手段在设备二手市场上转让出去，从而取得变价收入；若固定资产在经济或技术上不能继续使用，则需要转入报废程序，其回收的残料则可以在原材料市场上进行转让，从而取得残值收入。无论是残值收入还是变价收入，均构成项目的终结现金流量。

② 原垫支的流动资金收回。如前文所述，垫支的流动资金并不是项目本身的消耗，仅仅是资金的临时垫付，当项目终结时，这些资金可以通过应收账款的回收，材料、半成品、产成品的出售予以收回，此时构成项目的现金流入。

③ 不需用土地的变价收入。项目终结时，如果项目所占用的土地不再为企业所需要，则企业可以将土地使用权转让出去，取得土地使用权的变价收入，这构成项目的现金流入量。

2. 根据现金流向分析计算现金流量。按现金的流动方向，可以将现金流量划分为现金流入量和现金流出量两个方面。结合前述现金流量分析的结果，将现金流入量和现金流出量归结如下：

（1）现金流入量。结合前文的分析可以看出，一个投资项目的现金流入量通常包括：①投资项目完成后，每年可增加的营业现金收入或可减少的营业现金支付；②固定资产报废后的残值收入或中途的变价收入；③固定资产使用期满时，原有垫支在流动资金上资金的收回；④原有固定资产的变价收入；⑤项目终结时不需用土地的变价收入。

（2）现金流出量。结合前文的分析可以看出，一个投资项目的现金流出量通常包括：①固定资产的投资；②流动资金的垫支；③营业现金支出；④土地的机会成本；⑤其他投资等。这样，净现金流量的公式为：

某年的净现金流量(NCF) = 年现金流入量 − 年现金流出量

与项目各计算期相对应，项目投资现金流量也同样可以按照项目生命周期阶段划分为初始现金流量、营业现金流量和终结现金流量三部分，上文已经作过详细的介绍，这里不再赘述。

3. 确定项目现金流量的假设。为了简化项目财务分析和指标计算工作，有必要研究确定进行项目现金流量分析的假设。

（1）"两性"具备假设。假设项目投资的"必要性"和技术的"可行性"已经具备，项目评价人员确定现金流量仅仅是为了评价项目在经济上的合理性（这种经济效果的评价可能是国民经济评价也可能是财务评价，二者在现金流量的计算口径和计量尺度上有时会有所差别），分析过程中不再考虑市场和技术问题，仅关注财务方面即可。

（2）时点假设。为了简化现金流量的分析和经济指标计算工作，不论现金流量实际发生情况如何，均假设其在期出或期末发生；不论所涉及的价值指标实际上是时点指标还是时期指标，均假设按照年初或年末的时点指标处理。

（3）确定性假设。假设在既定的宏观环境下，与项目现金流量有关的价格、产销量、成本水平、企业所得税税率等因素均为已知常数，这样项目的现金流量特别是营业现金流量才可能确定出来。

（三）估计现金流量时应注意的问题

为了正确估计项目现金流量，防止多算、重算或漏算有关内容，需要注意以下问题：

1. <u>坚持有无的原则，考查增量现金流量</u>。在确定某投资项目现金流量的时候，应当坚持有无的原则，即分析当有这个项目前后企业现金流量的变化情况，计算出的增量现金流量即为项目本身引起的现金流量变动额。按照这个原则，只有那些由于采纳某个项目引起的现金支出增加额，才是该项目的现金流出；只有那些由于采纳某个项目引起的现金流入增加额，才是该项目的现金流入。

2. <u>尽量利用现有会计利润数据</u>。尽管在评价项目经济效果时，不能直接用会计利润来代替现金流量，但为了简化现金流量分析、计算工作，应当尽量使用预计会计报表中的预计利润资料，在会计利润的基础上对个别项目进行调整，使之转化为净现金流量，这样可以节省大量的时间和精力。

3. 不考虑沉没成本因素。沉没成本是过去已经发生无法收回的成本，对于正在评价的投资项目来说，无论是否投资，沉没成本都已经发生了，其数额不影响投资决策，属于决策无关成本。

4. 关注机会成本。对于任何一个企业来说，资金都是稀缺的经济资源，同一时期可能具有多种可供投放的机会，有限的资金用于此项目投资就不能同时用于彼项目上。此时，彼项目上的投资收益就构成此投资项目的机会损失，只有此项目的收益不低于彼项目的收益，投资于此项目才是划算的。否则，倒不如将资金投放于彼项目上去。因此，尽管放弃彼项目的收益不构成公司真正的现金流出，也必须将其作为此项目的成本来加以考虑，否则就不能保证所选择的项目是最优的。

5. 全面考虑项目的整体效果。采纳某个投资项目之后，很可能会对本企业其他部门或项目产生有利或不利的影响，在进行投资决策时必须将这些影响视为项目的收入或成本，以全面反映项目对企业经济效益的影响效果。如某企业准备生产新产品并将其推出市场，因为新产品和老成品是竞争性产品，所以新产品的畅销必然带来老产品销量的减少，在评价投资开发新产品项目的净现值时，老产品被侵蚀的销售量所带来的损失就应当计入项目投资评价的成本中。

三、更新改造项目的现金流量

更新改造项目的资金需求预测与新建项目的资金需求预测方法大体相同，但往往存在两种方案的对比分析，在此，根据现金流量的项目生命周期阶段模型进行分析。

（一）初始阶段的资金需求预测

初始阶段的资金需求预测包括更新改造的资金支出与原有设备额残值变现收入及其所得税影响。在决策时，如果旧设备可以出售，则"继续使用旧设备"意味着"没有出售旧设备"，因此，旧设备变现需要缴纳的所得税应该作为"继续使用旧设备"的现金流入处理；旧设备变现可以抵减的所得税应该作为"继续使用旧设备"的现金流出处理。

（二）营业阶段的资金需求预测

更新改造对营业阶段的资金变动通常会带来未来现金流入的增加，或未来现金支出的减少，或两者兼而有之。

（三）终结阶段的资金需求预测

如果设备变现净损益大于零，则需要缴纳所得税，增加现金流出，减少现金净流量；如果设备变现净损益小于零，则可以抵减所得税，减少现金流出，增加现金净流量。

【例 4-5】 某企业考虑用一台新的、效率更高的设备来代替旧设备,以减少成本增加。该企业的所得税税率是 25%,资本成本为 10%,其余相关数据见表 4-7。

表 4-7　　　　　　　　　　　新旧设备资料　　　　　　　　　　　单位:万元

项目	新设备	旧设备
原值	200	240
已使用年限(年)	0	3
尚可使用年限(年)	8	5
年折旧额	25	30
目前变现价值		140
最终残值	20	10
年运行成本	18.75	26.25

资金流量计算如表 4-8 所示。

表 4-8　　　　　　　　　　新旧设备的现金流量　　　　　　　　　　单位:万元

项目	新设备	旧设备
设备投资	-200	-140
变现净损失减税	—	-2.50
每年运行成本	-18.75	-26.25
年折旧抵税	6.25	7.5
年运行净流量	-12.50	-18.75
残值变价收入价值	20	10
残值净收益纳税	-5	-2.50

案例解析

预测电子公司投入新产品未来 5 年寿命周期内的现金流量如表 4-9 所示:

表 4-9　　　　　　电子公司未来 5 年现金流量预测表　　　　　　单位:万美元

年份	0	1	2	3	4	5
销售收入		1 000.00	1 300.00	1 300.00	866.67	433.37
成本		855.00	1 085.00	1 085.00	723.67	361.86
折旧		10.00	10.00	10.00	10.00	10.00
利润		135.00	204.50	204.50	133.00	61.51
所得税		54.00	81.80	81.80	53.20	24.60
净利润		81.00	122.70	122.70	79.80	36.91
固定资产投资	-50					
营业现金流量		91.00	132.70	132.70	89.80	46.91

续表

年份	0	1	2	3	4	5
营业资金垫支及回收	-270	-81	0	117.00	117.00	117.00
现金流量合计	-320	10	132.7	249.70	206.79	163.92

注：第一年成本 = 1 000 × (60% + 23.5%) + 20 = 885

项目回顾

资金需求的预测包括流动资金需求预测与非流动资金需求预测，本项目主要讲述了五种流动资金需求预测的方法，包括因素分析法、销售百分比法、资金习性法、营运资金间接预测法、基于渠道的营运资金预测法等方法。

非流动资金需求预测主要分为对内项目投资的非流动资金需求预测与对外投资的非流动资金需求预测，对外投资的非流动资金需求预测包括战略股权投资、并购等重大事项的资金需求预测，这将在高级财务管理教程中进行讲述，本项目主要讲述对内项目投资的非流动资金需求预测。对内项目投资的资金需求预测又可以具体分为新建项目的资金需求预测与更新改造项目的资金需求预测。

新建项目的资金需求预测有两种模式，第一种是根据项目生命周期阶段分析现金流量，具体包括初始阶段现金流预测、营业阶段现金流预测与终结阶段现金流预测，其中，营业阶段现金流的预测包括直接法、间接法、税盾法三种方法；第二种是根据现金流向进行分析，即分为现金流入分析与现金流出分析。在进行资金预测时，应当遵循"两性"假设、时点假设、确定性假设。而且，为防止多算、重算或漏算，应当考虑增量现金流量、沉没成本、机会成本、对企业的整体效果、现有会计利润数据等因素。更新改造项目的资金需求预测与新建项目的资金需求预测大体相同，不过需要预测考虑新旧设备的未来资金流量。

技能训练

已知：甲、乙、丙三个企业的相关资料如下：

资料一：甲企业历史上现金占用与销售收入之间的关系如表4-10所示。

表4-10　　　　　　甲企业现金与销售收入变化情况表　　　　　单位：万元

年　度	销售收入	现金占用
2001	10 200	680
2002	10 000	700
2003	10 800	690
2004	11 100	710
2005	11 500	730
2006	12 000	750

资料二：乙企业20×6年12月31日资产负债表（简表）如表4-11所示。

表 4-11　　　　　　　　　乙企业资产负债表（简表）

20×6 年 12 月 31 日　　　　　　　　　单位：万元

资产	金额	负债和所有者权益	金额
现金	750	应付费用	1 500
应收账款	2 250	应付账款	750
存货	4 500	短期借款	2 750
固定资产净值	4 500	公司债券	2 500
		实收资本	3 000
		留存收益	1 500
资产合计	12 000	负债和所有者权益合计	12 000

该企业 20×7 年的相关预测数据为：销售收入 20 000 万元，新增留存收益 100 万元；不变现金总额 1 000 万元，每元销售收入占用变动现金 0.05 元，其他与销售收入变化有关的资产负债表项目预测数据如表 4-12 所示。

表 4-12　　　　　　　　　资金与销售收入变化情况表　　　　　　　　　单位：万元

项目	年度不变资金（a）	每元销售收入所需变动资金（b）
应收账款	570	0.14
存货	1 500	0.25
固定资产净值	4 500	0
应付费用	300	0.1
应付账款	390	0.03

（1）根据资料一，运用高低点法测算甲企业的下列指标：

①每元销售收入占用变动现金；②销售收入占用不变现金总额。

（2）根据资料二为乙企业完成下列任务：

①按步骤建立总资金需求模型；②测算 20×7 年资金需求总量；③测算 20×7 年外部筹资量。

项目五

资金投放决策

【项目目标】

1. 掌握资金投放管理的基本概念和基础知识;
2. 了解对内投资管理一般流程;
3. 根据所提供的预测数据,对投资项目的现金流量作出恰当的分析;
4. 熟练运用静、动态评价指标进行项目评价和决策;
5. 了解对外投资选择的影响因素。

【项目简介】

资金投放决策是企业财务管理的重要环节之一,又具体包括对内项目投资决策和对外投资决策。其中,对内项目投资包括新建项目和更新改造项目两种类型,对内投资管理一般流程包括投资项目提出、评价、决策、实施和后续评价等,对内项目投资决策指标包括静态指标和动态指标、正指标和反指标、绝对量指标和相对量指标、主要指标、次要指标和辅助指标等。对外投资决策包括直接对外投资和间接对外投资、股权投资和债权投资、对外短期投资和对外长期投资等类型,而对外投资选择的影响因素包括宏观因素、行业因素和企业因素等三大部分。本项目通过引入相关案例,使学生从总体上认识资金投放管理工作。学习重点是对内投资管理一般流程,对内项目投资决策评价指标及其计算以及对外投资选择的影响因素。学习难点在于对内项目投资决策评价指标的计算。资金投放决策的结构与流程如图 5-1 所示。

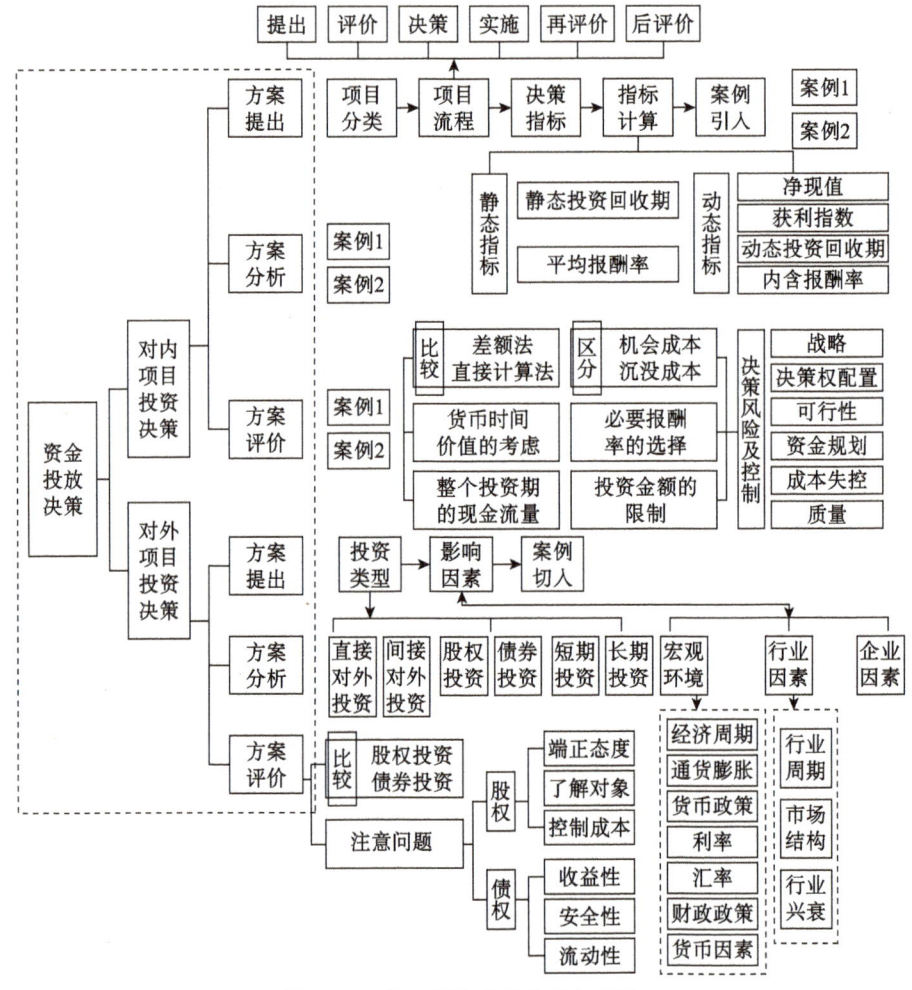

图 5-1 资金投放决策结构与流程

【项目分解】

根据项目内容,本项目可分解为如下任务:

任务一:对内项目投资决策

任务二:对外投资决策

任务一 对内项目投资决策

任务目标

1. 掌握资金投放管理的基本概念和基础知识;

2. 了解对内投资管理一般流程;
3. 能根据所提供的预测数据,对投资项目的现金流量作出恰当的分析;
4. 能熟练运用静、动态评价指标进行项目评价和决策。

案例导入

案例 1

宝都公司的新产品生产流水线投资案例

宝都公司正在对一座早已购置、目前正在出租的厂房使用方案进行重新评价,当时该厂房的购置价格为 225 万元。公司可以继续向现有的租赁用户出租,获得每年 12 万元的租金。而且,现有租赁用户也表达了租赁该厂房至少 15 年的意愿。此外,如果不采用出租方案,公司可以对现有厂房结构进行改造以满足自身经营的需要。宝都公司生产经理认为,该厂房经过改造后可以适合于以下两种新产品生产流水线中任何一条。与这两种新产品生产流水线方案相关厂房改造投资、设备初始投资、成本和收益数据列于表 5 – 1 中。

表 5 – 1　　　新产品生产流水线方案的成本和收益　　　单位:万元

现金流量	产品 A	产品 B
厂房改造投资	36	54
设备初始投资	144	162
年税前现金收入(期限为 15 年)	105	127.5
年税前现金支出(期限为 15 年)	60	75

该厂房对产品 A 或产品 B 生产流水线的使用期限仅为 15 年。因为 15 年后,厂房规模太小将不再适合任何生产线。到时,宝都公司准备再将厂房出租给类似于目前的租赁用户。为了便于再次出租,宝都公司需要在第 15 年年末对厂房进行再装修。估计如果采用产品 A 的生产流水线,厂房的再装修投资为 3.75 万元。估计如果采用产品 B 的生产流水线,厂房的再装修投资将高达 28.125 万元。这些付现投资支出将作为该年支出抵扣所得税。

无论采用何种方案,宝都公司都将把该厂房的购置价格 225 万元在 30 年内计提完折旧,期末残值为零。生产线寿命期为 15 年,采用直线折旧法。假设公司所得税税率为 25%,对该投资所要求的收益率为 12%。

出于简化,假设所有现金流量均发生在年末。生产线设备购置的初始投资均发生在第 0 年年末,再装修成本发生在第 15 年年末。同样,假设宝都公司经营总体上都是盈利的。(资料节选自张鸣等主编:《财务管理学习题与案例》,上海财经大学出版社 2006 年版)

案例思考:作为财务管理人员,你将会向公司管理层提出何种建议?

案例 2

E 公司的投资项目选择案例

E 公司是一家正处于成长期的企业,出于拓展公司业务的考虑,该公司的管理层决定将现在拥有的 4 000 万元的投资资金用于 A、B、C、D 四个资本投资项目中的任何一个或全部。A、B、C、D 四个项目的初始投资额相同,均为 1 000 万元,但四个项目进入营业期后的现金流量情况有所不同。A、B、C、D 四个资本投资项目在营业期的现金流量情况如下:A 项目只在第 1 年有现金流,第 1 年的收入为 2 100 万元,营业费用为 1 100 万元;B 项目在第 1 年和第 2 年有现金流,第 1 年和第 2 年的收入分别为 1 500 万元、1 700 万元,营业费用分别为 583.3 万元、783.3 万元;C 项目在第 1 年、第 2 年和第 3 年有现金流,第 1 年、第 2 年和第 3 年的收入分别为 1 000 万元、1 100 万元和 3 000 万元,营业费用分别为 555.5 万元、488.9 万元和 1 555.5 万元;D 项目同样是在第 1 年、第 2 年和第 3 年有现金流,第 1 年、第 2 年和第 3 年的收入分别为 3 000 万元、1 000 万元和 500 万元,营业费用分别为 1 555.5 万元、555.5 万元和 222.2 万元。

每个项目都被看作具有相同的风险。考虑到税收的存在,投资的折旧按直线法计提,全部项目在预期寿命结束时没有残值。E 公司应税所得的边际公司税率是 40%。假设贴现率有两个选择:10% 和 35%。为了便于分析,假设所有的现金流量均在年末发生,A、B、C、D 四个项目的初始投资均发生在第 0 年年末,并且全部收入和营业费用都可以看作是现金收付项目。(资料改编自 W. 卡尔·凯斯特等编著:《财务案例》,张智强等译,北京大学出版社 2009 年版)

案例思考:根据下面五个常用的指标对 E 公司的四个项目进行排序:

(1) 净现值。
(2) 获利指数。
(3) 回收期。
(4) 内含报酬率。
(5) 平均报酬率。

如果项目相互独立,应该接受哪个项目?如果项目相互排斥(即只能接受一个),哪个最好?

任务解构

一、对内项目投资的分类

(一)新建项目

新建项目是指将一个项目从无到有地投资建设完成,其目的在于新增企业生产能力,扩大企业经营规模或经营范围,如企业添置机器设备、增建生产线、上新的产品线等。新建项目按其投资对象的具体内容,还可以进一步细分为单纯固定资产投资和完整工业项目投资两类。其中，单纯固定资产投资又称固定资产投资，这种投资一般只包括为形成固定资产本身而发生的必要的资金投入，不包括周转资金的投入。可见，单纯的固定资产投资仅仅能够形成必要的生产手段，还不是完整的工业项目投资，这种投资本身并不能独立为企业创造收益，必须与其他投资或原有项目相结合，才能发挥出价值创造的功能，如前述添置新设备投资即属此类。完整工业项目投资不仅包括前述"单纯固定资产投资"，而且还牵涉到流动资金投资，甚至还包括其他长期资产项目（如无形资产、开办费等）的投资，直至形成能够独立创造收益的工业项目，如前述增建生产线投资、上新的产品线投资即属此类。完整工业项目投资与工程管理中的"建设项目"范畴是一致的。

（二）更新改造项目

更新改造项目投资是指对原有项目进行更新或功能改造而发生的资金投入，其目的在于恢复或改善现有项目的生产能力，如企业定期发生的设备更新投资、厂房改扩建投资、生产线改造投资等。

对项目投资分类的总结如表 5-2 所示。

表 5-2　　　　　　　　　　　对内项目投资的分类

投资项目分类	项目简介
新建项目	新建项目是指将一个项目从无到有地投资建设完成，其目的在于新增企业生产能力，扩大企业经营规模或经营范围，如企业添置机器设备、增建生产线、上新的产品线等
更新改造项目	更新改造项目投资是指对原有项目进行更新或功能改造而发生的资金投入，其目的在于恢复或改善现有项目的生产能力，如企业定期发生的设备更新投资、厂房改扩建投资、生产线改造投资等

二、对内投资管理一般流程

项目投资具有投资数额大、回收期漫长的特点，在漫长的回收期内，项目要经受来自企业内部和外部许多影响因素的干扰，使项目面临较大的风险，影响投资目标的有效实现。因此，对项目投资实施科学的管理是十分必要的，对于降低投资风险、实现投资目标具有重大的意义。一般来说，项目投资管理要遵循以下步骤：

（一）投资项目提出

这一阶段实质上是在做项目背景分析工作。由企业中高层管理人员牵头，由供、产、销及财务部门人员参与，对国家产业政策、市场供求、自身能力等内外环境进行分析。发现有利的投资机会或时机，为企业的资金投向寻找出路。在此基础上提出项目建议书。

（二）投资项目评价

投资项目评价的主要任务是对各投资项目或备选方案的可行性进行分析，在此基础上进行筛选、择优，即开展通常所说的项目可行性研究工作。项目评价主要从投资项目的"三性"入手：（1）在详细的市场调查和缜密的市场分析的基础上，做好市场预测工作（投资项目是面向"未来"而不是过去和现在的），从而评价项目投资的"必要性"，这项工作主要由市场营销人员完成；（2）结合市场分析的结论，对项目建议书中所提出的工程方案、工艺方案和设备方案进行分析，从而评价投资项目技术方面的"可行性"，这项工作主要由工程技术人员完成；（3）在前述工作的基础上，进行财务预测和财务分析，通过一系列经济指标的计算和分析，预测投资项目的预计经济效果，从而评价投资项目的经济"合理性"，这项工作主要由财务人员来完成。这三个方面的工作完成以后，就可以起草可行性研究报告，提交企业决策部门，作为项目决策的依据。

（三）投资项目决策

项目评价工作完成以后，企业决策层即可根据评价结论作出是否投资、如何投资的决策。即在若干可行的方案中进行择优。根据各企业决策权分布的不同，项目决策的主体在不同的企业可能会有所差别。一般来说，投资额较小的项目，有时中层经理就有决策权；投资额较大的项目一般由总经理决策；投资额特别大的投资项目，要由董事会或股东大会投票表决。

（四）投资项目实施

投资项目决策以后，即转入项目的实施阶段。这是入选项目投资方案具体化过程，也是项目实体形成的过程。这一阶段的工作重点在于资金、成本、质量和时间的管理。企业应当根据工程造价和计划施工进度合理安排建设资金的供应，在确保施工不间断的前提下，尽可能节约使用资金；严格按照工程概预算资料和设计资料控制施工质量和工程造价，以确保项目投资按预算完成，实现预计经济效果；按照计划施工进度严格控制工期，以确保项目能够及时投产，不至于贻误市场良机。

（五）投资项目再评价

项目评价和项目决策是基于对未来的预测而作出的，在投资项目实施过程中，许多情况可能与原预计情况并不相符或发生较大变化，这些变化必将影响到原来的评价结论，导致项目的可行性与预计相比有较大的出入。所以，在项目实施过程中，一旦出现新的、预料之外的情况，就要随时根据变化的情况作出新的评价，如果发现原投资决策已经不合理，那么就要对项目是否中止作出决策，以避免出现更大的损失。

（六）投资项目后评价

投资项目后评价是指项目投产运行一段时间以后，将项目的实际运行效果与预计水平相比较，以发现原项目评价、决策、实施以及运行过程中存在的问题或总结出经验，供日后其他项目投资管理借鉴。

对内投资管理的一般流程总结如表 5-3 所示。

表 5-3　　　　　　　　　　对内投资管理一般流程

投资项目提出	这一阶段实质上是在作项目背景分析工作，在对国家产业政策、市场供求、自身能力等内外环境进行分析基础上，发现有利的投资机会或时机，为企业的资金投向寻找出路
投资项目评价	对各投资项目或备选方案的可行性进行分析，在此基础上进行筛选、择优，即开展通常所说的项目可行性研究工作
投资项目决策	项目评价工作完成以后，企业决策层即可根据评价结论作出是否投资、如何投资的决策
投资项目实施	这是入选项目投资方案具体化过程，也是项目实体形成的过程，这一阶段的工作重点在于资金、成本、质量和时间的管理
投资项目再评价	在项目实施过程中，一旦出现新的、预料之外的情况，就要随时根据变化的情况作出新的评价，如果发现原投资决策已经不合理，那么就要对项目是否中止作出决策，以避免出现更大的损失
投资项目后评价	项目投产运行一段时间以后，将项目的实际运行效果与预计水平相比较，以发现原项目评价、决策、实施以及运行过程中存在的问题或总结出经验，供日后其他项目投资管理借鉴

三、对内项目投资决策评价指标

（一）项目投资决策指标的含义

项目投资决策评价指标是由一系列综合反映投资效益、投入产出关系的量化指标构成的，是衡量和比较投资项目可行性、据以进行方案决策的量化评价标准与尺度。运用决策指标进行项目评价的好处在于，使用个别或少量的经济指标就可以综合反映投资项目的经济效果，提高项目评价的效率和精度。

（二）项目投资决策指标的类型

从不同的角度可以将投资决策指标划分为不同的类别，不同类型的决策指标计算方法、决策规则及地位作用各不相同。

1. 静态指标和动态指标。按是否考虑资金时间价值可将决策指标分为静态指标和动态指标两类。静态指标在计算过程中不考虑资金时间价值因素，直接将不同期间的现金收支进行对比，计算经济效果，因而又称非贴现现金流量指标，包括静态投资回收期、平均会计收益报酬率等指标。动态指标在计算过程中考虑资金时间价值因素，采用统一的折现尺度，将不同期间的现金流量换算到一个可比的基础之上，进而计算出项目的经济效果，因而又称贴现现金流量指标，包括净现值、现值指数、动态投资回收期和内含报酬率等。

2. 正指标和反指标。按指标的性质和范围不同，可将决策指标分为正指标和反指标两类。指标数值在一定范围内越大越好的称为正指标，例如平均报酬率、净现值、内含报酬率和获利指数等均属正指标；指标数值在一定范围内越小越好的称为反指标，例如投资回收期即属该类指标。

3. 绝对量指标和相对量指标。按指标的数量特征，可将决策指标分为绝对量指标和相对量指标。绝对量指标是指以单一量纲表示的、以绝对数指标值大小为判断优劣标准的决策指标,如以时间为计量单位的投资回收期和以价值量为计量单位的净现值指标即属此列。相对量指标是指由两个相同或不同量纲的指标进行对比而形成的、以对比值(相对数)大小为判断优劣标准的决策指标,如获利指数指标和内含报酬率指标即属相对量指标。

4. 主要指标、次要指标和辅助指标。按决策指标在项目决策中的重要性和相对地位,可将决策指标区分为主要指标、次要指标和辅助指标三类。例如,在常用的项目投资决策指标中,净现值、内含报酬率等为主要指标,获利指数、投资回收期为次要指标,平均报酬率为辅助指标。

对内项目投资决策评价指标总结如表 5-4 所示。

表 5-4　　　　　　　　　对内项目投资决策评价指标

		项目投资决策评价指标是由一系列综合反映投资效益、投入产出关系的量化指标构成的,是衡量和比较投资项目可行性、据以进行方案决策的量化评价标准与尺度。按照不同标准,分为以下类别
是否考虑资金时间价值	静态指标	静态指标在计算过程中不考虑资金时间价值因素,包括静态投资回收期、平均会计收益报酬率等指标
	动态指标	动态指标在计算过程中考虑资金时间价值因素,将不同期间的现金流量换算到一个可比的基础之上,又称贴现现金流量指标,包括净现值、现值指数、动态投资回收期和内含报酬率
标的性质和范围	正指标	指标数值在一定范围内越大越好的称为正指标,例如平均报酬率、净现值、内含报酬率和获利指数等均属正指标
	反指标	指标数值在一定范围内越小越好的称为反指标,例如投资回收期即属该类指标
指标的数量特征	绝对量指标	绝对量指标是指以单一量纲表示的、以绝对数指标值大小为判断优劣标准的决策指标,如以时间为计量单位的投资回收期和以价值量为计量单位的净现值指标即属此列
	相对量指标	相对量是指由两个相同或不同量纲的指标进行对比而形成的、以对比值(相对数)大小为判断优劣标准的决策指标,如获利指数指标和内含报酬率指标即属相对量指标
决策指标在项目决策中的重要性	主要指标	按决策指标在项目决策中的重要性和相对地位,可将决策指标区分为主要指标、次要指标和辅助指标三类。例如,在常用的项目投资决策指标中,净现值、内含报酬率等为主要指标
	次要指标辅助指标	按决策指标在项目决策中的重要性和相对地位,可将决策指标区分为主要指标、次要指标和辅助指标三类。例如,在常用的项目投资决策指标中获利指数、投资回收期为次要指标,平均报酬率为辅助指标

四、项目投资决策指标计算

(一)静态指标

静态指标又称非贴现现金流量指标,这类指标在计算过程中不考虑资金时间价值,直接将不同时点的现金流量进行比较。常用的静态指标主要有静态投资回收期和平均报酬率两个指标。

1. 静态投资回收期。静态投资回收期(Payback Period,PP)是指完全回收初始投资额所需要的时间,一般以年为计量单位。

(1) 若项目投产以后各年的营业净现金流量(NCF)相等,则静态投资回收期计算如下:

$$静态投资回收期 = \frac{项目原始投资额}{年营业净现金流量}$$

$$PP = \frac{C}{NCF}$$

(2) 若项目投产以后各年的营业净现金流量(NCF)不相等,则静态投资回收期可按如下思路进行:逐年累计项目有关净现金流量(包括初始投资额),当累计净现金流量符号出现相反变化时停止累计,采用差值法计算静态投资回收期。

$$PP = t_1 + \frac{\left|\sum_{t=0}^{t_1} NCF_t\right|}{\left|\sum_{t=0}^{t_1} NCF_t\right| + \left|\sum_{t=0}^{t_2} NCF_t\right|}$$

式中:t_1——最后一次出现累计净现金流量为负值的年份;

t_2——第一次出现累计净现金流量为正值的年份;

NCF_t——第 t 年的净现金流量。

决策规则:应用静态投资回收期法进行方案评价,首先应该确定一个可接受的最长回收期限,称为目标回收期。如果特定方案的计算结果大于目标回收期,则应放弃该方案;如果特定方案的计算结果小于或等于目标回收期,则应接受该方案。而在有多个方案的互斥选择中,则应选用投资回收期最小的方案。

2. 平均报酬率。平均报酬率(Average Rate of Return,ARR)是指投资项目寿命期内平均的年投资报酬率。其计算公式如下:

$$平均报酬率(ARR) = \frac{年平均净现金流量}{初始投资额} \times 100\%$$

决策规则:应用平均报酬率法进行方案评价,也应该首先确定一个企业可接受的最低报酬率标准,如果特定方案的计算结果大于或等于该标准报酬率,则应接受此方案;如果特定方案的计算结果小于该报酬率标准,则应放弃此方案。而在有多个方案的互斥决策中,则应选用平均报酬率最高的方案。

(二) 动态指标

动态指标又叫贴现现金流量指标,这类指标在计算过程中考虑资金时间价值,将项目上未来现金流量以特定的折现率进行折现,然后在此基础上计算相应的评价指标。常用的动态指标主要有净现值、获利指数、动态投资回收期和内含报酬率等指标。

1. 净现值(Net Present Value,NPV),是反映投资项目最终净收益绝对额的经济指标，通常表述为"项目寿命周期内各年净现金流量的现值总和"。由此其计算公式则可表述如下：

净现值 = $\sum$ 每年净现金流量的现值

$$NPV = \sum_{t=0}^{n} \frac{NCF_t}{(1+k)^t}$$

式中：NCF_t——第 t 年的净现金流量；

　　　k——折现率；

　　　n——项目预计终结年限。

计算净现值指标的关键有三：其一，合理确定项目的受益期 n；其二，合理预测项目未来各年的净现金流量 NCF_t；其三，合理选择折现率 k。其中，项目受益期和各年现金流量可以根据市场调研和市场预测资料结合其他相关资料进行预计；折现率既可以选择企业的资金成本，也可以选择行业平均收益率，还可以选择企业预期实现的投资报酬率。

决策规则：在单个项目采纳与否的投资决策中，若某项目净现值大于等于零则应接受该项目，若某项目净现值小于零则应拒绝该项目；而在互斥决策中，则应在可行方案中选择净现值最大的投资方案。

2. 获利指数（Profitability Index，PI），又称利润指数、现值指数，是指投资项目投产以后净现金流量的总现值与初始投资额现值之间的比值。其计算公式为：

$$获利指数 = \frac{项目投产后净现金流量总现值}{初始投资额} = 1 + \frac{净现值}{初始投资额}$$

$$PI = \frac{\left[\sum_{t=1}^{n} \frac{NCF_t}{(1+i)^t}\right]}{C} = 1 + \frac{NPV}{C}$$

决策规则：在单个项目采纳与否的投资决策中，若某项目获利指数大于等于 1，则应接受该项目，若某项目获利指数小于 1，则应拒绝该项目；而在互斥决策中，则应在可行方案中选择获利指数最大的投资方案，并结合净现值指标进行决策。

3. 动态投资回收期（Discounted Payback Period，DPP），是在考虑资金时间价值因素的前提下，计算投资项目回收初始投资额所需要的时间。与静态投资回收期相比，动态投资回收期考虑了资金时间价值的影响因素，理论上较为科学。

动态投资回收期可以按以下步骤进行计算：首先，采用特定的折现率对各年的净现金流量进行折现处理；然后，逐年累计项目各年净现金流量（包括初始投资额）现值，当累计净现金流量现值符号出现相反变化时停止累计，采用差值法计算动态投资回收期。

$$PP = t_1 + \frac{\left|\sum_{t=0}^{t_1} NCFP_t\right|}{\left|\sum_{t=0}^{t_1} NCFP_t\right| + \left|\sum_{t=0}^{t_2} NCFP_t\right|}$$

式中：t_1——最后一次出现累计净现金流量现值为负值的年份；

　　　t_2——第一次出现累计净现金流量现值为正值的年份；

　　　$NCFP_t$——第 t 年的净现金流量现值。

动态投资回收期指标与静态回收期指标的决策规则完全一致，这里不再重复。

4. 内含报酬率（Internal Rate of Return，IRR），又称内部收益率，是指某一特定投资项目内在的真实报酬率水平。如果使用该水平的折现率对项目未来的净现金流入量进行折现，则其现值总和必然等于投资额的总现值，因此内含报酬率在数量上等于使该投资项目净现值等于零时的折现率。即若 $\sum_{t=0}^{n}\frac{NCF_t}{(1+k)^t}=0$，则此时的 k 即为内含报酬率。

(1) 若项目投产后各年净现金流量相等为 NCF，则可按如下步骤计算 IRR：

首先，计算年金现值系数。

$$(P/A, IRR, n) = \frac{C}{NCF}$$

式中：$(P/A, IRR, n)$——折现率为内含报酬率、期限为 n 期的年金现值系数；

　　　C——初始投资额；

　　　NCF——各年相等的净现金流量。

其次，反查年金现值系数表，在期限 n 行（或列）查找该系数值，若能够找到该系数，则该系数所在的列（或行）对应的折现率即为内含报酬率；若无法找到该系数，则在该行（或列）中找出位于该系数左右（或上下）且与该系数最邻近的两个系数及其所在列（或行）对应的两个折现率，并转入下一步。

最后，根据上述两个邻近的系数及折现率，采用插值法计算出该投资方案的内含报酬率。

(2) 若项目投产后各年净现金流量不相等，则采用逐步测试法计算内含报酬率，具体计算步骤如下：首先，估计一个折现率，并按这个折现率计算项目净现值。若净现值等于零，则这个折现率就是内含报酬率，结束计算；若净现值大于零，则说明估计的这个折现率小于内含报酬率，应调高折现率重试；若净现值小于零，则说明估计的这个折现率大于内含报酬率，应调低折现率重试。经逐步测试，最后找出使净现值由正到负的两个邻近的折现率，则项目内含报酬率位于这两个折现率之间。

然后，根据上述两个折现率及其相对应的正负两个净现值，采用插值法计算出一个使净现值等于零的折现率，即为该方案的内含报酬率。

$$IRR = i_1 + (i_2 - i_1) \times \frac{|NPV_1|}{|NPV_1| + |NPV_2|}$$

式中：i_1——使测试净现值 NPV_1 大于零，且为正值中最小的折现率；

　　　i_2——使测试净现值 NPV_2 小于零，且为负值中最大的折现率。

　　　$(i_2 - i_1)$ 的值应当尽可能的小，以确保计算的精度满足决策要求。

决策规则：应用内含报酬率法进行方案评价，在单个项目采纳与否的决策中，若内含报酬率大于或等于必要报酬率则应接受该项目；若内含报酬率小于必要报酬率则应拒绝该项目。而在互斥决策中，则应选用内含报酬率超过必要报酬率最多的投资项目，并结合净现值法进行决策。

项目投资决策指标计算总结如表 5-5 所示。

表 5-5　　　　　　　　项目投资决策指标计算

指标类别	具体指标	核算公式	判定标准
静态指标	静态投资回收期	NCF 相等：$PP = \dfrac{C}{NCF}$ NCF 不等： $PP = t_1 + \dfrac{\left|\sum_{t=0}^{t_1} NCF_t\right|}{\left|\sum_{t=0}^{t_1} NCF_t\right| + \left|\sum_{t=0}^{t_2} NCF_t\right|}$	回收期 PP 大于目标回收期，放弃该方案；小于或等于目标回收期，接受该方案。多个方案的互斥选择中，则应选用投资回收期最小的方案
	平均报酬率	$ARR = \dfrac{年平均净现金流量}{初始投资额} \times 100\%$	ARR 大于或等于该标准报酬率，则应接受此方案；反之放弃
动态指标	净现值	$NPV = \sum_{t=0}^{n} \dfrac{NCF_t}{(1+k)^t}$	NPV ≥ 0，接受该项目；NPV ≤ 0，放弃项目。互斥项目中，选择 NPV 最大项目
	获利指数	$PI = \dfrac{\left[\sum_{t=1}^{n} \dfrac{NCF_t}{(1+i)^t}\right]}{C} = 1 + \dfrac{NPV}{C}$	PI ≥ 1，则应接受该项目，反之拒绝；互斥决策中，选择 PI 最大的投资方案，并结合净现值指标进行决策
	动态投资回收期	$PP = t_1 + \dfrac{\left|\sum_{t=0}^{t_1} NCFP_t\right|}{\left|\sum_{t=0}^{t_1} NCFP_t\right| + \left|\sum_{t=0}^{t_2} NCFP_t\right|}$	同静态投资回收期
	内含报酬率	每年现金流相等： $(P/A, IRR, n) = \dfrac{C}{NCF}$ 每年现金流不等： $IRR = i_1 + (i_2 - i_1) \times \dfrac{\|NPV_1\|}{\|NPV_1\| + \|NPV_2\|}$	IRR 大于或等于必要报酬率，则应接受该项目；反之拒绝。互斥决策中，选择 IRR 最大项目，并结合净现值法进行决策

五、项目投资决策时需要注意的问题

项目投资具有投资数额巨大、投资期和影响期长、变现能力弱、参与主体多等特点。这些特点决定了项目投资活动是一种高风险财务活动，对于企业的财务风险和收益影响重大。因此在项目投资活动中必须加强风险识别与控制，进而确保项目投资目标的实现。一般而言，项目投资管理通常需要关注以下风险及其控制问题。

(一) 项目投资与战略不符风险及其控制

战略是企业未来发展的长远规划,是企业一切经营活动和财务活动的纲领和指南,任何经营决策和财务决策都必须以实现战略目标为准则。因此,如果项目投资在投资方向、投资规模与竞争策略方面与战略定位相背离,就容易出现盲目投资、乱铺摊子、冲击主业现象,不利于战略目标的有效实现。

在实施战略管理的企业中,企业一切的经营活动都应围绕战略目标的更好实现来开展,因此战略分析对于投资项目决策而言是首要的、必需的。在进行项目投资决策时,需结合投资市场环境、政策环境、科教文化环境以及新老项目间综合影响效果的分析,考察拟投资项目与企业战略目标及战略规划的切合程度,考察拟投资项目对战略目标实现的支持程度,投资规模、方向和时机是否适当,进而决定项目应否投资。

(二) 项目投资决策权配置风险及其控制

项目投资作为企业生产能力维持与扩大、经营范围调整的手段,对于企业而言具有重大的影响。然而,实践中有时会因为项目投资决策权配置不当,导致决策行为上出现"霸权决策"或"拍脑袋决策"现象,这极易引发上述项目投资与战略不符的风险,给企业造成巨大损失。

因此,企业应当建立科学的群体决策体制和机制,以此控制项目投资的方向和规模。一般而言,在规范化的公司制企业中,应当建立如图 5-2 所示的项目决策组织体系。

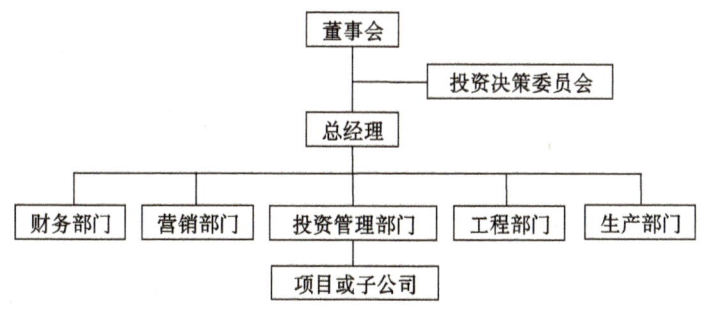

图 5-2 企业项目投资决策组织体系

在这一项目决策组织体系下,企业可以实行分层决策机制:项目决策权分别配置给董事会、总经理和子公司负责人。对于战略方向性项目投资由总经理提案并由董事会最终决定,投资决策委员会则发挥可行性论证和决策咨询功能。对于战略举措性项目投资,则在投资项目管理部门牵头的可行性研究工作的咨询下,由总经理作出决策并报董事会备案。对于子公司更新性项目投资决策,则在充分可行性研究的基础上,由子公司总经理作出决策。

采用分层项目决策机制,有利于发挥各决策层级的决策优势的同时,调动各决策主体的主观能动性,并提高决策的效率。当然,对各决策层级决策权限具体配置方案的设计，需要充分考虑企业组织结构特点和高层领导的管理要求，不能一概而论。

（三）项目可行性风险及其控制

影响投资效果的因素众多，既涉及宏观层面的因素，也涉及微观层面的因素；既涉及外部因素，也涉及内部因素；既与市场有关，也与技术和财务有关。如果投资之前忽视了对某一方面因素的分析，就容易导致项目投资失去可行性，最终导致投资失败。

因此，为确保项目投资的可行性，需要开展项目投资可行性研究工作。可行性研究工作可以由企业投资管理部或财务部牵头，需要财务部门、营销部门、生产部门、研发部门和工程技术部门等相关部门和人员的共同参与，必要时借助外部专家的支持。可行性研究在工作内容上主要是做项目的"三性"评价，即由市场营销部门牵头，在市场调查和市场预测的基础上，论证项目投资的"必要性"；以生产部门和工程技术部门为主体，结合市场调查和市场预测的结果，论证项目建设方案和工艺方案在技术上的"可行性"；由财务部门牵头，结合市场调研、市场预测和工程技术及设备方案，论证项目投资在经济效果上的"合理性"。"三性"评价构成项目可行性研究的全部核心内容。其中，与企业财务管理密切相关的是"经济合理性"评价，这项工作的核心在于，在以前两项评价结论为依据预测项目有关现金流量的基础上，计算反映项目经济效果的财务指标，并对项目资金筹措和偿还进行系统规划。

（四）项目投资资金规划不合理风险及其控制

需要消耗大量的资金，需要筹资工作的支持。项目资金规划制订得科学与否，直接影响到项目投资工作能否顺利推进，影响到项目未来的偿还性。然而，投资实践中经常存在投资活动与筹资活动有失协调问题，导致出现项目资金需求与资金供给不匹配、项目投资收益实现进度与资金归还期限不匹配、项目筹资成本过高等风险，这些均不利于项目投资目标的实现，也使企业的投资活动面临巨大的财务风险。

因此，项目投资之前需要结合项目设计方案、总投资、实施进度安排、经营情况预测等因素，科学规划项目筹资工作。具体而言，要做到：

(1) 根据项目总投资水平确定筹资总规模；
(2) 根据投放对象周转特性安排资金来源和期限结构；
(3) 根据工程进度方案安排资金筹措和投放的时间进度；
(4) 根据设备方案及其采购、安装计划安排资金到位时间；
(5) 考虑还款资金来源的时间分布和水平来安排筹资结构；
(6) 资金成本与筹资风险综合平衡后确定筹资结构。

（五）项目投资成本失控风险及其控制

项目投资具有很强的复杂性和长期性，有时又需要将项目建设工作承包给外部施工单位。在项目建设期间，如果成本控制不当，就会因主客观因素导致项目的投资成本失控，致使企业承担过高的投资成本，甚至会因此影响项目的经济可行性。

因此，必须密切关注项目投资成本失控的风险。

在项目投资实践中，可以通过"三算控制"来降低项目投资成本失控的风险。所谓的"三算"，是项目"设计概算""施工图预算"和"竣工决算"的简称，这三项工作对项目投资的管理发挥着规划和控制的功能。其中，项目设计概算是进行投资计划编制、设计方案选择、投资总额控制、资金融通以及项目核算、结算等工作的重要依据，是对项目投资起着事前规划的作用。项目施工图预算是确定项目预算造价、签订工程合同、控制建设成本及办理竣工决算的重要依据，是对项目投资的过程管理提供成本控制的依据。项目竣工决算则是最终对项目投资建设活动进行建设成本核算、项目财务总结及相关经济责任明确的重要依据，对于项目投资而言也发挥着控制的功能。通过上述三项前后衔接的项目管理工作的开展，可以有效地实现项目投资方案优选、成本控制及风险管理等工作的目标。

（六）项目投资质量风险及其控制

项目投资的复杂性加大了项目投资过程中质量控制的难度，加之项目投资工作的外包性，更进一步使得项目投资具有很高的质量风险。如果这一风险得不到有效的控制，就会出现"豆腐渣工程"，给企业日后的项目运营和产品生产活动带来巨大的安全隐患、质量隐患、效率隐患和成本隐患。

项目投资质量风险控制除通过工程承包合同中的质量条款来实现外，作为"甲方"投资人应指定相关工程和技术专业人员跟踪监控施工活动。另外，也可以按照国家有关规定，聘请具备相应资质的监理公司对项目建设活动实施过程进行监督。作为"中立"的第三方，监理工程师可以凭借自身的建筑管理和监理经验，对项目的施工过程进行客观而有效的监督。一方面为质量和成本控制提供保证；另一方面也为工程结算、竣工决算及相关责任的明确提供依据。

案例解析

1. 案例 1 解析

（1）案例 1 分析。

沉没成本是指由于过去的决策已经发生了的，而无法由现在或将来的任何决策改变的成本，即已经付出且不可收回的成本。因此，沉没成本是一种历史成本，对现有决策而言是不可控成本，在投资决策时应排除沉没成本的干扰。因为该厂房已购置，所以对于宝都公司来说该厂房的购置价格 225 万元属于沉没成本，对决策没有影响。

第一种方法：直接计算法。

我们可以分别计算出每个备选方案的净现值，然后通过比较各个方案的净现值大小，从而选择最优方案。具体分析过程如下：

首先，计算出租方案的净现值：

①厂房的年折旧额：$225 \div 30 = 7.5$（万元）

每年折旧减税：$7.5 \times 25\% = 1.875$（万元）

第 1~15 年的年现金净流量：$12×(1-25\%)+1.875=10.875$（万元）

②出租方案的净现值：

$10.875×(P/A,12\%,15)=10.875×6.8109=74.0685$（万元）

其次，计算产品 A 方案的净现值：

①第 0 年年末现金净流量：$-36-144=-180$（万元）

②A 产品生产线的年折旧额：$144÷15=9.6$（万元）

每年折旧减税：$(7.5+9.6)×25\%=4.275$（万元）

第 1~14 年的年现金净流量：$105×(1-25\%)-60×(1-25\%)+4.275=38.025$（万元）

第 15 年的年现金净流量：

$105×(1-25\%)-(60+3.75)×(1-25\%)+4.275=35.2125$（万元）

③产品 A 方案的净现值：

$-180+38.025×(P/A,12\%,14)+35.2125×(P/F,12\%,15)=74.4706$（万元）

再次，计算产品 B 方案的净现值：

①第 0 年年末现金净流量：$-54-162=-216$（万元）

②B 产品生产线的年折旧额：$162÷15=10.8$（万元）

每年折旧减税：$(7.5+10.8)×25\%=4.575$（万元）

第 1~14 年的年现金净流量：$127.5×(1-25\%)-75×(1-25\%)+4.575=43.95$（万元）

第 15 年的年现金净流量：

$127.5×(1-25\%)-(75+28.125)×(1-25\%)+4.575=22.8563$（万元）

③产品 B 方案的净现值：

$-216+43.95×(P/A,12\%,14)+22.8563×(P/F,12\%,15)=79.4852$（万元）

通过以上分析可以看到，出租方案、产品 A 方案和产品 B 方案的净现值分别为 74.0685 万元、74.4706 万元、79.4852 万元。由于产品 B 方案的净现值明显高于其他两个方案，所以应该采用产品 B 方案。

第二种方法：差额法。

由于出租方案、产品 A 方案、产品 B 方案的期限均为 15 年，并且现金流量发生时点相同，因此我们可以采用差量分析法以减轻工作量。差量分析法的具体分析过程如下：

首先，产品 A 方案与产品 B 方案的比较：

①产品 A 方案与产品 B 方案在第 0 年年末现金净流量之差：$-36-144-(-54-162)=36$（万元）

②厂房的年折旧额：$225÷30=7.5$（万元）

A 产品生产线的年折旧额：$144÷15=9.6$（万元）

B 产品生产线的年折旧额：$162÷15=10.8$（万元）

产品 A 方案每年折旧减税：$(7.5+9.6)×25\%=4.275$（万元）

产品 B 方案每年折旧减税：(7.5 + 10.8) × 25% = 4.575（万元）
产品 A 方案与产品 B 方案在第 1 ~ 14 年的年现金净流量之差：
(105 - 127.5) × (1 - 25%) - (60 - 75) × (1 - 25%) + (4.275 - 4.575) = - 5.0925（万元）
产品 A 方案与产品 B 方案在第 15 年的年现金净流量之差：
(105 - 127.5) × (1 - 25%) - (60 + 3.75 - 75 - 28.125) × (1 - 25%) + (4.275 - 4.575) = 12.3563（万元）
③产品 A 方案与产品 B 方案的净现值之差：
36 - 5.0925 × (P/A,12%,14) + 12.3563 × (P/F,12%,15) = - 4.5034（万元）
因此，产品 A 方案的净现值小于产品 B 方案的净现值，即产品 B 方案优于产品 A 方案。

其次，产品 B 方案与出租方案的比较：
①产品 B 方案与出租方案在第 0 年年末现金净流量之差：- 54 - 162 = - 216（万元）
②出租方案每年折旧减税：7.5 × 25% = 1.875（万元）
产品 B 方案每年折旧减税：(7.5 + 10.8) × 25% = 4.575（万元）
产品 B 方案与出租方案在第 1 ~ 14 年的年现金净流量之差：
(127.5 - 12) × (1 - 25%) - 75 × (1 - 25%) + (4.575 - 1.875) = 33.075（万元）
产品 B 方案与出租方案在第 15 年的年现金净流量之差：
(127.5 - 12) × (1 - 25%) - (75 + 28.125) × (1 - 25%) + (4.575 - 1.875) = 11.9813（万元）
③产品 B 方案与出租方案的净现值之差：
- 216 + 33.075 × (P/A,12%,14) + 11.9813 × (P/F,12%,15) = 5.4167（万元）
因此，产品 B 方案的净现值大于出租方案的净现值，即产品 B 方案优于出租方案。

通过以上分析，可以看到出租方案、产品 A 方案和产品 B 方案中产品 B 方案的净现值最大，所以应该采用产品 B 方案。

（2）案例 1 评价。
①差额法与直接计算法的比较。
A. 在对内项目投资决策中运用直接计算法可以确定每个方案的净现值，运用差额法只能得到两个方案的净现值之差，而无法确定每个方案的净现值具体是多少。比如，在案例 1 中运用直接计算法，我们可以计算出出租方案、产品 A 方案和产品 B 方案的净现值分别为 74.0685 万元、74.4706 万元、79.4852 万元，而运用差额法，我们只能对方案进行两两比较，无法计算出出租方案、产品 A 方案和产品 B 方案的净现值。

B. 在项目现金流量发生时点相同的情况下，与直接计算法相比，差额法可以简化计算，减少工作量。比如，在案例 1 中出租方案、产品 A 方案、产品 B 方案的期限均为 15 年，并且现金流量发生时点相同，这时采用差额法会简化计算。

②区分沉没成本与机会成本的重要性。

A. 成本是指由于过去的决策已经发生了的，而无法由现在或将来的任何决策改变的成本，即已经付出且不可收回的成本。因此，沉没成本是一种历史成本，对现有决策而言是不可控成本，在投资决策时应排除沉没成本的干扰。比如，在案例 1 中厂房已购置，所以对于宝都公司来说厂房的购置价格 225 万元属于沉没成本，对决策没有影响。

B. 成本是指当把一定的经济资源用于生产某种产品时所放弃的将相同的经济资源用于另一些产品的生产能够获得的最大收益。机会成本能够比较准确地反映从社会观点看把有限的资源用于某项经济活动的代价，因此机会成本是投资决策时需要考虑的成本，在投资决策时应选择机会成本最小的项目。

2. 案例 2 解析

（1）案例 2 分析。

第一，根据下面五个常用指标对 E 公司的四个项目进行排序。

A、B、C、D 四个项目税后利润及现金流量情况如表 5-6、表 5-7、表 5-8 和表 5-9 所示。

表 5-6　　　　　　　　A 项目税后利润及现金流量情况　　　　　　单位：万元

项目	第 0 年	第 1 年
投资	-1 000	
收入		2 100
付现成本		1 100
折旧		1 000
营业利润		0
所得税		0
税后营业利润		0
营业现金净流量	-1 000	1 000

表 5-7　　　　　　　　B 项目税后利润及现金流量情况　　　　　　单位：万元

项目	第 0 年	第 1 年	第 2 年
投资	-1 000		
收入		1 500	1 700
付现成本		583.3	783.3
折旧		500	500
营业利润		416.7	416.7
所得税		166.68	166.68
税后营业利润		250.02	250.02
营业现金净流量	-1 000	750.02	750.02

表 5-8　　　　　　　　C 项目税后利润及现金流量情况　　　　　　　　单位：万元

项目	第 0 年	第 1 年	第 2 年	第 3 年
投资	-1 000			
收入		1 000	1 100	3 000
付现成本		555.5	488.9	1 555.5
折旧		333.3	333.3	333.4
营业利润		111.2	277.8	1 111.1
所得税		44.48	111.12	444.44
税后营业利润		66.72	166.68	666.66
营业现金净流量	-1 000	400.02	499.98	1 000.06

表 5-9　　　　　　　　D 项目税后利润及现金流量情况　　　　　　　　单位：万元

项目	第 0 年	第 1 年	第 2 年	第 3 年
投资	-1 000			
收入		3 000	1 000	500
付现成本		1 555.5	555.5	222.2
折旧		333.3	333.3	333.4
营业利润		1 111.2	111.2	-55.6
所得税		444.48	44.48	-22.24
税后营业利润		666.72	66.72	-33.36
营业现金净流量	-1 000	1 000.02	400.02	300.04

①净现值计算：

当贴现率为 10% 时：

A 项目 NPV = -82.6446（万元）

B 项目 NPV = 274.2615（万元）

C 项目 NPV = 480.2009（万元）

D 项目 NPV = 422.8442（万元）

总结：C 项目的净现值最大，应选择 C 项目。

当贴现率为 35% 时：

A 项目 NPV = -192.0439（万元）

B 项目 NPV = -24.3674（万元）

C 项目 NPV = -16.9518（万元）

D 项目 NPV = 60.8846（万元）

总结：D 项目的净现值最大，应选择 D 项目。

②获利指数计算：

当贴现率为 10% 时：

A 项目 PI = (-82.6446 + 1 000)/1 000 = 0.9174
B 项目 PI = (274.2615 + 1 000)/1 000 = 1.2743
C 项目 PI = (480.2009 + 1 000)/1 000 = 1.4802
D 项目 PI = (422.8442 + 1 000)/1 000 = 1.4228
总结：B、C、D 项目的获利指数大于 1，可以进行投资。

当贴现率为 35% 时：
A 项目 PI = (-192.0439 + 1 000)/1 000 = 0.8080
B 项目 PI = (-24.3674 + 1 000)/1 000 = 0.9756
C 项目 PI = (-16.9518 + 1 000)/1 000 = 0.9830
D 项目 PI = (60.8846 + 1 000)/1 000 = 1.0609
总结：D 项目的获利指数大于 1，可以进行投资。

③回收期计算：

A 项目 PP = 1（年）

B 项目 PP = $1 + \dfrac{1\,000 - 750.02}{750.02} = 1.3333$（年）

C 项目 PP = $2 + \dfrac{100}{1\,000.06} = 2.1$（年）

D 项目 PP = $0 + \dfrac{1\,000}{1\,000.02} = 1$（年）

总结：A 项目和 D 项目的回收期最短，应选择 A 项目或 D 项目。

④内含报酬率计算：

根据 $\sum_{t=0}^{n} \dfrac{NCF_t}{(1+k)^t} = 0$，可以计算得出：

A 项目 IRR = 0
B 项目 IRR = 31.88%
C 项目 IRR = 33.53%
D 项目 IRR = 42.75%

总结：当贴现率为 10% 时，可以选择 A 项目；当贴现率为 35% 时，可以选择 A、B、C 项目。

⑤平均报酬率计算：

A 项目 ARR = $\dfrac{0}{1\,000} = 0$

B 项目 ARR = $\dfrac{250.02}{1\,000} = 25\%$

C 项目 ARR = $\dfrac{(66.72 + 166.68 + 666.66)/3}{1\,000} = 30\%$

D 项目 ARR = $\dfrac{(666.72 + 66.72 - 33.36)/3}{1\,000} = 23.34\%$

总结：因为 C 项目的平均报酬率最大，所以应该选择 C 项目。

第二，如果项目相互独立，应该接受哪个项目？如果项目相互排斥（即只能接受一个），哪个最好？

① 当贴现率为 10% 时：

A 项目 PI = (−82.6446 + 1 000)/1 000 = 0.9174

B 项目 PI = (274.2615 + 1 000)/1 000 = 1.2743

C 项目 PI = (480.2009 + 1 000)/1 000 = 1.4802

D 项目 PI = (422.8442 + 1 000)/1 000 = 1.4228

如果项目相互独立，获利指数 > 1 的项目可以接受，即 B、C、D 项目都可以接受。

如果项目相互排斥，C 项目的净现值最大，应选择 C 项目。

② 当贴现率为 35% 时：

A 项目 PI = (−192.0439 + 1 000)/1 000 = 0.8080

B 项目 PI = (−24.3674 + 1 000)/1 000 = 0.9756

C 项目 PI = (−16.9518 + 1 000)/1 000 = 0.9830

D 项目 PI = (60.8846 + 1 000)/1 000 = 1.0609

如果项目相互独立，获利指数 > 1 的项目可以接受，即项目 D 都可以接受。

如果项目相互排斥，D 项目的净现值最大，应选择 D 项目。

（2）案例 2 评价

通过对案例 2 进行分析，我们可以发现根据净现值、获利指数、回收期、内含报酬率和平均报酬率这五个常用的投资指标对 E 公司的 A、B、C、D 项目进行排序的结果是不同的。这主要受各个指标是否考虑货币时间价值、是否考虑整个投资期的现金流量以及投资必要报酬率的选择标准等的影响。

① 货币时间价值的考虑。有些投资指标考虑了货币的时间价值，比如净现值、获利指数和内含报酬率，这些指标在计算时都对 A、B、C、D 项目各年的现金净流量进行了折现，即认为不同时点的货币具有不同的价值；而有些投资指标并未考虑货币的时间价值，比如回收期和平均报酬率，它们认为不同时点的货币具有相同的价值。

是否考虑货币的时间价值会对项目的投资决策产生影响。比如，当不考虑货币的时间价值时，按照回收期法的决策原则，A 项目与 D 项目是没有差异的，它们均可在 1 年内收回初始投资。但是，如果考虑了货币的时间价值，A 项目与 D 项目则会存在较大差异。因为无论是采用 10% 的贴现率，还是采用 35% 的贴现率，A 项目的净现值均小于 0、获利指数均小于 1，按照净现值法和获利指数法的决策原则 A 项目不具有投资价值；而 D 项目的净现值均大于 0、获利指数均大于 1，从而按照净现值法和获利指数法的决策原则 D 项目是可以进行投资的。

② 整个投资期的现金流量。投资指标中的净现值、获利指数、内含报酬率和平均报酬率都考虑了整个投资期的现金流量，而回收期指标仅仅关注的是回收期内的

现金流量，并未考虑回收期满后的现金流量状况，过于偏重短期，可能导致对诸如新产品的研究开发等长期投资项目重视不够，易引发短期经营行为。比如，在案例2中按照回收期指标应该选择A项目或D项目，而当贴现率为10%时，C项目的净现值最大，当贴现率为35%时，D项目的净现值最大，因此采用回收期指标可能会导致放弃能够给企业带来最大未来现金净流量的项目。

③必要报酬率的选择。投资指标中的净现值和获利指数的大小受到必要报酬率的影响。比如，在案例2中当贴现率为10%时，C项目的净现值最大，应选择C项目；B、C、D项目的获利指数大于1，可以进行投资。当贴现率为35%时，D项目的净现值最大，应选择D项目；只有D项目的获利指数大于1，可以进行投资。因此，在不同的必要报酬率下，运用净现值和获利指数作出的投资决策可能存在差异。

而内含报酬率法不受必要报酬率的影响，可正确反映各投资方案的真实报酬水平。但是，它计算复杂，一般要经过多次试算才能求得；另外，内含报酬率的计算是以项目前期产生的收益的再投资仍然按照内含报酬率水平增值为前提，这在实际当中往往很难做到。

④投资金额的限制。在投资金额不受限制的情况下，凡是净现值为正的项目或者内含报酬率大于必要报酬率的项目，都能够增加股东财富，因此都可以被采用。以净现值为例，在案例2中当贴现率为10%时，B、C、D项目的净现值均为正，如果投资金额不受限制，这些项目都可以进行投资；当贴现率为35%时，D项目的净现值为正，可以进行投资。

在投资金额受限制的情况下，应该按照获利指数进行排序，并寻找净现值最大的投资组合。总之，一般意义上的原则是实现有限资源的净现值最大化。

任务二　对外投资决策

任务目标

1. 掌握对外投资的类型；
2. 掌握对外投资选择的影响因素；
3. 注意对外投资决策时的一些问题。

案例导入

雅戈尔的股权投资案例

雅戈尔集团，创建于1979年，是一家以品牌服装为主业，涉足地产开发、金融投资领域的大型跨国集团，拥有海内外员工近5万名。旗下股份有限公司为上市公司。2014年雅戈尔位列2 014中国企业五百强第221位、中国民企五百强第30位。1992年雅戈尔进入房地产行业,次年进入股权投资领域,至此其"三驾马车"开始形成。在此后二十几年的发展过程中,虽然也曾出现过"三马齐奔"的情况,但大部分时间都是"此起彼伏"。其中,以雅戈尔的"金融马车"在数年间的"大起大落"尤为引人关注。

1999年雅戈尔入股未上市公司中信证券,2003年中信证券上市后股价从发行价4.5元一路上扬,2007年牛市曾涨到115元的历史高位。从2007年至今,雅戈尔减持中信证券股票,累计套现约60亿元。其中,2008年雅戈尔累计出售中信证券1.6987亿股,共套现近30亿元。在金融领域,雅戈尔先后投资了广博集团、宜科科技、中信证券、宁波银行、海通证券等多家企业。2006年,随着股权分置改革工作基本完成,雅戈尔持有的中信证券、宜科科技等股权投资价值逐步体现。2007年,雅戈尔集团正式将投资业务独立出来,成立了专业投资公司,针对已上市和拟上市的金融企业、资源型企业、行业龙头企业进行股权投资。步入投资领域后,雅戈尔的净利润也随着证券市场的跌宕起伏而大起大落。2006~2009年四年间,雅戈尔的净利润从2006年的7.7亿元一路上涨到2007年的24.8亿元,2008年熊市滑落到15.8亿元,2009年又一举翻到32.6亿元。2008年12月3日,雅戈尔发布公告称,聘请凯石投资管理有限公司担任资产投资管理顾问。引入凯石投资之后,雅戈尔将投资的重点转向了定向增发。据了解,在雅戈尔的授权下,凯石投资2009年调研了已公布定向增发预案且较可行的263家公司中的98家,将方案提交给雅戈尔之后,最终雅戈尔拍板参与了其中9家上市公司的定向增发投资,且均进入这些公司的前十大流通股股东之列,截至报告期期末,该项目全部实现浮赢。

然而,随着国内股市的持续下跌,2011年成为雅戈尔金融的分水岭,当年,金融股权投资净利润较上年下降60.90%。在2007年年末证券市场开始进入下行通道的时候,当年11月,雅戈尔出资35.88亿元参与海通证券的定向增发,认购了1亿股,但随后市场一路下跌,券商股首当其冲。2008年,针对海通证券的投资,雅戈尔被迫计提11.33亿元减值准备。2011年,雅戈尔加快了定向增发的速度,几乎以每月一单的速度先后参与了广百股份、海正药业、海利得、兴蓉投资、生益科技、精功科技、云天化、圣农发展、东方锆业、新疆众和、中金黄金、华新水泥和山煤国际13家上市公司的定向增发,累计投资金额为27.25亿元。在过去几年,中国资本市场扭曲的"炒新法则"一直十分奏效:但凡新股IPO,或定向增发,只要能中签,躺着就能赚钱。但到了2011年,随着A股市场的接连大跌,多数股票价格腰斩,很多定增股票都严重破发。在惨烈的市场环境下,雅戈尔持有的上述13家公司的账面价值缩水超过16亿元,定向增发遭遇"八连套"。由于证券市场形势惨淡、投资失利,加上不断地划分利益条线,雅戈尔同其投资顾问凯石投资分道扬镳。

案例思考：
1. 雅戈尔的金融投资行为有哪些合理之处？
2. 你认为雅戈尔未来应该如何平衡常规业务与投资业务？
3. 你怎样理解雅戈尔在2008年的证券出售行为？
4. 作为外部投资者，你愿意投资雅戈尔吗？

任务解构

一、对外投资的类型

对外投资有多种分类方法，比如按照投资方式可以划分为直接对外投资和间接对外投资，按照所有权性质可以划分为股权投资和债权投资，按照投资期限可以划分为对外短期投资和对外长期投资。

（一）直接对外投资和间接对外投资

1. 直接对外投资，是指投资者在证券市场购买股票、债券等基础证券，并通过交易获取收益的投资方式。根据收益是否固定，直接投资可以分为固定收益投资和非固定收益投资。固定收益投资是指对固定收益证券的投资，比如购买债券和优先股等。非固定收益投资是指对收益不固定的证券的投资，比如购买普通股等。

2. 间接对外投资，是指投资者通过购买基金、期权、期货以及权证等金融衍生品获取收益的投资方式。

（二）股权投资和债权投资

1. 股权投资，是指投资者通过购买其他企业的股票或以货币资金、无形资产以及其他实物资产等直接投资于其他企业，以获得较大的经济利益为最终目的的行为，如购买普通股、优先股、认股权以及认股证等。企业进行权益性投资的目的是获取被投资单位的净资产所有权。权益性证券的持有者一般拥有表决权和股利分配权，但权益性证券一般无还本日期，股东如果不想继续持有，可以通过依法转让给其他投资者来收回投资。

2. 债权投资，是指为取得债权所进行的投资，如购买国库券、公司债券、金融债券等。企业进行债权投资的目的不是为了获得被投资单位的净资产所有权，而是为了获取高于银行存款利率的利息，并保证按期收回本金。债券是一种定约证券，它以契约的形式明确规定投资企业与被投资企业的权利与义务，无论被投资单位有无利润，投资者均享有定期收回本金、获取利息的权利。

3. 对外短期投资和对外长期投资

（1）对外短期投资，是指投资者将资金等投放到能够在一年以内回收原始投资额的投资对象的投资行为。对外短期投资一般具有持有时间短、变现能力强、周转速度快、资金占用波动性大等特点。因此，对外短期投资既能发挥现金储备的功能，保证企业偿债能力，又能使企业获得高于银行存款利率的收益，对于企业资金安全

性和收益性的保持具有重要意义

（2）对外长期投资，是指投资者将资金等投放于回收期限在一年以上的投资对象的投资行为。这种投资具有回收期限长、变现能力差、投资风险高等特点。正是由于对外长期投资具有上述特点，决定对外长期投资的资金投向的合理性程度不仅影响企业当前的财务状况，而且对以后各期都会产生相应的影响，并且这种影响的不确定性程度往往也比较高。这就要求企业在进行这类投资时必须做好可行性论证工作，对项目的投资必要性、技术可行性以及经济合理性进行全方位的评价，以保证投资决策的科学性。

对外投资的类型总结如表 5-10 所示。

表 5-10　　　　　　　　　　　对外投资的类型

投资方式	直接对外投资	投资者在证券市场购买股票、债券等基础证券，并通过交易获取收益的投资方式
	间接对外投资	投资者通过购买基金、期权、期货以及权证等金融衍生品获取收益的投资方式
所有权性质	股权投资	投资者通过购买其他企业的股票或以货币资金、无形资产以及其他实物资产等直接投资于其他企业，以获得较大的经济利益为最终目的的行为
	债券投资	为取得债权所进行的投资，如购买国库券、公司债券、金融债券等
投资期限	对外短期投资	投资者将资金等投放到能够在一年以内回收原始投资额的投资对象的投资行为
	对外长期投资	投资者将资金等投放于回收期限在一年以上的投资对象的投资行为

二、对外投资选择的影响因素

通过对影响因素进行分析，企业可以作出更合理的对外投资决策，最大限度地提升从对外投资中获得的利益的同时，尽可能地规避风险，从而提高对外投资收益。对外投资的影响因素主要有宏观环境因素、行业因素和企业因素。

（一）宏观环境因素

1. 经济周期。经济周期包括衰退、危机、复苏和繁荣四个阶段，而股票价格在经济周期的不同阶段具有不同的变化趋势。一般而言，股票价格在经济衰退时期会逐渐下跌，并在危机时期跌至最低点，而在复苏时期股票价格会逐渐上涨，并在繁荣时期上涨至最高点。因此，在衰退时期和危机时期，投资者倾向于持有更多的现金、短期证券等；在复苏时期和繁荣时期，投资者倾向于持有更多的股票。

2. 通货膨胀。当出现温和的通货膨胀时，股票价格会随通货膨胀率同步上扬，即股票投资可以规避通货膨胀风险，投资者会更愿意投资股票；当出现严重的通货膨胀时，股票价格涨幅将远低于通货膨胀涨幅，从而无法抵消通货膨胀风险，此时投资者会减少股票投资。

3. 货币政策、货币供应量及银行信贷。如果中央银行要通过购买或销售债券来调整银行储备和货币供应量，那么中央银行的这一举动会作用于政府债券市场，进而影响到公司债券和股票市场，最后影响到实物市场。

4. 利率。利率调整对证券市场具有直接影响，一般说来，利率上升时，证券价格将会下跌；利率下降时，证券价格将会上涨。

5. 汇率。本币升值会导致以本币交易的可交易资产（如证券、不动产等）的账面价值出现同等的上涨，并且本币升值预期带来的可用资金供给增加倾向于降低市场利率水平，在投资者要求的风险补偿不变的情况下，会导致公司的现金流价值上升。因此，本币升值及其预期可能导致股价上涨。

6. 财政政策。紧缩的财政政策会使得过热的经济受到控制，从而证券市场也会走弱；宽松的货币政策会刺激经济发展，从而证券市场也会走强。

7. 政治因素。国际形势的变化、战争以及国内外重大政治事件等政治因素也会对证券市场产生影响，进而影响到企业的对外投资决策。

（二）行业因素

1. 行业生命周期。行业生命周期包括初创期、成长期、成熟期和衰退期。处于初创期的行业只有少数创业公司，并且这些创业公司在财务上可能普遍亏损，还可能因财务困难而引发破产风险，因此投资这类行业有很大的投资风险。处于成长期的行业其利润虽然增长很快，但所面临的市场竞争风险也很大，存在较高的破产率和被兼并率，对这类行业的投资具有高风险、高收益的特点。处于成熟期的行业，行业利润由于一定程度的垄断达到了很高水平，而风险却因市场比例比较稳定、新企业难以进入而较低。处于衰退期的行业，企业数目减少，市场逐渐萎缩，利润率停滞或不断下降，当正常利润无法维持或现有投资折旧完毕后，整个行业将逐渐解体。

2. 行业的市场结构。行业的市场竞争或垄断的程度，分为完全竞争、垄断竞争、寡头垄断和完全垄断。完全竞争是指众多企业生产同质产品的市场情形。在完全竞争市场中存在众多厂商，产品同质、无差别，企业是价格的接受者而非制定者，企业可以自由进入或退出市场。垄断竞争是指众多生产者生产同种但不同质产品的市场情形。在垄断竞争市场中同样存在众多的生产者，它们生产的产品同种但不同质，由于产品存在一定差异，不是同质的，因此生产者对价格有一定的控制能力。寡头垄断是指少数生产者在某种产品的生产中占有很大市场份额的市场情形。在寡头垄断市场中，由于少数生产者的产量非常大，因此它们对市场价格和交易具有一定的垄断能力。同时，由于只有少数生产者生产某一种产品，因而每个生产者的价格政策和经营方式及其变化都会对其他生产者产生重要影响。完全垄断是指单个企业生产某种没有或缺少替代品的产品。在完全垄断市场中，由于市场被单个企业所控制，另外，产品没有或缺少替代品，因此垄断者可以根据市场供求状况制定理想的价格和产量，以获取最大的利润。

3. 行业兴衰。影响行业兴衰的主要因素包括技术进步、产业政策、产业组织创新、社会习惯的改变以及经济全球化等。技术进步通常在催生一个新行业的同时，迫使一个旧的行业加速进入衰退期，另外，传统行业可以通过技术创新获得深度增长和广度增长的机会。产业政策包括产业结构政策、产业组织政策、产业技术政策等。社会习惯的改变对企业的经营活动、成本和收益等产生的影响足以使一些不再适应社会需要的行业衰退，同时又激发新兴行业的发展。经济全球化使得每一个行业置身于全球性竞争中，同时也使每个行业都获得了全球性市场和资源，分析经济全球化对某个行业的影响，关键要看经济全球化是否有利于该行业整合全球性的资源以及是否有利于该行业面向全球性的市场满足全球性的需求。

（三）企业因素

1. 企业基本素质。企业基本素质包括企业竞争能力、企业发展前景和企业经营管理能力。企业的竞争能力可以从以下三个方面进行分析：企业的市场占有率，即销售额的增长率、稳定性和前景预测；企业的技术水平，即企业研究与开发新产品的能力；企业的投资回报率，即资本投入与效益的关系。企业的发展前景可以从企业募集资金的投向、企业产品的更新换代以及企业业务发展情况等方面进行评价。企业的经营管理能力受到企业经营理念和管理风格、企业管理人员的素质和能力、企业业务人员的素质和创新能力等的影响。

2. 企业财务能力。企业财务能力包括营运能力、盈利能力、偿债能力和发展能力等。营运能力是指企业对各种资产运用和管理的能力，主要衡量指标有存货周转率、应收账款周转率、总资产周转率、固定资产周转率等。盈利能力是指企业获取利润的能力，主要衡量指标有销售净利率、资产收益率、净资产收益率、主营业务利润率等。偿债能力是指企业偿还到期债务的能力，主要衡量指标有流动比率、速动比率、资产负债率等。发展能力是指企业扩大规模和壮大实力的潜在能力，主要衡量指标有营业收入增长率、营业利润增长率、总资产增长率、资本积累率、资本保值增值率等。

对外投资决策影响因素总结如表 5-11 所示。

表 5-11　　　　　　　　　　对外投资决策影响因素

宏观环境因素	经济周期	在衰退时期，投资者倾向于持有更多的现金、短期证券等；在繁荣时期，投资者倾向于持有更多的股票
	通货膨胀	当出现温和的通货膨胀时，股票价格会随通货膨胀率同步上扬，即股票投资可以规避通货膨胀风险，投资者会更愿意投资股票；当出现严重的通货膨胀时，无法抵消通货膨胀风险，此时投资者会减少股票投资
	货币政策	中央银行要通过购买或销售债券来调整货币供应量，影响到公司债券和股票市场，最后影响到实物市场
	利率	利率上升时，证券价格将会下跌；利率下降时，证券价格将会上涨
	财政政策	紧缩的财政政策会使得过热的经济受到控制，从而证券市场也会走弱；宽松的货币政策会刺激经济发展，从而证券市场也会走强
	政治因素	重大政治事件等政治因素也会对证券市场产生影响，进而影响到企业的对外投资决策
	汇率	本币升值会导致以本币交易的可交易资产的账面价值出现同等的上涨，并且本币升值预期带来的可用资金供给增加倾向于降低市场利率水平，在投资者要求的风险补偿不变的情况下，会导致公司的现金流价值上升。因此，本币升值及其预期可能导致股价上涨

续表

行业因素	市场结构	行业的市场竞争或垄断的程度,分为完全竞争、垄断竞争、寡头垄断和完全垄断
	行业兴衰	影响行业兴衰的主要因素包括技术进步、产业政策、产业组织创新、经济全球化等
	生命周期	行业生命周期包括初创期、成长期、成熟期和衰退期,不同时候企业投资能力不同
企业因素	基本素质	包括企业竞争能力、企业发展前景和企业经营管理能力
	财务能力	包括营运能力、盈利能力、偿债能力和发展能力等

三、比较股权投资和债权投资的优劣

(一) 股权投资的优劣

1. 优势:投资于股票可以获得股息、红利和股票买卖差价,并且股票投资的收益一般要高于储蓄投资和债券投资,因此股票投资对于以资本增值为目的的投资者来说,是一种比较好的选择;投资者可以根据自己的意愿将股票随时变现,取得现金,增加现金持有量,因此与动产和不动产投资相比,股票投资提高了资产的流动性,增加了投资者的灵活性;投资者可能出于自身需要,通过购买某企业的股票达到参与该企业决策的目的,如果大量购买某企业的股票,就可以取得该企业的控制权。

2. 劣势:股票投资的风险较大,资本市场的不确定因素将对公司的资产规模和盈利水平产生影响,可能导致公司投资业务利润不稳定、不持续的风险。

(二) 债权投资的优劣

1. 优势:本金安全性高,政府债券的偿还有国家财力作保证,拖欠本金的风险很小,另外,由于企业破产时债务人有优先求偿权,所以公司债券的持有人损失本金的可能性也较低;收入稳定性强,债券的发行者必须按时支付利息,投资者能够获得较稳定的收益;市场流动性好,债券可以在市场上自由买卖,具有良好的流动性。

2. 劣势:购买力风险大,通货膨胀时期,债券本金和利息的实际购买力会下降;没有经营管理权,债券投资者无权干预债券发行企业的生产经营活动。

四、对外投资决策时需要注意的问题

(一) 股权投资需要注意的问题

1. 要端正投资态度。股权投资追求的是本金的安全和持续、稳定的投资回报,不论投资的公司能否在证券市场上市,只要它能给投资人带来可观的投资回报,即为理想的投资对象。由于公司上市能够带来股权价格的大幅上升,一些投资者急功近利的心态使其过于关注"企业上市"概念,以至于忽略了对企业本身的了解,这样就放大了投资风险,也给一些骗子带来了可乘之机。事实证明,很多以"海外上市"、暴利等为名义的投资诱惑,往往以骗局告终。毕竟能上市的公司总是少数,寻找优质公司才是投资的正道。

2. 要了解投资对象。要想投资成功,投资者一定要对自己的投资对象有一定程度的了解。例如公司管理层的经营能力、公司的财务状况、公司的市场占有率等。

通过搜集以上有关投资对象的具体信息，对投资对象进行客观、合理的评价，然后决定是否进行投资以及投资额大小。

3. 要控制投资成本。即使是优质公司，假如买入股权价格过高，也还是会导致投资回收期过长、投资回报率下降，算不得是一笔好的投资。因此，股权投资一定要计算好按公司正常盈利水平收回投资成本的时间。通常情况下，时间要控制在10年之内。但有的投资者在买入股权时，总是拿股权上市后的价格与买入成本比较，很少考虑如果公司不能上市何时才能收回成本，这种追求暴利的心态往往会使投资风险骤然加大。

（二）债权投资需要注意的问题

1. 收益性。不同种类的债券收益大小不同，投资者应根据自己的实际情况选择，例如一般来说政府债券基本不存在风险，企业债券则存在一定的无法按时偿还本息的风险，与投资者所需承担的风险相对应，企业债券的收益普遍高于政府债券。

2. 安全性。与股票投资相比，债券投资的风险较小，但这仅仅是相对而言的，债券投资依然存在安全性问题。这主要是因为经济环境、企业经营状况以及债券发行人的信用等级等都有可能发生变化。因此，债券投资也应考虑资金的安全性。

3. 流动性。流动性大的债券能够以较快的速度兑换成货币，同时以货币计算的价值不受损失。影响债券流动性的主要因素是债券的期限，期限越长，债券的流动性越小；期限越短，债券的流动性越大。另外，债券的种类对其流动性也具有影响。比如政府债券在发行后就可以上市转让，具有较大的流动性；而企业债券在流动性方面则存在较大差别，一般而言，信誉良好的大公司或规模小但经营良好的公司发行的债券具有较大的流动性，而那些规模小、经营较差的公司发行的债券，其流动性要小得多。

案例解析

1. 雅戈尔的金融投资行为有哪些合理之处？

（1）雅戈尔公司资金闲置情况。如果企业本身都周转困难，那么是难以进行对外投资的。所以，资金的闲置情况是分析合理性的重点。从表5-12可以看出，近10年来，雅戈尔公司拥有大量的闲置资金，因此雅戈尔公司历年来现金充沛，这为其投资金融资产创造了条件。

表5-12　　　　　　　雅戈尔公司资金闲置情况　　　　　　　单位：万元

年份	2014	2013	2012	2011	2010
货币资金	346 130.38	353 317.59	307 318.79	323 491.51	435 572.26
年份	2 009	2 008	2 007	2 006	2 005
货币资金	210 324.72	398 322.31	219 284.67	64 417.79	76 085.10

（2）投资的方向性。雅戈尔专门委托了投资管理公司对投资进行分析和决策，借助凯石投资的投资研究团队，以参与定向增发和PE投资为重点投资战略布局，

进一步深化对投资金融产业、资源性企业、行业龙头企业的探索。在雅戈尔的授权下，凯石投资2009年调研了已公布定向增发预案中较可行的263家公司中的98家，将方案提交给雅戈尔之后，最终雅戈尔拍板参与了其中9家上市公司的定向增发投资，且均进入这些公司的前十大流通股股东之列，截至报告期期末，该项目全部实现浮赢。

通过以上分析我们可以看出，雅戈尔的金融投资行为在充分利用闲置资金和投资方向性上具有合理之处。

2. 你认为雅戈尔未来应该如何平衡常规业务与投资业务？

（1）回归服装主业，着重在服装领域深耕发力，提升高端男装质量，同时发展女装、制服和军装，加大广告宣传力度。服装是雅戈尔三十多年来生存和发展的根基，资产和利润占比都非常大，决定了其在相当长的时间里将一直是雅戈尔的核心业务。国内男装高端市场的空缺是雅戈尔的机会，高端奢侈品所带来的品牌和经济利润也是相当可观的，国外高端奢侈品如LV、GUCCI等都是雅戈尔男装的奋斗目标。在占有男装市场的同时，也不应放弃女装市场。在商场购物的人群中，还是以女性消费者占据多数，且女性购买衣服的频率和数量是男性望尘莫及的。同时制服和军装也是很好的拓展利润的空间。为各机关事业单位、企业、部队定制工作服，对于拥有庞大生产能力和原材料优势的雅戈尔来说，非常具有优势，同时这项业务也是一个长期、稳定的项目，可以推广到全国甚至世界范围。

（2）作为雅戈尔集团努力探索的一个发展方向，金融投资产业有力地支撑了雅戈尔集团的发展。以2007年为例，雅戈尔2007年投资收益27.54亿元，占利润总额的70%，传统主业纺织服装和房地产只贡献了30%的利润。但是金融投资风险太大，资本市场的不确定因素将对公司的资产规模和盈利水平产生影响，有可能导致公司投资业务利润不稳定、不持续的风险。2011年A股暴跌使雅戈尔的金融投资遭受重创就是最大的教训。因此，雅戈尔应由金融投资向产业投资转变，并增强把握宏观政策的研发能力，强化微观操作的投资能力，并促进研发能力向投资能力的转化；理顺发展思路，落实管理制度，监控投资风险；继续寻找优质项目，探索未来产业投资业务；逐步建立和完善投资决策机制，提高投资决策的科学性，降低投资风险。

3. 你怎样理解雅戈尔在2008年的证券出售行为？

（1）雅戈尔男士西服公司出售部分海通证券的股份，亏损4.69亿元，对持有的海通证券与金马股份提取减值损失13.1亿元。

（2）2008年雅戈尔男士西服公司纺织服装业务收入79.6亿元，略低于所预期的80.3亿元。衬衫、休闲服收入分别是31.3亿元、16.6亿元，同比增长172%、98%。衬衫、休闲服收入增幅巨大，主要是由于公司收购新马服装，合并报表所致。西服收入10.7亿元，同比增长8%。西服毛利率51.45%，比上年提升2.91个百分点。

（3）雅戈尔男士西服公司确认房地产收入34.6亿元，期末公司预收账款余额55.34亿元。2008年公司房地产销售回款约35亿元，而2007年公司房地产销售回款约54亿元，2008年房地产销售明显放缓。公司确认收入的项目主要是钱湖比华利、都市森林等，这两个项目有较高的毛利率。2009年公司预计新开工面积200万平方米，资金需求量较大。

因此，雅戈尔在 2008 年出售证券是因为海通证券与金马股份两个股票出现了亏空，纺织服装业务和房地产业务的行情和平时差不多，也不能带动大量的资金流入。

4. 作为外部投资者，你愿意投资雅戈尔吗？

作为外部投资者，我愿意投资雅戈尔。主要原因有以下几点：

（1）雅戈尔是一家以纺织服装为主业、房地产和金融投资为两翼的公司。拥有衬衫、西服、西裤、夹克和领带等名牌产品，在国内同行中优势明显，是我国近年来服装行业中发展速度较快的企业之一，综合实力和盈利能力居服装企业前列。并且服装业是一个永续产业，在经历了产业化、品牌化的改造后，中国服装业迎来了一个新的发展机遇期。随着经济发展以及二线、三线城市的迅速崛起，更为广阔的潜在市场将被开发出来。同时，消费者的消费意识趋于成熟与理性，讲究品位与舒适，服装业的市场环境将得到进一步的改善，投资前景看好。

（2）雅戈尔具有较强的自主创新能力，重点开发品牌优势产品，研发过程注重应用先进工艺技术，提升产品功能属性。先后开发新产品、新技术 27 项，其中国内领先水平 24 项，国际先进水平 3 项，有 6 种新技术申报国家发明专利。雅戈尔研发的"一种双开衩垂摆西服及其制作方法"和"一种西服衣架及其制造方法"两项新技术获国家知识产权局授权发明专利。至此，公司已拥有国家知识产权局授权专利 16 项。

（3）雅戈尔财务状况良好，2014 年实现营业收入 1 590 321.60 万元，较上年同期增长 4.85%；实现归属于上市公司股东的净利润 316 241.87 万元，由于变更对宁波银行的会计核算方法以及把握资本市场机会对金融资产进行了结构调整，较上年同期增长 132.60%。

雅戈尔公司主要进行的是股权投资，对于债权投资则较少涉及，而有些公司可能会更愿意进行债权投资。企业选择进行何种投资取决于多种因素，比如宏观环境因素、行业因素和企业自身因素等，而股权投资和债权投资自身的特点也是影响企业选择进行何种投资的重要因素之一。下面我们将具体分析股权投资和债权投资的优劣。

项目回顾

通过本项目的学习，需要掌握资金投放管理的基本概念和基础知识；并了解对内投资管理一般流程；根据所提供的预测数据，对投资项目的现金流量作出恰当的分析；熟练运用静、动态评价指标进行项目评价和决策；进一步了解对外投资选择的影响因素。

技能训练

1. 某公司拟按 7% 的资本成本筹资 10 万元用于投资，市场上目前有以下三种方案可供选择（风险相同）：（1）投资于 A 项目（免税），5 年后可一次性收回现金 14.4 万元；（2）投资于 B 项目，于第 4 年开始至第 8 年，每年初的现金流入 6.5 万元和付现成本 1 万元，折旧采用直线法，所得税税率 33%，不考虑资本化利息；

(3) 将现金存入银行，复利计算，每半年等额收回本息1.945万元。

要求：(1) 计算A方案的内含报酬率；

(2) 计算B方案的现值指数和会计收益率；

(3) 如果要求未来5年内存款的现金流入现值与B方案未来的现金净流量现值相同，则存款的年复利率应为多少？此时的实际年利率为多少？

(4) 如果要求未来5年的投资报酬率为10%，则每次从银行收回多少现金，其未来现金流入才与B方案未来的现金净流量现值相同？

2. 假设某公司计划开发一条新产品线，该产品线的寿命期为4年，开发新产品线的成本及预计收入为：初始一次性投资固定资产120万元，且需垫支流动资金20万元，直线法折旧且在项目终了可回收残值20万元。预计在项目投产后，每年销售收入可增加80万元，且每年需支付直接材料、人工等付现成本30万元；而随设备陈旧，该产品线将从第2年开始逐年增加5万元的维修支出。如果公司的最低投资回报率为12%，使用所得税税率为40%。

注：一元复利值系数表如表5-13所示。

表5-13　　　　　　　　一元复利值系数表（部分）

期数	12%	10%
1	0.893	0.909
2	0.797	0.826
3	0.712	0.751
4	0.636	0.683

要求：(1) 列表说明该项目的预期现金流量；

(2) 用净现值法对该投资项目进行可行性评价。

3. 某企业拟进行一项单纯固定资产投资，现有A、B两个互斥方案可供选择，相关资料如表5-14所示。

表5-14

方案	指标 / 项目计算期	建设期		运营期	
		0	1	2~11	12
A	固定资产投资	*	*		
	新增息税前利润（每年相等）			*	*
	新增的折旧			100	100
	新增的营业税金及附加			1.5	*
	所得税前净现金流量	-1 000	0	200	*
B	固定资产投资	500	500		
	所得税前净现金流量	*	*	200	*

说明：表中"2~11"年一列中的数据为每年数，连续10年相等；用"*"表示省略的数据。

要求：(1) 确定或计算 A 方案的下列数据：①固定资产投资金额；②运营期每年新增息税前利润；③不包括建设期的静态投资回收期。

(2) 请判断能否利用净现值法作出最终投资决策。

(3) 如果 A、B 两方案的净现值分别为 180.92 万元和 273.42 万元，请按照一定方法作出最终决策，并说明理由。

项目六

资金筹集决策

【项目目标】

1. 了解筹资的动机与原则。
2. 掌握筹资的分类、渠道和筹资方式。
3. 掌握权益资本筹资的方式和优缺点。
4. 理解负债筹资的目的、类型和原则。
6. 掌握长期借款的种类、银行借款的信用条件、企业对贷款银行的选择,理解长期借款筹资的优缺点。
7. 掌握债券的种类、债券的定价方法,理解债券筹资的优缺点。
8. 掌握短期借款筹资成本的计算,了解短期借款的种类、优缺点。

【项目简介】

筹资,是企业资金运动的起点,是企业生产经营的初始环节。筹资决策是指为满足企业融资的需要,对筹资途径、筹资数量、筹资时间、筹资成本、筹资风险和筹资方案进行评价和选择,并确定一个最优资金结构。

投资、筹资、股利分配三大决策相互影响。筹资决策影响和改变的是企业的财务结构或资本结构。一般而言,投资决定筹资,筹资决策必须以投资策略为依据,充分反映企业投资的要求。企业的资金来源主要包括三种途径:短期负债筹资、长期负债筹资与股权资本筹资。其中具有长期影响和战略意义的筹资决策通常是指长期负债筹资决策与股权资本筹资决策,股权与债权筹资的比例即资本结构决策。企业所采取的股利政策决定了企业自留资金的多少,在很大程度上也决定了企业筹资决策的制定。企业因借入资金而产生的丧失偿债能力的可能性和企业利润的可变性,即筹资风险。

企业筹资决策所影响和改变的是企业的财务结构或资本结构,具体而言其主要解决这样几个问题:利用权益资本还是债务资本?通过什么渠道筹措哪种权益资本或债务资本,以及权益资本与债务资本之间的比例是多少?利用长期资金还是短期资金,二者的比例又是多少?本项目主要介绍筹资的动机和种类、筹资的渠道与方式、筹资的原则等,并以股权资本筹集和债权资本筹集为两大基本任务,具体阐述其筹资方式、不同筹资方式的特点、资本成本,并介绍几种筹资方式的具体流程。

本项目的基本框架如图6-1所示。

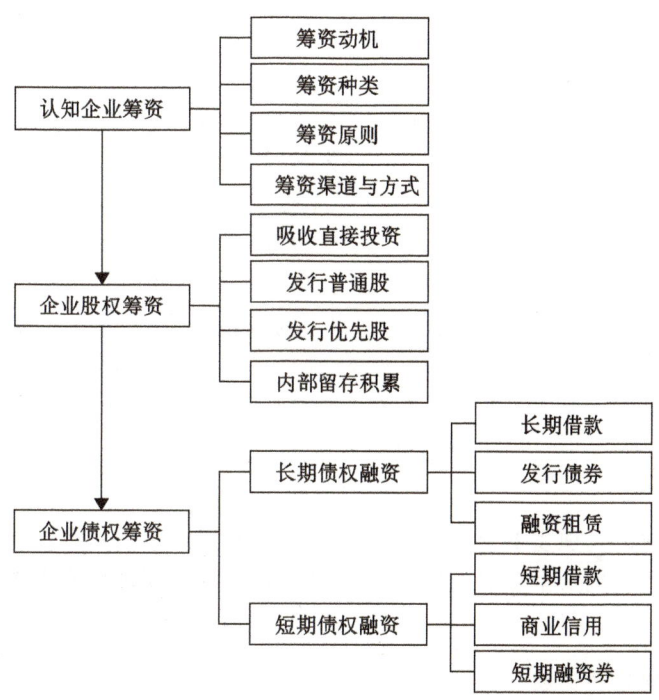

图6-1 资金筹集项目基本框架

【项目分解】

根据项目内容,本项目可分解为如下任务:

任务一:认知筹资决策

任务二:股权筹资决策

任务三:债权资本筹集管理

任务一 认知筹资决策

任务目标

1. 了解企业筹资动机与种类;
2. 理解企业筹资的原则;
3. 掌握企业筹资的渠道与方式。

案例导入

2013年，老干妈全球销售额超过37亿元人民币。很难想象，这艘只做辣椒酱的调味品业"航母"，是个资本市场绝缘体。"不贷款、不融资、不上市"，已然成为老干妈的标签之一，也让一众机构垂涎三尺却只能望而却步。公司掌门人陶华碧说："我没有跟国家贷过款，贴息贷款我都不要。政府很早以前就提出要扶持，我不要，我有多大本事就做多大的事，踏踏实实做，不欠别人一分钱，这样才能持久。我不但不欠政府一分钱，也不欠员工一分钱，拖欠一分钱我都睡不着觉。和代理商、供货商之间也互不欠账，我不欠你的，你也别欠我的。""很早之前就有机构在关注了，但是他们（老干妈）一直闭门不见，走政府渠道也没用。"北京某投资机构的人士如是说。（资料来源：《老干妈三不政策拒资本："不贷款、不融资、不上市"》，http://money.163.com）

案例思考：企业什么时候需要对外融资？对外融资是企业必需的吗？

任务解构

融资是企业的一项重要财务管理活动，在企业实际运营过程中，绝大多数企业都会面临短期或长期资金融通的问题，企业财务人员必须理解企业筹资的一些基础理论知识。

一、企业筹资的动机

企业的正常运营需要进行经营活动和投资活动，资金条件是企业两大活动进行的保障，而筹资活动正是企业资金运动的起点，是企业创造价值增值所必需的活动。企业的创建，需要筹资作为启动资金；企业的日常经营，需要筹资购置生产要素；企业的规模扩张、研发新品、提高技术等环节更需要追加投资，筹资是决定资本运动规模和生产经营发展程度的重要环节。

（一）初始设立的需求

创建企业必须有资金支持，按经营计划确定经营规模，核定长期资本数额，以获得企业启动时的初始资本投入，据此到工商管理部门办理注册登记，以开始正常的生产经营活动。

（二）维持日常生产经营的需求

企业的日常生产经营需要各项开支，如土地的购置，厂房的修建，设备的购买、维护、更新以及生产性材料投入，成本费用产生等，一旦企业开始运营，相关资金流出就会产生，从而使企业产生筹资需要。

（三）经营扩张的需求

企业在成长时期，因扩大生产经营规模或追加对外投资产生筹资需求。外延的扩大再生产需要新建厂房，增加设备；内涵的扩大再生产需要提高固定资产的生产能力以及工人的劳动生产率，显然，二者需要资金支持。此外，企业在竞争中还要开拓有潜力的投资领域，复制现有成功的投资项目等，亦会产生筹资需要。

（四）偿还已有筹资的需求

企业在以往的生产经营中已筹措到的债务资金要求企业按期定时足额地还本付息，但企业未必能始终保持获利能力，季节性因素、生产周期因素、不可抗力因素及企业自身的生产中断、经营失败、财务困境会造成还款压力，这就需要再次筹资。

合理财务筹划可能会使濒临资不抵债的企业保持一定的偿债能力，这就是为偿还某项债务而形成的偿债融资。其一是调整性偿债融资，即企业有足够的能力支付到期债务，但为了调整原有的资本结构而新增融资，促使资本结构趋向合理；其二是恶化性偿债融资，即企业现有支付能力已不足以偿付到期旧债，被迫借新债偿旧债，此时企业的财务状况已恶化。

二、企业筹资的种类

按不同的划分标准，筹资可以划分为以下几类：

（一）按所筹集资金使用期限分类

1. 短期筹资。短期筹资是指企业短期内，一般为一年内，为了满足企业流动资金周转的需要，如现金、应收项目和存货等而筹集的资金。短期筹资一般通过银行短期借款及商业信用等方式来获得。

2. 长期筹资。长期筹资是指企业在中长期内，一般为一年以上，为了企业生产规模的扩大、新产品的研发和推广、厂房和设备的更新置换等的大额支出。长期筹资的资本回收期较长，因此选取较稳定的资本筹集渠道，如吸收直接投资、发行股票、发行债券、银行长期借款、融资租赁和内部留存利润积累等方式。

（二）按所筹资金的性质分类

1. 股权资本。股权资本，或权益资本、自有资本，根据我国的法规制度，股权资本由实收资本或股本、资本公积、盈余公积及未分配利润构成，是企业依法筹集并长期拥有、自主调配运用的资本来源。股权资本通过吸收投资、发行股票等方式产生，一般来源于企业内部资本、其他法人资本、民间资本、政府资本及外国资本等。

首先，股权资本的所有权归属于企业所有者。企业所有者依法凭其所有权参与企业经营管理和利润分配，并对企业的债务承担有限或无限责任。其次，企业对股权资本依法享有经营权。企业存续期间，有权调配使用股权资本，企业所有者除了依法转让其所有权，不得以任何方式抽回其投入的资本，因此股权资本可以看作是企业的"永久性资本"。

2. 债权资本。债权资本，或债务资本、借入资金，是企业依法筹集、按期还本付息的资本来源，一般通过发行债券、获取银行长短期借款、日常经营活动自发产生的商业信用、租赁等经营性负债或其他方式形成。

首先，债权资本体现企业与债权人的债务与债权关系。它是企业的债务，债权人的债权。其次，债权人有权按期索取本息，但无权参与企业的经营管理和利润分配，对企业的其他债务不承担责任。最后，企业对持有的债权资本在约定期限内享有经营权，承担按期还本付息义务。

（三）按所筹资金来源分类

1. 内部筹资，是指在企业内部通过生产经营获得的利润积累形成的留存收益为企业提供的资本来源。内部筹资是企业内部自然形成的，属于内源性融资，无筹资费用。其筹资规模取决于企业可供分配利润的数额和利润分配政策或股利分配政策。

2. 外部筹资，是指企业在内源融资不能满足资金需求时，向企业以外的单位或个人筹集资本。初创时的企业，内部积累还不成规模，而处于成长时的企业，有扩张的动机，正常生产经营积累又往往难以填补资金缺口。因此，二者都需要外部筹资，同时也要付出比内部筹资高的筹资成本，如发行股票、债券的发行成本，申请银行借款的手续费等。

（四）按筹资手段分类

1. 直接筹资，是指企业不通过金融机构，直接向资本所有者筹资的行为。直接筹资下，筹资与投资双方都是直接的、特定的，筹资者知道所筹集资金的具体出资者，出资者也明白所投资金的投入用途。随着我国宏观金融体制改革的深入，直接筹资也不断发展，主要方式有吸收直接投资、发行股票和债券以及利用商业信用等。

2. 间接筹资，是指企业以金融机构为中介，金融机构先集聚资本，企业再间接向资本所有者筹资的行为。间接筹资下，筹资投资双方没有特定的债权债务关系。筹资者可能不知道所筹集资金的具体出资者，而出资者也不知道自己资本的具体投向。间接筹资主要有向金融机构贷款、融资租赁等。

三、企业的筹资渠道与方式

企业筹资需要通过一定的渠道和方式来进行，了解企业的各种融资渠道和方式，选取合理的筹资渠道和方式以及多种渠道和方式的组合是企业成功筹资所必须要考虑的。

（一）筹资渠道

筹资渠道是指客观存在的企业获得资本的来源。企业资本来源直接受社会经济结构和国家管理资本的政策、体制的影响，了解筹资渠道有助于企业正确利用和拓宽筹资渠道，有效筹集资本。

1. 国家财政资本。国家财政资本是我国国有企业筹资最主要的渠道，而国有独资企业的资本全部由国家投资形成。现有国有企业的资本大抵是以往国家财政直接拨款形成的，还有的是国家施行"税前还贷"或减免税形成的。国家财政资本投入改革后，除了上述国家财政资本，还包括有权代表国家投资的政府部门、经有权代表国家投资的投资企业、资产经营企业、经济实体性企业等机构向企业投入的资本。

2. 银行信贷资本。银行信贷资本是指银行对企业的各种形式贷款，它是我国目前各类企业最重要的资本来源之一。其中，政策性银行不以营利为目的，为了顺应国家的产业政策、区域发展政策而给特定企业提供政策性贷款；而商业银行以营利为目的，从事信贷资金的投放，为企业提供各种商业贷款。

3. 非银行金融机构资本。非银行金融机构资本是指各级政府及其他经济组织主办的其他金融机构向企业提供的资本。它们提供的金融服务包括资金投入、物资融通，以及为企业承销证券等。这些机构主要包括信托投资公司、证券公司、保险公司、租赁公司和企业集团所属的财务公司等。

4. 其他企业资本。其他企业资本是指企业生产经营过程中暂时闲置，为一定目的或因商业信用在企业间进行相互调剂使用的资本。随着横向联合和企业集团的发展，企业之间资本联合和资本融通得到了广泛深入的发展，其他企业资金已成为企业资金的重要来源。

5. 民间资本。民间资本是指企业通过发行债券、股票等方式取得的本企业内部职工或社会个人闲置资本。现实中客观存在的职工和居民个人结余货币游离于银行及其他金融机构之外，形成了民间资本渠道并可以为企业所用。随着股份制及证券市场发展，民间资本已成为企业极具潜力的资本来源。

6. 企业自留资本。企业自留资本是指企业通过提取盈余公积和保留未分配利润而形成的资本，也称企业内部资本。企业自留资本无须特定方式筹集，是企业内部生产经营自发形成或会计上转移的，随着企业财权扩大和效益提升，内部资本将不断增加。

7. 境外资本。境外资本是指外国投资者和我国香港、澳门、台湾地区的投资者投入的资本，它们是我国外商投资企业的重要资本来源。

（二）筹资方式

筹资方式是企业在筹资时所采用的具体形式。企业有了筹资渠道之后，还要通过一定的筹资方式取得资金，筹资方式体现着资本的经济性质。通过筹资方式的选择，可以达到最优筹资结构。

1. 吸收直接投资。吸收直接投资是指企业以协议等形式，按照"共同投资、共同经营、共担风险、共享利润"的原则，直接吸收国家、法人、自然人等直接投入权益资本的筹资方式。它是非股份制企业取得权益资本的基本方式。

2. 发行股票。股票是股份公司为筹集资本而发行的有价证券，是持股人拥有公司股份的凭证，代表持股人在公司中的所有权。企业通过发行股票筹集的资本不得再被持股人赎回，只能转让股权，因此是企业永久占用的资本。

3. 利用留存收益。留存收益是指企业按规定从税后利润中提取的盈余公积，包括一定比例法定盈余公积和公司章程或股东大会决议提取的任意盈余公积，除此之外还有企业根据利润留存率保留的未分配利润两部分。利用留存收益筹资是企业将留存收益转化为投资资本的过程，它是构成企业权益性资本的重要内容。

4. 向金融机构借款。向金融机构借款是企业根据借款合同向银行或其他金融机构借入的款项。银行借款是企业负债筹资的主要来源。企业可以获得银行提供的用于短期的生产周转借款、贴现借款和抵押借款等，也可以获得中长期的投资借款。

5. 发行债券。债券是债务人为筹集资金而发行的、约定在一定期限内按时向债权人还本付息的有价证券。

6. 利用商业信用。商业信用是指企业之间在交易活动中以延期付款或预收货款方式进行购销活动形成的借贷关系。它是企业的直接信用行为，以商品或服务交易为基础，企业主要通过短期债务中的应付账款、应付票据和预收款项进行商业信用筹资。

7. 融资租赁。融资租赁是承租人在约定期间内向出租人支付租金，以取得某项资产使用权的一种契约型行为，租赁期一般在一年以上，也称为资本租赁或采购租赁，是企业筹措长期债务性资金的一种方式。

四、企业筹资的原则

为有效筹集资金，处理好筹资过程中的财务关系应当遵循以下基本原则。

（一）合法性原则

企业筹资活动影响社会资本及资源的流向及流量，它是社会资本供求关系中的一个面，不仅影响企业自身的生产经营活动，而且涉及相关利益主体的经济权益。为此，国家通过法律法规对企业的筹资活动进行规范。企业筹资活动首先应遵循法律法规，履行法律责任与义务，维护有关各方合法权益，避免因非法筹资行为而给企业自身及利益相关主体造成损失。

（二）合理性原则

企业筹资必须规划合理的资金需求量，使筹资数量与投资所需匹配，达到均衡，避免因资本不足而造成生产停工、资金周转困难，影响企业生存发展，同时也要避免因资本过剩而造成资本占用过多，资本使用效率低下。

在资本结构上，首先要合理确定债权和股权的比重，一方面避免债务过多导致高财务风险，另一方面又要有效利用债务杠杆，提高经营效率，增加股权收益水平；其次要合理确定长期资本与短期资本的比重，即全部资本的期限结构，在此需要与企业资产所需持有的期限相配比。

（三）效益性原则

资本的投放用途与所需规模是决定筹资的重要因素，企业要在筹资与投资的效益上权衡，同时需要综合考察不同渠道及筹资方式的资本成本，以尽可能小的代价实现最大的效益。

第一，要认真分析投资机会，讲求投资效益，避免盲目和过度投资；第二，要研究资本来源渠道和资本市场，合理选择；第三，要对各种筹资方式进行分析、对比，选择资本成本较低、经济可行的方式；第四，从多种筹资渠道和方式，或者组合安排中确定最佳筹资结构。

（四）安全性原则

筹资是有偿的资本占用，因此会产生资本成本从而使筹资带有不同程度的风险，企业一旦不能获得预期的资本报酬率，就无法补偿资本成本，如债务的利息支付和本金偿还。因此企业需要合理安排资本结构，降低财务风险。

（五）及时性原则

及时性原则也称平衡性原则，企业须根据资本投放的时间安排进行筹划，及时取得资本来源，使筹资与投资在时间上相协调。遵循该原则可以提高资本利用效率，保证生产经营活动的正常运转，既避免了资本的闲置和浪费又避免了筹资滞后而贻误投资的有利时机。企业通过制订投资计划与筹资计划，准确预测企业的现金流量，使筹资与投放在数量及时间上都能协调一致。

案例解析

并不是所有的企业都需要对外融资，如果企业现金流充裕，又没有较理想的投资标的，那么融资来的资金将处于闲置状态，对企业来讲并不是一件好事。只有当企业自身资金无法满足自身的生存和发展时，才具有融资的动机和理由。像老干妈这类企业是非常纯粹和质朴的公司，有最简单的商业模式，现金流充足，并不需要外部资本的助力，"现款现货"模式决定其无须对外融资。

任务二　股权筹资决策

任务目标

1. 了解吸收直接投资的程序；
2. 掌握普通股股票的发行方式、销售方式、发行价格；
3. 熟悉优先股的种类、发行条件；
4. 认识股权融资的控制流程与内部控制。

案例导入

恐龙蛋游戏软件设计公司，前一阵子推出"水浒传"网络游戏软件。这个公司成立迄今已有三年，已推出四个颇受市场欢迎的游戏软件，公司预计本年度的营收将达2亿元。

目前，这家公司资本额为2 000万元，此外，为了筹措营运所需资金，公司准备将自有的厂房及仓库抵押给银行以取得4 000万元担保放款。这家公司还计划进一步将营业项目扩展到商用以及教育应用软件的开发设计。为了这些扩充计划，公司财务副总经理发现现有的资金筹措方式将不足以应付未来公司对资金的需求。更严重的是，公司将立即面临短期营运现金不足的问题。为了公司业务发展的需要，公司的部分投资者建议今年进行少量分红，将资金用于支持公司的发展。

案例思考：恐龙蛋游戏软件设计公司除了抵押债务融资外还可以采取哪些股权融资手段？

任务解构

股权筹资，也称权益资本筹资、所有权融资，是按企业所筹资金的性质所划分的种类，它包括吸收直接投资、发行股票和利用留存收益三种基本方式，是企业常用的重要筹资方式。

一、吸收直接投资

吸收直接投资是指企业按照"共同投资、共同经营、共担风险、共享利润"的原则直接吸收国家、法人、个人投入资金的筹资方式。吸收直接投资不以股票为媒介，无须公开发行证券，企业所有者按出资比例分享利润和承担风险。吸收直接投资既可以是吸收现金投资，也可以是非现金形式的投资，出资者都是企业的所有者，对企业具有经营管理权力。

（一）吸收直接投资的种类

1. 吸收国家投资。国家投资是指有权代表国家投资的政府部门或者机构以国有资产投入企业，这种情况下形成的资本叫作国有资本。国有资本的产权归属于国家，但企业对其拥有经营权，国有企业筹集资金主要依靠该方式。根据《企业国有资本与财务管理暂行办法》，国家对企业注册的国有资本实行保全原则。企业在持续经营期间，注册的国有资本除了依法转让外，不得抽回。吸收国家投资的特点是：(1) 产权归属于国家；(2) 资金的运用和处置受国家约束较大；(3) 在国有企业中被广泛应用。

2. 吸收法人投资。法人投资是指企业、事业法人单位以其依法可支配的资产投入企业，这种情况下形成的资本叫作法人资本。在市场经济条件下，企业法人之间相互投资的情况比较普遍，这种融资形式使企业出现了法人股东，他们参与企业的经营决策。吸收法人投资的特点是：(1) 发生在法人单位之间；(2) 以参与企业利润分配为目的；(3) 出资方式灵活多样。

3. 吸收社会公众投资。社会公众投资是指社会个人或本企业内部职工以个人合法财产投入企业，这种情况下形成的资本称为个人资本。随着我国经济的发展和城乡居民收入水平的提高，社会公众的货币资本逐年增加，这为企业融资提供了一个重要的渠道，也提高了企业所有权资本的社会性。吸收社会公众投资的特点是：(1) 参加投资的人数较多；(2) 每人投资的数额相对较少；(3) 以参与企业利润分配为目的。

（二）吸收直接投资的出资方式

1. 以货币资金出资。以货币资金出资是吸收直接投资中一种最主要的出资方式。货币资金使企业可以获取其他物质资源，因此企业应尽量动员投资者采用货币资金的方式出资。吸收投资中所需的投入货币数额取决于投入的实物、工业产权之外尚需多少资金来满足建厂的开支和日常周转需要。外国公司法或投资法对货币资金投资占资本总额比例有确切规定，而我国需要在投资过程中双方协商以确定。

2. 以实物出资。实物出资是投资者以厂房、建筑物、设备等固定资产和原材料、商品等流动资产所进行的投资。一般来说，企业吸收直接投资的实物应符合的条件是：(1) 确为企业经营、生产、科研所需；(2) 技术性能较好；(3) 作价公平合理。

3. 以工业产权出资。以工业产权出资是投资者以专有技术、商标权、专利权等无形资产所进行的投资。一般来说，企业吸收直接投资的工业产权符合以下条件：(1) 能帮助研究和开发出新的高技术产品；(2) 能帮助生产出适销对路的高技术产品；(3) 能帮助改进产品质量，提高生产效率；(4) 能帮助大幅度降低各种消耗；(5) 作价较为合理。企业在吸收工业产权投资时应谨慎，认真进行技术时效性分析和财务可行性研究，因为以工业产权投资实际上是把有关技术资本化了，把技术价值固定化了，而技术具有时效性，其不断的老化可能导致价值不断减少甚至完全丧失，风险较大。

4. 以土地使用权出资。投资者也可以土地使用权进行投资，土地使用权是按有关法规和合同规定使用土地的权利。企业使用土地使用权投资应符合以下条件：(1) 是企业科研、生产、销售活动所需的；(2) 交通、地理条件比较适宜；(3) 作价合理公平。

(三) 吸收直接投资的程序

吸收直接投资应当遵循一定的程序来保证融资的合法性，满足企业生产经营的需要，保障投资者的权益。

1. 确定吸收投资的筹资数量。企业筹资的基本目的是为了维持自身的生存与发展，而具体动机是多种多样的。无论何种动机的筹资，首先必须合理地确定筹资的数量。资本量筹集不足，就无法满足企业生产经营活动的需要；资本量筹集过多势必会增加企业的资本成本，造成资本的闲置和浪费。

2. 选择吸收投资的具体形式。吸收投资的具体形式是筹资渠道与出资形式的结合方式，即企业所需资本应当向哪些对象，以何种方式来筹集。企业选择吸收投资的具体形式需要由企业和投资者双向选择，协商决定。

3. 签署投资协议或合同等书面文件。企业筹资无论是为了新组建还是为了增加资本，都必须签署投资协议或合同等书面文件，以规范各方的权利和义务。对于国有企业，应当由国家授权投资的机构或部门等签署组建或增资拨款的决定；对于合资企业，应当由合资各方共同签订合资或增资协议。投资协议当中应规定投资各方的出资额、出资形式、出资期限以及违约责任等条款。

4. 取得资本来源。投资协议或拨款决定签署以后，出资各方应当按投资协议规定的出资形式和出资期限出资。出资者未经出资各方协商一致，或未经企业同意，或未经原审批机关同意，不得擅自改变出资形式。吸收国家以现金投资的，通常有拨款计划，确定拨款期限、每期数额及划拨方式，企业可按计划取得资金。吸收出资各方以实物资产和无形资产出资的，应结合具体情况采用适当的方法进行合理估价，然后办理产权的转移手续，取得资产。

出资各方必须按照规定的出资期限缴足出资额。出资期限是对出资各方缴足其认缴资本的时间界限，包括合同期限和法律期限。合同期限是企业为满足组建、开业经营的需要，在合同或章程中规定的出资期限；法律期限是国家有关法律法规中规定的出资期限。合同期限必须符合法律期限的规定。

（四）吸收直接投资的优缺点

1. 吸收直接投资的优点。

（1）提高企业的资信度。吸收直接投资所筹集的资本属于企业的权益资本，是企业从事生产经营活动的"本钱"，是企业承担民事责任的物质基础。与负债融资方式相比，吸收直接投资能够提高企业的资信度和借款能力。

（2）有利于尽快形成生产能力。吸收直接投资不仅可以取得一部分货币资金，而且通常能直接获得企业所需的先进设备和技术。与各种证券融资方式相比，吸收直接投资便于尽快形成生产经营能力。

（3）能够降低企业财务风险。吸收直接投资可以根据企业的经营状况向投资者支付报酬，企业经营状况好，可以向投资者多支付，经营状况不好则可以不支付或少支付，较为灵活。所以相对于负债融资的还本付息压力，吸收直接投资风险较小。

2. 吸收直接投资的缺点。

（1）资本成本较高。采用吸收直接投资方式融资所需负担的资本成本较高，特别是企业经营状况好和盈利较多时更是如此。这是因为向投资者支付的报酬是根据其出资的数额和企业实现利润的多少来计算的，使得其资本成本通常高于债务成本。

（2）容易分散企业控制权。采用吸收直接投资方式融资，投资者一般都要求获得与投资数量相适应的经营管理权。如果外部投资者的投资较多，则外部投资者会拥有相当大的管理权，甚至会对企业实行完全控制。

（3）产权关系比较模糊。由于吸收直接投资这一融资方式没有有价证券为媒介，所形成的企业产权关系有时不够明晰，也不便于产权交易。

二、发行普通股

（一）股票的特征与种类

股票是股份公司为筹集股权资本而签发的、证明股东所持股份的有价证券，它代表了股东对发行企业净资产的所有权。

1. 股票的特征。

（1）永久性。永久性指发行股票所筹集的资金属于资本，没有期限，不需归还。股东在购买股票之后，一般情况下，不能要求发行企业退还股金。

（2）流通性。股票作为有价证券，在资本市场上可以自由转让、买卖和流通，也可以继承、赠送或作为抵押品。上市公司发行的股票具有很强的变现能力，流动性很强。

（3）风险性。股东购买股票存在着一定的风险。由于股票的永久性，股东成为企业风险的主要承担者，如股票价格的波动、股利发放和金额的不确定性、破产清算时股东的剩余财产分配的最后顺序。

（4）参与性。股东作为股份公司所有者，拥有经营者选择权、重大决策权、财务监控权、获取收益权等权利，也有承担有限责任、遵守公司章程等义务。公司的董事会、总经理间的财务权限要划分清楚，确保企业决策迅速、高效，符合股东的根本利益。

2. 股票的种类。

（1）按股东享有的权利和义务的不同，股票可以分为普通股股票和优先股股票。

普通股股票简称普通股，是指股份公司发行的代表股东享有平等权利和义务，不加特别限制，股利不固定的股票。普通股具备股票的最一般特征，是股份公司股权资本的最基本部分，通常情况下，股份有限公司只发行普通股。

优先股股票简称优先股，是一种特别权股票，它是股份公司发行的在分配股利和剩余财产时比普通股具有优先权的股票。多数国家的公司法规定，优先股可以在公司设立时发行，也可以在公司增发新股时发行。但有些国家的法律则规定，优先股只能在特殊情况下，如公司增发新股或清理债务时才能发行。优先股是股份公司股权资本的一部分，从法律上讲，企业对优先股不承担法定的还本义务。

（2）按股票票面是否记名，股票可以分为记名股票和无记名股票。

记名股票，是指在股票票面上记载股东姓名或名称，并将股东的姓名或名称记入公司股东名册的股票。记名股票的股权只限于股东本人使用，转让时必须按规定办理过户手续，对于股票受让人，公司要重新办理登记手续。

无记名股票，是指在股票票面上不记载股东的姓名或者名称，股东的姓名或名称也不记入公司股东名册的股票。公司只记载股票的数量、编号和发行日期。无记名股票的转让和继承无须办理过户手续。

（3）按股票票面有无金额，股票可以分为面值股票和无面值股票。

面值股票，是指股份公司发行的票面上标有金额的股票，票面金额代表股东对公司所投入的股本金额。持有该种股票的股东，其在公司享有的权利和承担的义务，按其所拥有的全部股票的票面金额之和占公司发行在外的股票总面额的比例大小来确定。世界各国发行的股票，大多为面值股票。我国《公司法》规定，股票应该标明票面金额。

无面值股票，是指不标明票面金额，只在股票上记载所占公司股本总额的比例或股份数的股票，又称"分权股份"或"比例股"。之所以采用无面值股票，是因为股票价值实际上是随着公司财产的增减而变动的。发行无面值股票，有利于促使投资者在购买股票时注意计算股票的实际价值。

（4）按发行对象和上市地区不同，股票可以分为 A 股、B 股、H 股和 N 股等。

A 股是由我国公司在中国内地发行的以人民币标明票面价值，并以人民币认购和交易的股票，A 股在我国上海股票交易所或深圳股票交易所上市交易，专供我国个人或法人买卖。

B股、H股和N股是由我国公司在境外发行的,以人民币标明面值但以外币认购和交易的股票。其中,B股在中国境内证券交易所(上海和深圳)上市交易,H股在香港上市交易,N股在纽约上市交易。

(2)普通股股票筹资

普通股股票是股份有限公司发行的,代表着股东享有平等的权利和义务,不加特别限制的股票。普通股股票是最基本的股票,具备股票的最一般特征,是股份有限公司筹集资本的基本方式。

1. 普通股股东的权利。

(1)经营管理权。普通股股东对公司具有经营管理权,但是由于公司的股东众多且分散,每个股东不可能直接参与公司的经营管理,特别是股权分散且规模较大的公司,股东只有运用间接的途径参与企业的经营管理。普通股股东的经营管理权体现在董事会选举中,股东有选举权和被选举权,通过选出的董事会代表所有股东对企业进行控制和管理。普通股股东的经营管理权具体表现为:投票表决,即对企业重大经营和财务决策问题进行投票表决;查账权,即可以委托会计师事务所代表去查账;阻止越权的权力,即当公司管理当局越权进行经营时,有权阻止。

(2)收益分享权。收益分享权是普通股股东的一项基本权利。投资人购买普通股的目的是获得投资收益。公司获得的税后利润按国家规定提取公积金,经董事会决定并经股东大会批准发放股利后,普通股股东有权按其所持股份的比例获得股利。

(3)优先认股权证。普通股股东是公司的所有者,也是风险的主要承担者。因此,当公司需要增发新股时,持有同类股票的现有股东享有按其股权比例优先认购新股票的权利,以保证他们对企业的控制权。

(4)剩余资产分配权。在公司终止营业而清算解散时,公司在清偿全部负债后的剩余资产,普通股股东享有按其所持股份比例参与分配的权利(在优先股之后)。当然,如果资产的清算收入不足以偿还企业的债务及优先股投资,则普通股股东的投入资本也会损失殆尽。

2. 普通股股票发行的条件。股票发行是指公司依照有关法定程序利用股票筹集资本的行为。股份有限公司在设立时发行股票,可以利用证券市场有效地募集社会闲置资本,提高资本的使用效率;也可以通过发行股票增加公司的股本,以扩大生产经营水平或降低负债率,优化资本结构。此外,公司为了发放股票股利和配股、股票分割等,也需要发行股票。依照我国《公司法》和《证券法》的有关规定,股份有限公司发行股票,应符合下列规定以及条件:

(1)每股金额相等。同次发行的股票,每股的发行条件和价格应当相同,即同股同权。

(2)股票发行价格可以按照票面金额,也可以超过票面金额,但不得低于票面金额。

(3)股票应当载明公司名称、公司登记日期、票面金额、股票种类和代表的股份数、股票编号等事项。

（4）向发起人、国家授权投资机构、法人发行股票，应当为记名股票；对社会公众发行的股票，可以为记名股票，也可以为无记名股票。

（5）公司发行记名股票的，应当备案股东名册，记载股东的姓名或者名称、住所、各股东所持股份、各股东所持股票编号、各股东取得其股份日期；发行无记名股票的，公司应当记载股票数量、编号以及发行日期。

（6）公司发行新股应当满足以下条件：具备健全且运行良好的组织结构；具备持续经营能力，财务状况良好；最近三年无重大违法行为，近三年财务会计文件无虚假记载；证券监督管理机构规定的其他条件。

（7）公司发行新股，应当由股东大会作出有关下列事项的决议：新股种类及数额；新股发行资格；新股发行的起止日期；向原有股东发行新股的种类及数额。

3. 普通股股票发行的程序。股份有限公司在设立时发行股票与增资发行新股，程序上有所不同。

（1）设立时发行新股的程序包括：提出募集股份申请；公告招股说明书，制作认股书，签订承销协议和代收股款协议；招认股份，缴纳股款；召开创立大会，选举董事会、监事会；办理设立登记，交割股票。

（2）增资发行新股的程序包括：股东大会作出发行新股的决议；由董事会向国务院授权的部门或省级人民政府申请并经批准；公告新股招股说明书和财务会计报表以及附属明细表，与证券经营机构签订承销合同，定向募集时向新股认购人发出认购公告或通知；招认股份，缴纳股款；改组董事会、监事会，办理变更登记并向社会公告。

4. 普通股股票发行方式、销售方式和发行价格。公司发行股票筹资，应当选择适宜的股票发行方式和销售方式，并恰当地制定发行价格，以便及时筹足资本。

（1）股票发行方式，指的是公司通过何种途径发行股票。总的来说，股票的发行方式可以分为以下两种：

①公开间接发行，是指通过中介机构，公开向社会公众发行股票。我国股份有限公司采用募集设立方式向社会公开发行新股时须向证券经营机构承销的做法，就属于股票的间接发行。这种发行方式的优点是发行范围广、发行对象多，易于足额募集资本；股票的变现性强，流通性好；股票的公开发行还有助于提高发行公司的知名度和扩大其影响力。但这种方式也存在一定的不足，主要是手续繁杂，发行成本高。

由于该种方式发行范围广，发行对象多，对社会影响大，需要对其进行限定。我国《证券法》规定有下列情形之一者属于公开发行：向不特定对象发行证券；向累计超过200人的特定对象发行证券；法律、行政法规规定的其他发行行为。非公开发行证券，不得采用广告、公开诱导和变相公开方式。

②不公开直接发行，是指不公开对外发行股票，只向少数特定的对象直接发行，因而不需经中介机构承销。我国股份有限公司采用发起设立方式和以不向社会公开募集的方式发行新股的做法，就属于股票的不公开直接发行。这种方式的优点是弹

性较大、发行成本低，但是发行范围小、股票变现性差。

（2）股票的销售方式，指的是股份有限公司向社会公开发行股票时采取的股票销售方法。这种方式主要有两类：自行销售和委托中介机构销售。

①自行销售方式，指发行公司自己直接将股票销售给认购者。这种发行方式由发行公司直接控制发行过程，实现发行意图，可以节省发行费用；但其缺点是筹资时间长，发行公司要承担全部发行风险，并需要发行公司有较高的知名度、信誉和实力。

②委托销售方式，指发行公司将股票销售业务委托给证券经营机构代理。这是发行股票所普遍采用的方式。我国《公司法》规定，股份有限公司向社会公开发行股票，必须与依法设立的证券经营机构签订承销协议，由证券经营机构承销。委托销售方式又分为包销和代销两种具体方法。所谓包销是指根据承销协议商定的价格，证券经营机构一次性全部购进发行公司公开募集的全部股份，然后以较高的价格出售给社会上的认购者。包销方式可及时筹足资本，免于承担发行风险（股款未募足的风险由承销商承担）。而代销是指证券经营机构代替发行公司代售股票，并由此获取一定的佣金，但不承担股款未募足的风险。

（3）股票发行价格。股票发行价格通常有等价、时价和中间价三种。

①等价（平价发行或面值发行），指以股票面额为发行价格，即股票的发行价格与其面额等价。

②时价（市价发行），指以公司原发行同种股票的现行市场价格为基准来选择增发新股的发行价格。

③中间价，取股票市场价格与面额的中间值作为股票的发行价格。

以中间价和时价发行都可能是溢价发行，也可能是折价发行。我国《证券法》规定，股票发行采用溢价发行的，其发行价格由发行人与承销的证券公司协商确定。值得注意的是，我国《公司法》规定公司发行股票不准折价发行，即不得以低于股票面额的价格发行。

5. **股票上市**。股票上市指股份有限公司公开发行的股票经批准在证券交易所进行挂牌交易。经批准在交易所上市交易的股票称为上市股票。按照国际通行的做法，非公开募集发行的股票或未向证券交易所申请上市的非上市证券，应在证券交易所外的店头市场（Over the Counter market，OTC market）上流通转让；只有公开募集发行并批准上市的股票才能进入证券交易所流通转让。

企业股票上市的目的：

（1）资本大众化，分散风险。股票上市后，会有更多投资者认购公司股份，公司则可将部分股份转售给这些投资者，再将得到资金用于其他方面，这就分散了公司的风险。

（2）提高股票的流动性和变现力。股票上市后便于投资者购买，自然提高了股票的流动性和变现力。

（3）便于筹措新资金。股票上市必须经由有关机构审查批准并接受相应管理，执行各种信息披露和股票上市的规定，这就大大地增强了社会公众对于公司的信赖，使之乐于购买公司股票。同时，由于一般人认为上市公司实力雄厚，也便于公司采用其他方式（如负债）筹措资金。

（4）提高公司知名度，吸引更多顾客。股票上市后将大大提高公司知名度，并且被认为经营优良，获得名牌效应，吸引更多顾客，从而扩大销售。

（5）便于确定公司价值。股票上市后，公司股价有市价可循，便于确定公司价值，有利于促进公司财富最大化。

但同时公司股票上市也有不利一面，主要是：公司将负担较高的信息披露成本；各种信息公开的要求可能会暴露公司的商业秘密；股价有时会歪曲公司的实际状况，丑化公司声誉；可能会分散公司的控制权，造成管理上的困难。

我国上市发行股票的基本要求：①股票经国务院证券管理部门批准已经向社会公开发行；②公司股本总额不少于人民币 5 000 万元；③开业时间 3 年以上，最近 3 年连续盈利；④持有股票面值达人民币 1 000 元以上的股东人数不少于 1 000 人（千人千股），向社会公开发行的股份占公司股份总数的 25% 以上；股本总额超过 4 亿元的，向社会公开发行的比例在 15% 以上；⑤公司在最近三年内无重大违法行为，财务会计报告无虚假记载。

6. 普通股股票筹资的优点。

（1）普通股筹资没有利息负担。企业如果有盈利，并认为适合分配股利，就可以向股东分配股利；反之，如果企业盈利较少，或虽有盈利，但是企业资本短缺或存在更有利的投资机会就可以少支付甚至不支付股利。

（2）普通股筹资没有固定到期日，不需要偿还。利用普通股筹集的资本是永久性的资本，除非企业破产清算才需要根据实际情况清偿，否则，在公司经营期内可以自行安排使用。这对保证企业最低的资本需求具有重要的意义。

（3）普通股筹资风险较小。由于普通股筹资上述两个优点，即没有固定的利息负担和固定的到期日，因此，利用普通股进行筹资的企业实际上不存在偿付风险问题，筹资风险自然就低。

（4）普通股筹资能增加企业的信誉。企业的股本及其留存收益构成企业对债权人提供债务的保障基础。因而，普通股筹资可以提高企业的信用价值，同时改善财务结构，也为使用更多的债务资本提供了强有力的支持。

（5）普通股筹资的限制较少。相对于其他的筹资方式，如债券，普通股筹资限制较少，这对企业经营的灵活性非常重要。

7. 普通股股票筹资的缺点。

（1）普通股筹资的资本成本较高。一般来说，普通股筹资的资本成本要高于债务筹资的资本成本。这主要是因为普通股股票的投资风险大，投资者要求的报酬率高；股利要从税后收益中支付，而债务的利息可以在税前扣除；普通股的发行费用也较高。

（2）普通股筹资容易分散现有企业的控制权。增发普通股往往会使企业增加许多新的股东，可能会使股权分散，造成现有股东控制权的削减。

（2）普通股筹资容易引起每股收益的稀释。增发普通股增加了企业的股本，就会降低每股收益，从而引起股价下跌，损害原有股东的利益。

三、发行优先股

优先股是指依照《公司法》，在一般规定的普通种类股份之外，另行规定的其他种类股份，其股份持有人优先于普通股股东分配公司利润和剩余财产，但参与公司决策管理等权利受到限制。法律上优先股股东也是公司股东，优先股筹集的资本也是权益资本，或称自有资本。

（一）优先股股东的权利

1. 优先分配剩余股利权。优先分配股利的权利是优先股的主要特征。优先股通常有固定股利，一般按面值的一定百分比来计算。企业在支付普通股股利之前，必须先保证优先股股东应得的股利，但是无论企业盈利多大，优先股一般无权享受剩余盈利的分配（参与优先股股票除外）。

2. 优先分配剩余财产权。优先股的清偿顺序先于普通股，而次于债权人。也就是说，一旦公司破产清算，剩余财产先分给债权人，再分给优先股股东，最后分给普通股股东。但与公司债权人不同，优先股股东不可以要求无法支付股息的公司进入破产程序，不能向人民法院提出企业重整、和解或者破产清算申请。

3. 部分管理权。优先股股东对公司日常经营管理的一般事项没有表决权；仅在股东大会表决与优先股股东自身利益直接相关的特定事项时，例如，修改公司章程中与优先股相关的条款，优先股股东才有投票权。同时，为了保护优先股股东利益，如果公司在约定的时间内未按规定支付股息，优先股股东按约定恢复表决权；如果公司支付了所欠股息，已恢复的优先股表决权终止。

（二）优先股的种类

根据不同的股息分配方式，优先股有多种分类方法。

1. 固定股息率优先股和浮动股息率优先股：股息率优先股存续期内不作调整的，称为固定股息率优先股，而根据约定的计算方法进行调整的，称为浮动股息率优先股。

2. 强制分红优先股和非强制分红优先股：公司可以在章程中规定，在有可分配税后利润时必须向优先股股东分配利润的，是强制分红优先股，否则即为非强制分红优先股。

3. 可累积优先股和非累积优先股：根据公司因当年可分配利润不足而未向优先股股东足额派发股息，差额部分是否累积到下一会计年度，可分为累积优先股和非累积优先股。累积优先股是指公司在某一时期所获盈利不足，导致当年可分配利润不足以支付优先股股息时，则将应付股息累积到次年或以后某一年盈利时，在普通股的股息发放之前，连同本年优先股股息一并发放。非累积优先股则是指公司不足以支付优先股的全部股息时，对所欠股息部分，优先股股东不能要求公司在以后年度补发。

4. 参与优先股和非参与优先股：根据优先股股东按照确定的股息率分配股息后，是否有权同普通股股东一起参加剩余税后利润分配，可分为参与优先股和非参与优先股。持有人只能获取一定股息但不能参加公司额外分红的优先股，称为非参与优先股。持有人除可按规定的股息率优先获得股息外，还可与普通股股东分享公司的剩余收益的优先股，称为参与优先股。

5. 可转换优先股和不可转换优先股：根据优先股是否可以转换成普通股，可分为可转换优先股和不可转换优先股。可转换优先股是指在规定的时间内，优先股股东或发行人可以按照一定的转换比率把优先股换成该公司普通股，否则是不可转换优先股。

6. 可回购优先股和不可回购优先股：根据发行人或优先股股东是否享有要求公司回购优先股的权利，可分为可回购优先股和不可回购优先股。可回购优先股是指允许发行公司按发行价加上一定比例的补偿收益回购优先股。公司通常在认为可以用较低股息率发行新的优先股时，就可用此方法回购已发行的优先股股票。而不附有回购条款的优先股则被称为不可回购优先股。

（三）优先股的发行条件

根据证监会优先股试点管理办法，上市公司公开发行优先股须具备如下条件：一是其普通股为上证50指数成分股；二是以公开发行优先股作为支付手段收购或吸收合并其他上市公司；三是以减少注册资本为目的回购普通股的，可以公开发行优先股作为支付手段，或者在回购方案实施完毕后，可公开发行不超过回购减资总额的优先股。

（四）优先股融资的优缺点

1. 优先股融资的优点。

（1）优先股股利虽固定但有一定弹性。由于优先股股票股利不是发行公司必须偿付的一项法定债务，如果公司财务状况恶化时，这种股利可以不支付，从而减轻了企业的财务负担。

（2）财务上灵活机动。由于优先股票没有规定最终到期日，它实质上是一种永续性借款。优先股票的收回由企业决定，企业可在有利条件下收回优先股票，具有较大的灵活性。

（3）财务风险小。由于从债权人的角度看，优先股属于公司股本，从而巩固了公司的财务状况，提高了公司的举债能力，因此，财务风险小。

（4）不减少普通股股票收益和控制权。与普通股股票相比，优先股股票每股收益是固定的，只要企业净资产收益率高于优先股股票成本率，普通股股票每股收益就会上升；另外，优先股股票无表决权，因此，不影响普通股股东对企业的控制权。

2. 优先股融资的缺点。

（1）优先股筹资的资金成本高。由于优先股股票股利不能抵减所得税，因此其成本高于债务成本。而且优先股股票要求的报酬率会比较高，所以其资本成本较高。

（2）优先股筹资的财务负担较重。虽然公司可以不按规定支付股利，但这会影响企业形象，进而对普通股股票市价产生不利影响，损害到普通股股东的权益。当然，如果是在企业财务状况恶化时，这是不可避免的；但是，如企业盈利很大，想更多地留用利润来扩大经营时，由于股利支付的固定性，这便成为一项财务负担，影响了企业的扩大再生产。

四、使用留存收益

企业内部融资是企业依靠其内部积累进行的融资，具体包括三种形式：资本金、折旧基金转化为重置投资和留存收益转化为新增投资。其中主要且最常见的方式就是留存收益融资。

留存收益是企业内部权益融资的主要来源，是指从企业累积实现的利润中提取或留存于企业的内生性资本来源，其实质是所有者对于企业的再投资，因而对于企业而言是一种融资活动，也称作"内源融资"或"内部留存积累"。它存在于公司之中，归属于全部股东共有，主要包括企业的盈余公积和未分配利润两个部分。

（一）盈余公积

盈余公积是指有指定用途的留存净利润，它是企业按照规定从净利润中提取的各种积累资金。公司制企业的盈余公积包括法定盈余公积和任意盈余公积。其中，法定盈余公积是指企业按照法律法规的规定从净利润中提取的盈余公积。任意盈余公积是指企业按照股东会的决议提取的盈余公积。

企业从净利润中提取的盈余公积，其用途主要有如下三个：一是用于弥补亏损。当企业发生特大亏损，用税后利润仍不能弥补亏损数额时，企业可以用盈余公积弥补亏损，即形成企业财务危机的"缓冲垫"。二是用于转增资本。企业为了增加资本规模，扩大经营水平，可以将一部分盈余公积转增资本。企业将盈余公积转增资本时，必须经股东大会决议批准。在实际将盈余公积转增资本时，要按股东原有持股比例结转。盈余公积转增资本时，转增后留存的盈余公积的数额不得少于注册资本的25%。三是用于分配股利。原则上企业当年没有利润，不得分配股利，如为了维护企业信誉，用盈余公积分配股利，但必须符合下列条件：首先，用盈余公积弥补亏损后，该项公积金仍有结余。其次，用盈余公积分配股利时，股利率不能太高，不得超过股票面值的6%。最后，分配股利后，法定盈余公积金不得低于注册资本的25%。

（二）未分配利润

未分配利润是企业留待以后年度进行分配的利润，是企业对净利润进行分配后的剩余利润结存。未分配利润是一个历年累积数额的概念，其中既有当年净利润待分配后转入部分，也有历年累积净利润经分配后转入部分。相对于所有者权益的其他部分来说，企业对于未分配利润的使用具有比较大的自主权。

（三）留存收益融资的优缺点

1. 留存收益融资的优点。

(1) 资金成本较普通股低。用留存收益筹资，不用考虑融资费用，所以资金成本较普通股低。

(2) 不易分散公司控制权。用留存收益筹资，不用对外发行股票，由此增加的权益资本不会改变企业的股权结构，不会稀释原有股东控制权。

(3) 增强公司信誉。留存收益融资性质上属于权益资本融资，为债权人提高了保障，相应地增强了企业获取信用的能力。

2. 留存收益融资的缺点。

(1) 筹资数额有限制。留存收益是企业当期税后利润和上年未分配利润之和。如果企业经营亏损，则失去这一渠道的资本来源。此外，受消费需求、风险偏好等因素的影响，某些股东可能会要求股利支付率要维持在一定水平。留存收益过多、股利支付过少，还可能影响股价在市场上的表现，影响外部融资。

(2) 资金使用受制约。留存收益中的某些项目的使用，如法定盈余公积金等，要受到国际有关法规的制约。

五、股权资本筹集的控制流程

在资本市场中，企业通过出让一部分股权，吸纳权益资本以达到筹措资金、壮大自身实力的目的，是非常常见的融资行为。除了前面所讲的股票融资外，中小型民营企业以及不具备公开募股资质的公司多采用股权出让融资、增资扩股融资等方式。股权融资虽能使得企业减少还本压力，提供收集民间资本的渠道，但这种方式也是一把"双刃剑"，因为股权融资必然引进新的直接投资者，将导致公司的股权分散从而削弱了原股东的经营决策权；抑或因经营不当导致不能支付股东股利而影响公司市值等，都会给企业带来不利影响，给企业带来损失。融资决策是否合理将直接影响企业融资成功与否，股权资本筹集的具体流程如下：

(1) 企业管理当局（董事会或股东大会）确定融资计划，包括融资规模、融资来源、融资渠道以及方法等，并授权具体负责人。

(2) 对自身进行尽职调查，必要时聘请外部专业财务顾问或人员协助。准备公司情况的基本资料或商业计划书。

(3) 引入投资机构初步洽谈。

(4) 在签署保密协议后，有意向的投资方进行尽职调查。

(5) 沟通谈判直至确定最终投资方案，签署投资协议。

(6) 公司董事会、股东会完成必要决策程序。

(7) 资金到位，工商变更登记手续。

六、股权资本筹集的内部控制

在完美资本市场的构想中，企业总能够以与内部资金相同的成本筹集到外部资金来满足投资的需要。然而现实中，外部资本市场的不完善以及投资者保护的缺失通过多种机制扭曲了资本在企业间的配置。由于信息不对称和代理问题的影响，使得企业普遍面临融资约束的困境，从而不能为所有净现值为正的项目筹集到足够的资金，引发投资不足，同时融资过程中的人为因素如决策层徇私舞弊、财务部门不能正确估计资金需求量等又会引发外部融资过多。因此，为了加强公司对融资业务的内部控制，控制融资风险，降低融资成本，防止融资过程中的差错与舞弊，公司应根据《中华人民共和国会计法》《上海证券交易所上市公司内部控制指引》等法律法规，并结合公司的实际情况，制定合理的内控制度。

（一）树立项目财务风险意识

对于财务风险的估计和防控需要经营者和财务管理人员的职业判断，树立风险意识，培养对风险的灵敏嗅觉，及时发现和估计潜在风险并善于分散风险是项目成功的关键。财务风险机制是指在财务风险管理中所形成的相互联系、相互制约的功能体系，是财务管理的重要组成部分。它包括三个方面：一是对财务风险进行事前控制；二是财务运营过程中的事中控制；三是对财务风险进行始终控制。因此，企业应树立风险意识，建立有效的风险防范机制，使项目具备风险自动预警功能，形成一套完善的财务信息系统，追踪环境和自身变化，对项目实施及时监控，化解可能出现的各种财务风险，直至融资项目最终结束。

（二）细化融资过程中责任以及分工

为了达到融资内部控制规范的目标，公司应建立融资业务的岗位责任制，明确相关部门和岗位的职责、权限，确保办理融资业务的不相容岗位相互分离、制约和监督。同一部门或个人不得办理融资业务的全过程，以避免出现决策权独断专行、以权谋私的现象。同时公司应建立融资决策责任追究制度，由审计部对重大融资项目进行后续评估，明确相关部门及人员的责任，定期或不定期地进行检查，确保责任到人，以保证权限和责任对应，减少融资风险。

（三）建立完善的融资审批制度

融资公司应建立融资业务的授权审批制度。融资业务的相关部门与经办人员应严格履行授权审批程序，审批人应严格遵守审批权限，不得超越权限审批。对于审批人超越授权范围审批的融资与担保业务，经办人员有权拒绝办理，并及时向审批人的上级授权部门报告。通过严格的审批流程以避免融资过度，减少融资失败的危险。

（四）做好融资决策内控管理

公司相关财务人员拟订融资方案时，应当符合国家有关法规、政策和公司融资计划要求，充分考虑公司经营范围、投资项目的未来效益、目标资本结构、可接受的资金成本水平和偿付能力，且进行多方案比较分析，通过综合融资成本和风险评估等因素对方案进行选定。在拟订的融资方案中，应当明确融资规模、融资用途、融资结构、融资方式和融资对象，并对融资时机选择、预计融资成本、潜在融资风险和具体应对措施等安排以及偿债计划作出安排和说明。公司按照公开、公平、公正的原则慎重选择融资对象。融资涉及中介机构服务的，应对其资信状况和资质条件进行充分调查和了解。将资金使用的财务风险所造成的损失降到最低程度。

（五）严格执行融资计划

公司财务相关部门应当严格按照确定的融资方案办理融资业务，与融资对象订立融资合同或协议。部门负责人应对融资合同或协议的合法性、合理性、完整性进行审核，审核情况和意见应有完整的书面记录。融资合同或协议的订立应符合《中华人民共和国合同法》及其他相关法律法规的规定，经由授权部门授权、审批。对于重大融资合同或协议的订立，应当征询相关法律部门或外部专家的意见。公司应按照融资合同或协议的约定及时取得相关资产。公司取得的货币性资产，应按实有数额及时入账；公司取得的非货币性资产，应当根据合理确定的价值及时进行会计记录，并办理有关财产转移手续。对需要进行评估的资产，应当聘请有资质的中介机构及时进行评估。公司应严格按照融资方案所规定的用途使用对外筹集的资金。由于市场环境变化等特殊情况导致确需改变资金用途的，按照授权审批程序重新进行审批，并对审批过程进行完整的书面记录。

案例解析

恐龙蛋游戏软件设计公司除了通过厂房等抵押获得银行贷款融资外，还可以采取多样化的股权融资方式满足企业发展的资金需求。这些方式包括：减少向股东的股息分配，将收益再投资；继续向原股东配股融资；与股权投资机构洽谈，出让部分股权获得新的股权资本；向特殊股权投资方发行优先股融资等。

任务三　债务资本筹集管理

任务目标

1. 掌握长短期债务资本筹集方式、负债筹资政策类型及对企业的影响；
2. 掌握长期借款的程序；
3. 债券发行价格确定方法；
4. 融资租赁的程序与特点；
5. 商业信用筹资的机会成本。

案例导入

刘先生的冀华公司和张先生的海天公司是两家除了负债比率不同之外十分相似的公司。两家公司的资金总额均为1 000万元。刘先生从小接受的祖训是：最好不要借钱，因而冀华公司的负债率很低，仅有10%；张先生长期鼓吹负债筹资，以小搏大，四两拨千斤，所以海天公司的负债率非常高，达到50%。两家公司的债务利息率都是10%。在第一年，两家公司的资金回报率都是20%，在第二年则均为5%。两家的股权资金回报率情况如表6–1所示。

表6-1　　　　冀华公司和海天公司的股权资金回报率　　　　单位：万元

项目	第一年		第二年	
	冀华公司	海天公司	冀华公司	海天公司
税前盈余	200	200	50	50
债务利息（10%）	10	50	10	50
盈余	190	150	40	0
股权资金回报率	21.1%	30%	4.4%	0%

案例思考： 为什么第一年负债率高的海天公司的股权资金回报率更高，而第二年，冀华公司的股权资金回报率更高？

任务解构

一、企业负债的目的和意义

负债融资对于任何企业来说都是必要的，下面主要讲述企业负债融资的目的和意义。

（一）企业负债的目的

为了维持正常的生产经营活动，扩大生产规模，企业往往需要进行筹资，但是有时候仅仅靠股权融资是不够的，或是股权融资很难取得或是立马取得。所以为了企业的生产经营，企业有时需要进行负债融资。而且，负债融资有税收优惠，负债所产生的利息能够在税前扣除，因此，企业为了降低所得税，有时倾向于负债融资。

（二）企业负债的意义

1. 负债融资提供了税收优惠，且税率越高，优惠越大。

2. 负债是需要还本付息的，项目收益率的下降会导致公司负债违约而被迫清算或是破产。因此负债提高了经营者的自律性和公司的投资效益。

二、负债筹资的种类和方式

（一）按筹资渠道划分

负债筹资按照所筹资渠道可分为银行借款、发行债券、融资租赁、商业信用等。

1. 银行借款是指向金融机构直接借款所得来的款项。

2. 发行债券是指公司按照法定程序发行的、约定在一定期限内还本付息的有价证券。

3. 融资租赁又称资本租赁、财务租赁，是由租赁公司按照承租企业的要求融资购买设备，并在契约或合同规定的较长期限内提供给承租企业使用的信用性业务。承租企业采用融资租赁的主要目的是融通资本。一般融资的对象是资本，而融资租赁集融资与融物于一身，具有借贷的性质，是承租企业筹集长期资本的一种特殊方式。

4. 商业信用是指企业在商品或劳务交易中，以延期付款或预收货款方式进行购销活动而形成的借贷关系，是企业之间的直接信用行为，也是企业短期资金的重要来源。商业信用产生于企业生产经营的商品、劳务交易之中，是一种"自动性融资"。

（二）按时间长短划分

按照时间长短可分为短期借款和长期借款。

1. 短期借款是指借款时间在1年以下（含1年）的借款。
2. 长期借款是指借款时间超过1年的借款。

三、企业负债筹资政策类型

企业负债筹资政策类型分为配合型筹资政策、激进型筹资政策和稳健型筹资政策。

（一）配合型筹资政策

配合型筹资政策是指公司的负债结构与公司资产的寿命周期相对应，其特点是：临时性短期资产所需资金用临时性短期负债筹集，永久性短期资产和固定资产所需资产用自发性短期负债和长期负债、股权资本筹集。配合型筹资政策的基本思想是：公司将资产和资金来源在期限和数额上相匹配，以降低公司不能偿还到期债务的风险，同时，采用较多的短期负债筹资也可以使资本成本保持较低水平。

（二）激进型筹资政策

激进型筹资政策的特点是：临时性短期负债不但要满足临时性短期资产的需要，还要满足一部分永久性短期资产的需要，有时甚至全部短期资产都要由临时性短期负债支持。

由于临时性短期负债的资本成本相对于长期负债和权益资本来说一般较低，而激进型筹资政策下临时性短期负债所占比例较大，所以该政策下，公司的资本成本低于配合型筹资政策。但由于公司为了满足永久性短期资产的长期、稳定的资金需要，必然要在临时性短期负债到期后重新举债或申请债务展期，不断地举债和还债将加大筹资和还债的风险。所以选择激进型筹资政策是一种收益高、风险大的营运资金筹集政策。

（三）稳健型筹资政策

稳健型筹资政策的特点是：临时性短期负债只满足部分临时性短期资产的需要，其他短期资产和长期资产，用自发性短期负债、长期负债和权益资本筹集满足。

一般来说，如果公司对营运资金的使用能够达到游刃有余的程度，最有利的筹资政策是采用收益和风险相匹配的配合型筹资政策。

四、企业负债筹资的基本原则

负债筹资是企业的基本财务活动，是企业扩大生产经营规模和调整资本结构所必须采取的行为。为了经济有效地筹集负债资本，负债筹资必须遵循合法性、效益性、合理性和及时性等基本原则。

（一）合法性原则

企业的负债筹资活动影响社会资本及资源的流向和流量，涉及相关主体的经济权益，为此必须遵守国家有关法律法规，依法履行约定的责任。

（二）效益性原则

企业的筹资和投资在效益上应该相互权衡。投资收益与资本成本相比较的结果，决定着是否要追加筹资。因此，企业在筹资过程中，一方面要认真分析投资机会，追求投资收益；另一方面，综合研究各种筹资方式，寻求最优的筹资组合，降低资本成本。

（三）合理性原则

企业必须合理确定负债筹资的数量。企业筹资固然应当广开财路，但是也必须有合理的限度，使所需筹资的数量与投资数量达到平衡，避免因筹资数量不足而影响投资活动，或因筹资数量过剩而影响投资效益。

（四）及时性原则

企业投资一般都有投放时间上的要求，筹资必须与投资机会相配合，避免投资过早而造成投资前的资本闲置或筹资滞后而贻误投资的有利时机。

五、长期借款

长期借款筹资通常是各类企业通常采用的一种债务性融资方式。

（一）长期借款的种类

长期借款是指企业向银行或其他非银行金融机构借入的使用期超过1年的借款。长期借款主要是用于企业构建固定资产和满足流动资金长期占用的需要。长期借款的种类很多，企业可根据自身的情况和各种借款的条件选用。

1. 按贷款的用途分类，我国银行长期贷款通常分为基本建设贷款、更新改造贷款、科研开发和新产品试制贷款等。

2. 按提供贷款的机构分类，长期借款可分为政策性银行贷款和商业银行贷款。

（1）政策性银行贷款，是执行国家政策性贷款业务的银行（通称政策性银行）提供的贷款，通常为长期贷款。

（2）商业银行贷款，包括短期贷款和长期贷款，其中长期贷款的一般特征为期限长于1年；企业与银行之间要签订借款合同，含有对借款企业的具体限制条件；有规定的借款利率，可固定，亦可随基准利率的变动而变动；主要实行分期偿还方式，一般每期偿还金额相等，也可采用到期一次偿还方式。

3. 按有无抵押品作担保分类，长期借款可分为抵押贷款和信用贷款。

（1）抵押贷款是指以特定的抵押品为担保的贷款。作为贷款担保的抵押品可以是不动产、机器设备等实物资产，也可以是股票、债券等有价证券。它们必须是能够变现的资产。如果贷款到期时借款企业不能或不愿意偿还贷款时，银行可取消企业对抵押品的赎回权，并有权处理抵押品。抵押贷款有利于降低银行贷款的风险，提高贷款的安全性。

（2）信用贷款是指不以抵押品作担保的贷款，即仅凭企业的信用或是某保证人的信用而发放的贷款。信用贷款通常仅由借款企业出具签字的文书，一般是贷给那些资信优良的企业。对于这种贷款，由于风险较高，银行通常要收取较高的利息，并附加一定的条件限制。

（二）长期借款的偿还方式

长期借款可以采用多种偿还方式，包括到期一次还本付息、分期偿还本息和分期付息到期一次还本等多种方式，一般由企业和银行在签订的借款合同中作出具体规定。企业对长期借款应编制"还款计划表"，以确保偿还工作的顺利进行。下面分别举例说明。

1. 一次还本付息。此种偿还方式一般按照复利计息，每年计息一次，期满时一次还本付息。这是最常见的偿还方式。

【例6-1】假设某公司向银行借款100万元，期限5年，年利率10%，银行要求该企业按复利计息，到期一次还本付息。则该笔贷款的偿还计划如表6-2所示。

表6-2　　　　　　　　　　　长期借款偿还计划表　　　　　　　　　　单位：万元

年度	年利息额	年偿还额	年付息额	年偿还本金额	本金余额
1	10	—	—	—	100
2	11	—	—	—	100
3	12.1	—	—	—	100
4	13.31	—	—	—	100
5	14.641	161.051	61.051	100	0
合计	61.051	161.051	61.051	100	—

这种偿还方式可以减少企业日常的财务压力，但由于到期一次性支付金额比例较大，会给企业的现金管理带来巨大冲击。因此，这种偿还方式一般要求企业建立偿债基金，以减少到期偿还的压力。

2. 分期还本付息。分期还本付息是指每期按规定偿还一定的本金和利息的还款方式。还款计划可以按季、半年或年进行。

【例6-2】承【例6-1】，假设银行要求企业每年年末等额偿还本金，则该笔贷款的分期偿还计划如表6-3所示。

表6-3　　　　　　　　　　　长期借款偿还计划表　　　　　　　　　　单位：万元

年度	年利息额	年偿还额	年付息额	年偿还本金额	本金余额
0					100
1	10	30	10	20	80
2	8	28	8	20	60
3	6	26	6	20	40
4	4	24	4	20	20
5	2	22	2	20	0
合计	30	130	30	100	—

与一次还本付息相反，分期还本付息要求企业有稳定的现金流以保证每期的债务偿还，增加了企业日常财务压力，但避免了到期一次支付的压力。

3. 分期付息到期一次还本。分期付息到期一次还本是介于上述两种还款方式之间的一种较为常用且操作方便的偿还方式，即每年年末单利付息一次，到期一次还本，利随本消。

【例6-3】承【例6-1】，假设银行要求企业按单利分期付息，到期一次还本。则该笔贷款的分期还款计划如表6-4所示。

表6-4　　　　　　　　　长期借款偿还计划表　　　　　　　　单位：万元

年度	年利息额	年偿还额	年付息额	年偿还本金额	本金余额
1	10	10	10	—	100
2	10	10	10	—	100
3	10	10	10	—	100
4	10	10	10	—	100
5	10	110	10	100	0
合计	50	150	50	100	—

（三）长期借款的信用条件

按照国际惯例，银行借款往往附加一些信用条件，主要有授信额度、周转授信协议、补偿性余额。

1. 授信额度。授信额度是借款企业和银行间正式或非正式协议规定的企业借款的最高限额。通常在授信额度内，企业可随时按需要向银行申请借款。例如，在正式协议下，约定某企业的授信额度为5 000万元，该企业已借3 000万元且尚未偿还，则该企业仍可申请2 000万元，银行将予以保证。但在非正式协议下，银行并不承担按最高借款限额保证贷款的法律义务。

2. 周转授信协议。周转授信协议是一种经常为大公司使用的正式授信额度。与一般授信额度不同，银行对周转信用额度负有法律义务，并因此向企业收取一定的承诺费用，一般按企业使用的授信额度的一定比率（2‰左右）计算。

3. 补偿性余额。补偿性余额是银行要求企业保持按贷款限额或实际借款额的10%～20%的平均存款余额留存银行。银行通常都有这种要求，目的是降低银行贷款风险，提高贷款的有效利率以补偿银行的损失。例如，如果某企业需借款80 000元以清偿到期债务，贷款银行要求维持20%的补偿性余额，那么该企业为了获取80 000元必须借款100 000元。如果名义利率是8%，则实际利率为：（100 000 × 8%）÷[100 000 × (1 - 20%)] = 10%。

在银行附加上述信用条件下，企业取得的借款属于信用借款。

（四）长期借款融资的优缺点

1. 长期借款的优点。

（1）筹资速度快、借款成本低。长期借款是由借贷双方直接洽谈商定，手续大为简化，故可迅速取得资金。筹资费用和资本成本也较低。

（2）借款弹性大。长期借款筹资富有弹性，借贷双方可根据情况的变化修改契约，达成新的协议。

（3）长期借款可发挥财务杠杆的作用。

2. 长期借款的缺点。

（1）借款筹资风险较高。借款通常有固定的利息负担和固定的偿付期限，故借款企业的筹资风险较高。

（2）借款筹资限制条件较多。这可能会影响到企业以后的筹资和投资活动。

（3）借款筹资数量有限。一般不如股票、债券那样可以一次性筹集到大笔资金。

六、发行债券

债券是指公司按照法定程序发行的、约定在一定期限还本付息的有价证券。公司债券是持有人拥有公司债券的证书，它代表持有人同公司之间的债权债务关系。持券人拥有按期取得固定利息、到期收回本金以及获得公司剩余财产的权利，但无权参与公司的经营管理和经营决策，也无权参与公司分红，同时，对公司的经营亏损也不承担责任。

（一）债券的种类

1. 公司债券按有无记名，分为记名债券和无记名债券。

（1）记名债券是指在券面上记载持券人的姓名和名称。对于这种债券，公司只对记名人偿本，持券人凭印鉴支取利息。记名债券的转让由债券持有人以背书等方式进行，并让发行公司将受让人的姓名或名称载于公司债券存根簿。

（2）无记名债券是指在券面上不记载持券人的姓名或名称，还本付息以债券为凭，一般实行剪票付息。债券持有人将债券交付给受让人后即发挥转让效力。

2. 公司债券按有无抵押担保，分为抵押债券与信用债券。

（1）抵押债券又称担保债券，是指发行公司有特定财产作为担保品的债券。其按担保品的不同，又可分为不动产抵押债券、动产抵押债券、信托抵押债券。信托抵押债券是指公司以其持有的有价证券为担保而发行的债券。

（2）信用债券又称无担保债券，是指发行公司没有抵押品担保，完全凭信用发行的债券。这种债券通常是由信誉良好的公司发行，利率一般略高于抵押债券。

3. 公司债券按利率是否变动，分为固定利率债券和浮动利率债券。

（1）固定利率债券的利率在发行债券时即已确定并载于债券券面。

（2）浮动利率债券的利率水平在发行债券之初不固定，而是根据有关利率，如银行存贷款利率加以确定。

4. 公司债券按是否可以转换为公司股票，可以分为可转换债券和不可转换债券。

（1）可转换债券是指根据发行公司债券募集办法的规定，债券持有人可将其转换为发行公司的股票的债券。可转换债券应规定转换办法，并应按转换办法向债券持有人换发股票。债券持有人有权选择是否将其所持债券转换为股票。

（2）不可转换债券是指没有将债券转换为股票权利的债券。

5. 公司债券按是否上市，可分为上市债券和非上市债券。按照国际惯例，公司债券和股票一样，也有上市与非上市之分。上市债券是经有关机构审批，可以在证券交易所买卖的债券。发行公司欲使其债券上市，需要具备规定的条件标准，并提出申请和遵循一定的程序。

（二）发行债券的程序

1. 作出决议。公司发行债券要由董事会制订方案，股东大会做出决议。

2. 提出申请。我国规定，公司申请发行债券由国务院管理部门批准。证券管理部门按照国务院确定的公司债券发行规模，审批公司债券的发行。公司申请应提交公司登记证明、公司债券募集办法和验资报告。

3. 公告募集办法。公司发行债券的申请经批准后，向社会公告债券发行办法。公司债券有私募发行和公募发行之分，私募发行是以特定的少数投资者为对象发行债券，而公募发行则是在证券市场上以非特定的广大投资者为对象公开发行债券。

4. 委托证券经营机构发售。在公募发行的方式下，公司要与承销团签订承销协议。承销团由数家证券公司或投资银行组成，承销方式有代销和包销两种。代销是指由承销机构代为推销证券，在约定期限内未售出的余额退还发行公司，承销机构不承担发行风险。包销是由承销团先购入发行公司拟发行的全部债权，然后再售给社会上的投资者，如果在约定期限内未能全部售出，余额要由承销团负责认购。

5. 交付债权，收缴债权款，登记债权存根簿。发行债券通常不需要填写认购证，可由债券购买人直接向承销机构付款购买，承销单位付给企业债券。然后，发行公司向承销机构收缴债券款并结算代理费及预付款项。

（三）债券发行的价格

公司债券发行的价格是发行公司或其承销机构发行债券时所使用的价格，也是投资者向发行公司或是承销机构认购债券时实际支付的价格。公司在发行债券时，应首先分析计算债券的发行价格。

1. 影响债券发行价格的因素。公司债券发行的价格并不一定是债券面额。公司债券发行的价格有三种：按面额定价发行；高于面额溢价发行；低于面额折价发行。公司债券发行价格的高低取决于以下四个因素。

（1）债券面额。债券面额是债券券面表明的价格。它是债券到期应偿还的本金，也是据以按票面利率计算利息的本金数。债券发行价格高低从根本上取决于债券面额的大小。

（2）票面利率。债券票面利率是债券的名义利率，通常在发行债券时已经确定并在债券票面标明。一般而言，债券的票面利率越高，债券的发行价格就越高；反之亦然。

(3) 市场利率。市场利率是由资金供求关系决定的,它是影响债券发行价格的一个很重要的因素。当债券票面利率和市场利率不一致时,债券的发行不按债券面额发行,发行市场利率越高债券发行的价格也就越高;反之亦然。

(4) 债券期限。债券的期限越长,债权人的风险也就越大,他所要求的报酬也就应该越高,债券发行的价格就会越低;反之亦然。

2. 公司债券发行价格的确定。债券发行价格由两部分构成:一部分是债券面额以市场利率作为折现率折算的现值;另一部分是各期利息(通常表现为年金形式)以市场利率作为折现率折算的现值。由此,债券的发行价格可按下列公式测算:

债券发行价格 = 债券面值的现值 + 各期利息的现值

【例 6 - 4】 某公司发行 100 份面值 1 000 元的债券,票面利率 10%,期限为 4 年,每年付息 2 次。假定债券发行时的市场利率分别为 10%、12%、8%,该债券的发行价格应该分别如下:

(1) 市场利率为 10% 时,等于票面利率,债券发行价格等于票面价格。

(2) 市场利率为 12% 时,高于票面利率。每期利率为 6%,共 8 期,查 1 元复利现值系数和年金现值系数分别是 0.6274 和 6.210。则:

债券售价 = 100 000 × 0.6274 + 5 000 × 6.210 = 93 790(元)

这时债券只能按照 93 790 元出售,折价 6 210 元。

(3) 市场利率为 8% 时,低于票面利率。每期利率为 4%,共 8 期,查 1 元复利现值系数和年金现值系数分别为 0.7310 和 6.733。则:

债券售价 = 100 000 × 0.7310 + 5 000 × 6.733 = 106 765(元)

这时债券的发行价格为 106 765 元,溢价 6 765 元。

(四) 债券筹资的优缺点

发行债券筹集长期债务资本,对发行公司既有利也有弊,应加以识别权衡,以便抉择。

1. 债券融资的优点。

(1) 债券成本较低。债券的利息费用可在税前支付,起到了抵减所得税的作用,使得债券实际的资本较低。

(2) 可利用财务杠杆。债券的利息率是固定的,且在所得税前支付,所以其有财务杠杆的作用。

(3) 保障股东控制权。债券持有人并非公司股东,无权参与公司经营管理,只能从公司获取固定股利,从这个角度来看,发行债券不会影响股东对公司的控制权。

(4) 融资具有一定的灵活性。公司可根据本身的融资要求,结合资金市场的实际情况确定债券的利率、发行价格、偿还期限和偿还方式。

2. 债券融资的缺点。

(1) 债券筹资的财务风险较高。债券有固定的到期日,并须定期支付利息,发行公司必须承担按期付息偿本的义务。在公司经营不景气时,亦须向债券持有人付息偿本,这会给公司带来更大的财务困难,甚至导致破产。

（2）债券筹资的限制条件较多。发行债券的限制条件一般要比长期借款、租赁筹资的限制条件多且严格，从而限制了公司对债券筹资方式的使用，甚至会影响公司以后的筹资能力。

（3）债券筹资的数量有限。公司利用债券筹资一般受一定额度的限制，多数国家对此都有限定。我国公司法规定，发行公司流通在外的债券累计总额不得超过公司净资产的40%。

七、融资租赁

融资租赁是指当企业需要添置设备时，不是以现金或是向金融机构借款购买，而是由租赁公司融资，把租赁来的设备或购入的设备租给承租人使用，承租人按合同规定，定期向租赁公司支付租金，租赁期满后，选择退租、续租或留购的一种融资方式。

（一）融资租赁的特点

融资租赁通常为长期租赁，可以满足承租企业对设备等的长期需要，故又称为资本租赁或财务租赁。融资租赁具有如下主要特点：

1. 出租方仍然保留租赁资产的所有权，但与租赁资产有关的全部风险和报酬实际上已经转移。

2. 租约通常是不能取消的，或者只有在某些特殊情况下才能取消。

3. 租赁期限较长，几乎包含了租赁资产全部的有效使用期限。

4. 一般情况下，融资租赁只需要通过一次租赁，就可收回租赁资产的全部投资，并取得合理的利润。

5. 租赁期满时，承租人有优先选择廉价购买租赁资产的权利，或采取续租方式，或将租赁资产退还给出租方。

（二）融资租赁的程序

1. 选择租赁公司，提出委托申请。当企业决定采用融资租赁方式以获得某项设备时，需要了解各个租赁公司的资信情况、融资条件和租赁费率，分析比较后选定一家作为出租单位，然后向租赁公司申请办理融资租赁。

2. 签订购货协议。由承租企业与租赁公司的一方或双方合作组织选定设备供应商，并与其进行技术和商务谈判，在此基础上签订购货协议。

3. 签订租赁合同。租赁合同系由承租企业与租赁公司签订。它是租赁业务的重要文件，具有法律效力。融资租赁合同的内容可分为一般条款和特殊条款两部分。

4. 办理验货、付款与保险。承租企业按照购货协议收到租赁设备时，要进行验收，验收合格后签发交货及验收证书，并提交租赁公司，租赁公司据以向供应厂商支付设备价款。同时，承租企业向保险公司办理投保事宜。

5. 支付租金。承租企业在租赁期内按合同规定的租金数额、支付方式等向租赁公司支付租金。

6. 合同期满处理设备。融资租赁合同期满时，承租企业根据合同约定，对设备续租、退租或留购。

（三）融资租赁的基本形式

融资租赁的形式按租赁业务的不同特点可分为以下几种：

1. 直接租赁。直接租赁是指承租人直接向出租人租入所需要的资产，并付出租金。直接租赁的出租人主要是制造厂商和租赁公司。除制造商外，其他出租人都是从制造厂商购入资产出租给承租人。租赁的流程图如图 6-2 所示。

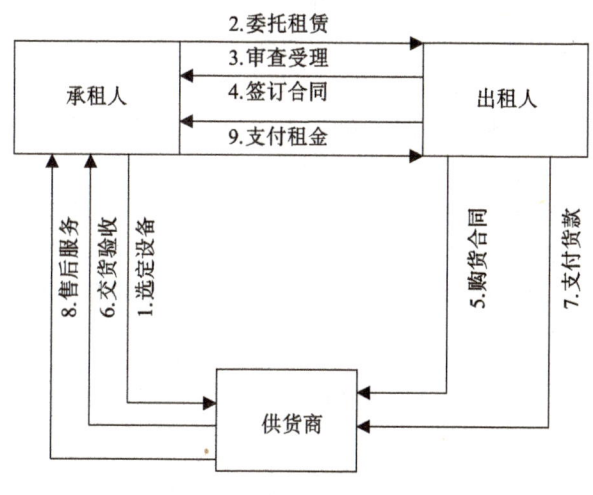

图 6-2　租赁流程图

由图 6-2 可以看出，当承租人需要某项设备时，承租人先从供货商那里选定设备，然后向出租人发出委托租赁的请求，出租人审查受理后与承租人签订租赁合同，然后出租人与供货商签订购货合同，并由供货商直接将设备提供给承租人，在承租人验收后，出租人向供货商支付货款，并由供货商向承租人提供售后服务。

2. 售后租回。根据协议，企业将某资产卖给出租人，再将其租回使用。资产的售价大致为市价。采用这种租赁形式，出售资产的企业可得到一笔相当于售价的资金，同时仍然可以使用该资产。当然，在此期间，该企业要支付租金，并失去了财产所有权。从事售后租回的出租人为租赁公司等金融机构。

3. 杠杆租赁。杠杆租赁涉及承租人、出租人和资金出借者三方当事人。从承租人的角度看，这种租赁与其他形式并无区别，同样是按合同的规定，在基本租赁期内定期支付定额租金，取得资产的使用权。但对出租人却不同，出租人只以购买资产所需的部分资金（一般为 20%~40%）作为自己的投资，另外以该资产作为担保向资金出借者借入其余资金，因此，它既是出租人也是借款人，同时拥有该出租资产的所有权。如果出租人不能按期偿还借款，那么资产的所有权要转归资金出借方。

（四）融资租赁租金的计算

1. 租金的构成。融资租赁每期租金的多少，取决于几项因素：设备原价及预计残值，包括设备买价、运输费、安装调试费、保险费等，以及该设备租赁期满后出售可得的市价;利息,指租赁公司为承租企业垫付资金所应支付的利息;租赁手续费,指租赁公司承办租赁设备所发生的业务费用和必要的利润。

2. 租金的支付方式。租金的支付有这样几种分类方式:按支付间隔长短,分为年付、半年付、季付和月付等方式;按在期初和期末支付,分为先付和后付;按每次支付额,分为等额支付和不等额支付。实务中,承租企业和租赁公司商定的租金支付方式,多为后付等额年金。

3. 租金的计算。我国融资租赁实务中,租金的计算大多采用等额年金法,在等额年金法下,通常要根据利率和融资手续费率确定一个租赁率,作为折现率。

【例 6-5】 北江公司于 2011 年 1 月 1 日从租赁公司租入一套设备,价值 60 万元,租期 6 年,租赁期满时预计残值为 5 万元,设备归租赁公司所有,年利率 10%。租金每年年末支付一次,则:

每年租金 = [600 000 - 50 000 × (P/F,10%,6)]/(P/A,10%,6)
= 131 283(元)

为了便于有计划地安排租金的支付,承租企业可编制租金摊销计划表。根据本例的有关资料编制租金摊销计划表,如表 6-5 所示。

表 6-5 租金摊销计划表 单位:元

年份	期初租金 ①	支付租金 ②	应计租费 ③ = ① × 10%	本金偿还额 ④ = ② - ③	本金余额 ⑤ = ① - ④
2011	600 000	131 283	60 000	71 283	528 717
2012	528 717	131 283	52 872	78 411	450 306
2013	450 306	131 283	45 031	86 252	364 054
2014	364 054	131 283	36 405	94 878	269 176
2015	269 176	131 283	26 918	104 365	164 811
2016	164 811	131 283	164 802	114 802	50 009
合计		787 698	237 707	549 991	50 009

注:50 009 即为到期残值,尾数 9 系中间计算过程中四舍五入的误差导致。

(五)融资租赁筹资的优缺点

对承租企业而言,融资租赁是一种特殊的筹资方式。通过融资租赁,企业可不必预先筹措一笔相当于设备价款的现金,即可获得需要的设备。因此,与其他筹资方式相比,融资租赁筹资有其特有的优缺点。

1. 融资租赁筹资的优点。

(1)融资租赁能够迅速获得所需资产。融资租赁集融资与融物于一身,一般要比先筹措现金后再购置设备来得更快,可使企业尽快形成生产经营能力。

(2)融资租赁的限制条件较少。企业运用股票、债券、长期借款等筹资方式,都受到相当多的资格条件的限制,相比之下,租赁融资的限制条件较少。

（3）融资租赁可免遭设备陈旧过时的风险。随着科学技术的不断进步，设备陈旧过时的风险很高，而多数租赁协议规定由出租人承担，承租企业可免遭这种风险。

（4）融资租赁的全部租金通常在整个租期内分期支付，可以适当降低不能偿付的风险。

（5）融资租赁的租金费用允许在所得税前扣除，承租企业能够享受税收上的利益。

2. 融资租赁筹资的缺点。融资租赁筹资也有不足之处，主要是：租赁筹资的成本较高，租金总额通常要高于设备价值的30%；承租企业在财务困难时期，支付固定的租金也将构成一项沉重的负担；另外，采用租赁筹资方式如不能享有设备残值，也可视为承租企业的一种机会损失。

八、短期借款

短期借款是指企业为维持正常的生产经营所需的资金或为抵偿某项债务而向银行或其他金融机构等外单位借入的、还款期限在1年以内（含1年）的各种借款。它是企业获得短期资金来源的主要形式，在企业融资中占有重要位置。

（一）短期借款的分类

1. 信用借款又称无担保借款，是指不用保证人担保或是没有财产作为抵押，仅凭借款人的信用而取得的借款。信用借款一般是由贷款人给予借款人一定的信用额度或双方签订循环贷款协议。因此这种借款又分为两类：

（1）信用额度借款。信用额度是银行对借款人规定的无担保贷款的最高限额。一般情况下，企业在银行批准的信用额度内，可随时按需要向银行申请借款，但是银行并不承担必须提供全部信用限额的义务。如果企业财务状况恶化，银行可以拒绝继续提供贷款，此时银行不会承担法律责任。信用额度的期限通常为1年，信用额度的数量为银行能贷款给企业的最高限额。

（2）循环协议借款。循环协议借款是一种特殊的信用额度借款，在此借款协议下，企业和银行之间也要协商确定贷款的最高限额，在最高限额内，企业可以借款、还款，再借款、再还款，不停地周转使用。企业在使用循环协议借款时，通常要对贷款限额的未使用部分支付给银行一笔承诺费，因为尚未使用的信用额度仍属于稀缺资源，这也是银行向企业提供此项贷款的一种附加条件。

2. 担保借款，是指有一定的保证人担保或利用一定的财产作抵押或质押而取得的借款。担保借款又分为以下三类：

（1）保证借款。保证借款是指按《中华人民共和国担保法》规定的保证方式以第三人承诺在借款人不能偿还借款时，按约定承担一般保证责任或连带责任而取得的借款。

（2）抵押借款。抵押借款是指按《中华人民共和国担保法》规定的抵押方式以借款人或第三人的财产作为抵押物而取得的借款。

（3）质押借款。质押借款是指按《中华人民共和国担保法》规定的质押方式以借款人或第三人的动产或权利作为质押物而取得的借款。

3. 票据贴现,是商业票据的持有人把未到期的商业票据转让给银行,贴付一定利息以取得银行资金的一种借贷行为。票据贴现是商业信用发展的产物,实为一种银行信用。银行在贴现商业票据时,所付金额要低于票面金额,其差额为贴现息。

(二) 短期借款的成本

短期借款成本用借款利率来表示,短期借款的利率会因借款公司的类型、借款金额及时间的不同而不同。例如,银行向信用好、贷款风险低的公司只收取较低的利率;反之,则收取较高的利率。此外,银行贷款利率有单利、复利、贴现利率和附加利率等种类。因此,公司应根据不同情况,确定短期借款的成本,以便作出选择。

1. 单利。单利计息是将贷款金额乘以贷款期限与利率计算出利息的方法。多数银行通常按单利计算收取短期贷款利息,公司通常亦按单利比较不同银行的借款成本。在单利情况下,短期借款成本取决于设定利率和银行收取利息的方法。若利息在借款到期日随本金一并支付,则设定利率就是实际利率。

2. 复利。以复利计息,意味着存在对利息计息的情况。按照复利计算利息,借款人实际负担的利率——有效利率,要高于名义利率。如果在贷款到期前定期付息的次数越多,有效利率高出名义利率的部分就越大。

3. 贴现利率。在贴现情况下,银行会在发放贷款的同时,先扣除贷款的贴现,而以贷款面值与贴现利息的差额贷给公司。因此,借款人拿到的金额低于借款面值,当然,贷款到期时也免去利息了。在以贴现利息的方式贷款时,借款人的利息成本也会高于名义利率,并且高出的程度远远大于复利贷款方式。

【例 6-6】假定某公司以贴现方式借入 1 年期贷款 1 万元,名义利率为 12%。这时,该公司实际拿到的资金是 8 800 元,利息是 1 200 元。因此,贷款的有效利率为:

贴现贷款的有效利率 = 利息 ÷ (贷款面额 - 利息) × 100%
             = 1 200 ÷ (10 000 - 1 200) × 100%
             = 13.64%

可见,有效利率比名义利率高出 1.64 个百分点。

4. 附加利率。附加利率是指即使是分期偿还贷款,银行通常亦按贷款总额和名义利率来计算收取利息。在附加利息方式下,虽然借款公司可利用的借款逐期减少,但利息并不减少,故实际负担的利息费用较高。一般为名义利率的 2 倍。

(三) 对贷款银行的选择

企业可以选择短期借款的方式,也可以对提供借款的银行作出选择。企业应在有利于自身的前提下,在各贷款机构之间作出选择。企业选择银行时,主要考虑以下几个方面。

1. 银行对待风险的基本政策。不同的银行对待风险的政策是不同的,一些银行偏好比较保守的信贷政策,而另一些银行则喜欢激进的信贷政策。这些政策的选择反映了银行管理者的个性和银行存款的特征。业务范围大、分支机构多的银行能够很好地分散风险,而一些专业化的小银行能接受的信用风险要小得多。

2. 银行对待客户的忠诚度。银行忠诚度是指在公司困难时,银行支持借款人的行为。不同的银行,其对客户的忠诚度是不同的。一些银行要求公司无论遭受何种困难,都必须无条件偿还贷款。而另一些银行则十分顾及交情,在公司遇到困难时帮助其渡过难关。

3. 银行提供咨询服务的能力。一些银行提供咨询服务,某些银行甚至设有专门机构向客户提供建议和咨询。

4. 银行贷款的专业化程度。银行在贷款专业化方面有着极大的差异。大银行有专门的部门负责不同类型的针对行业特征的专业化贷款。小银行则比较注重公司生产经营所处的经济环境。借款者可以从经营业务十分熟悉并且经验丰富的银行那里获得更主动的支持和更有创造性的合作。

(四)短期借款筹资的优缺点

1. 短期借款筹资的优点。

(1)筹资效率高,所需时间短。

(2)筹资弹性大。短期借款可以随企业的需要进行安排,便于灵活使用,且取得也较简便。

2. 短期借款筹资的缺点。

(1)筹资风险高。其突出特点是短期内要归还,特别是在带有诸多附加条件的情况下会加剧筹资的风险。

(2)筹资成本高。短期借款实际利率较高,特别是在补偿性余额和附加利率情形下尤其如此。

九、商业信用筹资

商业信用是指企业在商品或劳务交易中,以延期付款或预收货款方式进行购销活动而形成的借贷关系,是企业之间的直接信用行为,也是企业短期资金的重要来源。商业信用产生于企业生产经营的商品、劳务交易之中,是一种自然性融资。

(一)商业信用的形式

商业信用的主要形式有应付账款、预收账款等。

1. 应付账款。应付账款即赊购商品,是企业购买货物暂未付款而欠销货方的款项,是一种最典型、最常见的商业信用形式。卖方利用这种方式促销,对买方来说则是向卖方借用购进商品,可以满足短期资金需要。为了促使买方及早付款,卖方通常会提供一定的现金折扣,如果买方放弃现金折扣,则会承担一定的筹资成本。

2. 预收账款。预收账款是指卖方根据合同或协议规定,在交付货物之前向买方预先收取部分或全部货款的信用形式。对于卖方来讲,预收账款相当于卖方向买方借用资金,形成卖方企业债务,以后用货物抵偿。预收账款一般用于生产周期长、资金需要量大或紧缺的商品货物销售。

(二)商业信用的筹资成本

应付账款是最典型的商业信用,这里以应付账款为例来计算筹资成本。

【例 6-7】 某企业按"2/10,n/30"的条件购入 10 万元货物。如果该企业在 10 天内付款,便享用了 10 天的免费信用期,并获得折扣 0.2 万元,免费信用额为 9.8 万元。

倘若买方企业放弃折扣,在 10 天后(不超过 30 天)付款,该企业便要承受放弃折扣而造成的隐含利息成本。一般而言,放弃现金折扣的成本计算公式为:

放弃现金折扣成本 = [折扣百分比/(1 - 折扣百分比)] × 360/(信用期 - 折扣期)

运用上式,则企业放弃折扣所负担的成本为 [2%/(1 - 2%)] × [360/(30 - 10)] = 36.7%

公式表明,放弃现金折扣的成本与折扣百分比的大小、折扣期的长短同方向变化,与信用期的长短反方向变化。可见,如果买方企业放弃折扣,其代价是较高的。

(三)商业信用融资的优缺点

1. 商业信用融资的优点。

(1)商业信用容易获得。商业信用建立在商品购销行为的基础上,企业都拥有一批保持供需关系且具有信用基础的合作单位,因此,对于大多数企业而言,应付账款和预收账款的发生都是很正常的。

(2)企业有较大的主动权。企业可以灵活选择商业信用筹资的金额和期限,当发生期限内无法付款或交货的情况时,也可以与客户进行协商,延缓付款。

(3)企业一般不用提供担保。商业信用筹资一般不需要第三方担保,也不要求筹资企业用资产进行担保。当出现逾期付款或交货的情况时,可以避免抵押资产被处置的风险,企业的生产经营能力在一定的时期内也不会受到限制。

2. 商业信用筹资的缺点。

(1)商业信用筹资成本高。尽管商业信用的筹资成本是一种机会成本,但是由于商业筹资属于临时性筹资,其筹资成本比银行信用要高。

(2)商业信用筹资使企业风险控制的难度增加。商业信用筹资相较于其他筹资行为而言风险性更高,利用商业信用筹资会加大企业的风险控制难度。

(3)商业信用筹资的期限短,还款压力大。商业信用筹资对企业现金流量管理的要求很高,如果拖欠账款,会造成企业的信用地位和信用等级下降。

十、短期融资券

短期融资券是指具有法人资格的非金融企业,依照规定的条件和程序在银行间债券市场发行并约定在一定期限内还本付息的有价证券。短期融资券是企业发行的无担保短期本票。

(一)短期融资券的分类

短期融资券按不同的标准可作不同分类。

1. 按发行人分类,短期融资券分为金融企业的融资券和非金融企业的融资券。在我国,目前发行和交易的是非金融企业的融资券。

2. 按发行方式分类，短期融资券分为经纪人承销的融资券和直接销售的融资券。非金融企业发行融资券一般采用间接承销方式进行，金融企业发行融资券一般采用直接发行方式进行。

3. 按融资券的发行和流通范围分类，可将短期融资券分为国内融资券和国际融资券。

（二）短期融资券的发行程序

1. 公司作出发行短期融资券的决策。在充分了解金融市场状况和自身经营现状的基础上，企业财务部门将短期融资券列为可行的筹资方案，并向总经理或董事会提出申请，由其进行最后决策。

2. 选择承销商。我国企业短期融资券的发行必须由符合条件的金融机构承销，企业自身不具有销售融资券的资格。因此，企业在发行方案经总经理或董事会批准之后，应选择拥有承销资格的金融机构作为主承销商。

3. 办理信用评级。信用评级是由专家、学者组成专门的机构，运用科学的综合分析方法，对企业及金融工具的信用情况进行评定和估价。根据规定，我国企业在发行短期融资券时，应当由在中国境内注册且具备债券评级资质的评级机构进行信用评级。

4. 向审批机关提出申请。中国人民银行总行与各省、市、自治区分行是我国企业发行融资券的审批、管理机关。企业发行短期融资券，必须通过其主承销商向各级人民银行的金融管理部门提出申请，经过批准后才能发行。

5. 审批机构审查和批准。中国人民银行的金融管理部门在接到企业申请后，要对其进行审查，审查通过后，中国人民银行将根据规定的条件和程序向企业下达备案通知书，并核定该企业发行融资券的最高余额。

6. 正式发行，取得资金。

（三）短期融资券的成本

短期融资券的成本也就是利息，其利息是在贴现的基础上支付的。短期融资券的成本计算公式如下：

$$短期融资券资金成本 = \frac{r}{1 - r \times \frac{n}{360}}$$

式中，r 表示票面利率；n 表示票据期限。

【例6-8】中南公司发行了为期120天的短期融资券，票面利率是12%，则该短期融资券的成本是多少？

$$短期融资券资金成本 = \frac{r}{1 - r \times \frac{n}{360}} = \frac{12\%}{1 - 12\% \times \frac{120}{360}} = 12.5\%$$

（四）短期融资券筹资的优缺点

1. 短期融资券筹资的优点。

（1）短期融资券的成本较低。相对于发行公司债券筹资而言，发行短期融资券的筹资成本较低。

（2）短期融资券筹资数额比较大。相对于银行借款筹资而言，短期融资券一次性的筹资数额比较大。

（3）发行短期融资券可以提高企业信誉和知名度。

2. 短期融资券筹资的缺点。

（1）发行短期融资券的风险比较大。相对于发行公司债券筹资而言，发行短期融资券的风险比较大。

（2）发行短期融资券的弹性比较小。

（3）发行短期融资券的条件比较严格，只有具备一定信用等级且实力强的企业才能发行短期融资券筹资。

案例解析

第一年海天公司权益资本回报率之所以高，是因为其1 000万元资本金中有500万元是债务融资，公司扣除利息之后的税前盈余是150万元，权益资本回报率是30%（150÷500×100%），而冀华公司1 000万元资本金中只有100万元是债务资本，扣除利息之后的税前盈余是190万元，但权益资本高达900万元，因此权益资本回报率较低。而第二年海天公司息税前盈余只有50万元，刚好覆盖利息，因此权益资本回报率为0，必然低于冀华公司。

项目回顾

股权融资是企业股东通过让出部分企业所有权，以企业增资的方式引进新股东的融资方式。股权融资所获得的为企业权益资本，企业无须还本付息，但新股东将与老股东共同分享企业的利润与增值。股权筹资的基本形式有：吸收直接投资，发行股票和利用留存收益。

债权筹资是企业按约定的资本成本和用途取得，且按照债权筹资契约约定按期还本付息的一种筹资方式。长期债权性筹资一般包括发行债券筹资、长期借款和融资租赁三种方式。

技能训练

1. 思考题

（1）什么是筹资渠道？什么是筹资方式？两者有什么区别？

（2）股权筹资与普通股筹资优缺点有哪些？

（3）试分析债券发行价格的决定因素。

（4）试对比分析银行短期借款、商业信用、短期融资券的特征和优缺点。

2. 练习题

（1）A公司普通股的市价为15元，筹资费用率为4%，本年发放现金股利每股0.3元，预期股利年增长率为10%，求该企业利用留存收益的资本成本。

（2）B公司普通股目前的股价为20元/股，筹资费用率为4%，刚刚支付的每股股利为 1 元，已知该股票的资本成本率为 9.42%，求该股票的股利年增长率。

3. 案例分析

<h3 style="text-align:center">华谊兄弟传媒集团股权筹资分析</h3>

（1）公司简介。华谊兄弟传媒集团，是中国内地一家知名综合性娱乐集团，由王忠军、王忠磊兄弟在 1994 年创立，开始时是由投资冯小刚、姜文的电影而进入电影行业，尤其是每年投资冯小刚的贺岁片而声名鹊起，随后全面投入传媒产业，投资及运营电影、电视剧、艺人经纪、唱片、娱乐营销等领域，在这些领域都取得了不错的成绩，并且在 2005 年成立华谊兄弟传媒集团。

（2）华谊兄弟发行股票的原因以及目的——营运资金短缺。公司当前遇到的最主要的发展瓶颈就是资本实力与经营目标不相匹配，营运资金瓶颈已成为制约公司进一步良性快速发展的最大障碍。资金是未来娱乐公司能不能壮大的重要依托。

公司本次预计募集资金数额为 62 000 万元，将用于补充影视剧业务营运资金。如本次发行实际募集资金量超出预计募集资金数额，则公司将运用超额部分资金于影院投资项目，该项目总投资额为 12 966.32 万元。若用于影院投资项目后仍有余额的，则将剩余资金继续用于补充公司流动资金。如果实际募集资金不能满足募集资金项目需求，则不足部分公司将自筹解决。

（3）华谊兄弟发行股票的具体情况分析。公司于 2009 年 10 月 15 日，采取"网下向询价对象询价配售与网上资金申购定价发行相结合"的方式，公开发行 4 200 万股人民币普通股（A 股），每股面值 1.00 元，发行价为每股人民币 28.58 元，其中，网下发行占本次最终发行数量的 20%，即 840 万股；网上发行数量为本次最终发行数量减去网下最终发行数量。本次发行的股票拟在深交所创业板上市。募集资金总额为人民币 1 200 360 000.00 元，扣除发行费用人民币 52 121 313.55 元，公司募集资金净额为人民币 1 148 238 686.45 元，其中：增加股本 42 000 000.00 元，增加资本公积 1 106 238 686.45 元。

（4）华谊兄弟股票发行状况。

①股票种类：本次发行的股票为境内上市人民币普通股（A 股），每股面值人民币 1.00 元。

②发行数量和发行结构：本次发行股份数量为 4 200 万股。其中，网下发行数量为 840 万股，占本次发行数量的 20%；网上发行数量为本次最终发行数量减去网下最终发行数量。

③发行价格：本次发行的发行价格为 28.58 元/股。

④发行方式：采用网下向询价对象配售与网上资金申购定价发行相结合的方式。本次发行网下向询价对象配售的股票为 840 万股，有效申购为 127 210 万股，有效申购获得配售的比例为 0.66032544%，超额认购倍数为 151.44 倍。本次网上发行 3 360 万股，中签率为 0.6135906494%，超额认购倍数为 163 倍。本次发行无余股。

（5）募集资金总额：本次公开发行募集资金总额为 120 036 万元；中瑞岳华会计师事务所有限公司已于 2009 年 10 月 20 日对公司首次公开发行股票的资金到位情

况进行了审验,并出具中瑞岳华验字〔2009〕第 212 号验资报告。

(6) 募集资金净额:114 823.87 万元。超额募集资金 52 823.87 万元,其中 12 966.32 万元将运用于影院投资项目,剩余部分将继续用于补充公司流动资金。公司承诺:超募资金将存放于专户管理,并用于公司主营业务。上市公司最晚于募集资金到账后 6 个月内,根据公司的发展规划及实际生产经营需求,妥善安排超募资金的使用计划,提交董事会审议通过后及时披露。上市公司实际使用超募资金前,将履行相应的董事会或股东大会审议程序,并及时披露。

(7) 发行后每股净资产:8.50 元(按照 2009 年 6 月 30 日经审计的归属于母公司股东权益加上本次发行筹资净额之和除以本次发行后总股本计算)。

(8) 发行后每股收益:0.41 元(按照经会计师事务所遵照中国会计准则审计的扣除非经常性损益前后孰低的 2008 年净利润除以本次发行后总股本计算)。

根据上述案例内容,思考并回答以下问题:

(1) 华谊兄弟采取何种筹资渠道?其筹资动机是什么?

(2) 华谊兄弟采取何种筹资方式?结合案例内容分析该种方式的优缺点。

(3) 股票发行流程有哪些?在案例中如何体现?

(4) 此次筹资是否成功?结合案例评价此次筹资。

项目七

资金日常管理

【项目目标】

1. 掌握现金、应收账款和存货的日常管理;
2. 理解持有现金的原因及其影响因素,了解各种最佳现金持有量计算方法的利弊;
3. 理解应收账款管理的重要性,了解信用政策的构成因素和应收账款的日常管理方法;
4. 理解持有存货的原因,了解持有存货的各种成本及经济订货批量、订货点和最佳安全储备量的含义;
5. 能够根据有关资料运用各种模型计算确定最佳现金持有量、确定对企业最有利的信用政策、确定不同情况下的经济批量以及不同情况下的订货点。

【项目简介】

企业为了实现价值创造和价值增值,必须进行生产经营活动。传统的观念通常认为,固定资产的数量和质量决定了企业的盈利能力和价值增值能力。然而,随着全球经济一体化、信息技术网络化和顾客需求多样化、个性化的不断发展,流动资产在企业价值创造过程中发挥着越来越大的作用。对工业企业而言,流动资产不仅构成产品实体本身,而且流动资产耗费量的多少影响甚至决定了企业产品的成本和利润,流动资产周转速度的快慢则决定了企业创造价值的速度。在宏观经济下行期,企业普遍面临资金紧张和融资难的困境,流动资产的质量和周转速度不仅影响企业价值创造的质量和速度,而且决定了企业能否顺利渡过难关以及继续生存和发展。因此,资金日常管理是企业财务管理的重要环节,其具体包括现金日常管理、应收账款日常管理和存货日常管理。其中,现金日常管理包括:根据现金持有动机与持有成本确定现金持有量,并对现金日常风险进行有效控制。应收账款日常管理主要包括应收账款信用政策的制定和应收账款风险控制。存货日常管理主要包括:存货经济批量的确定方法、再订货点和安全储备量以及存货的日常控制。

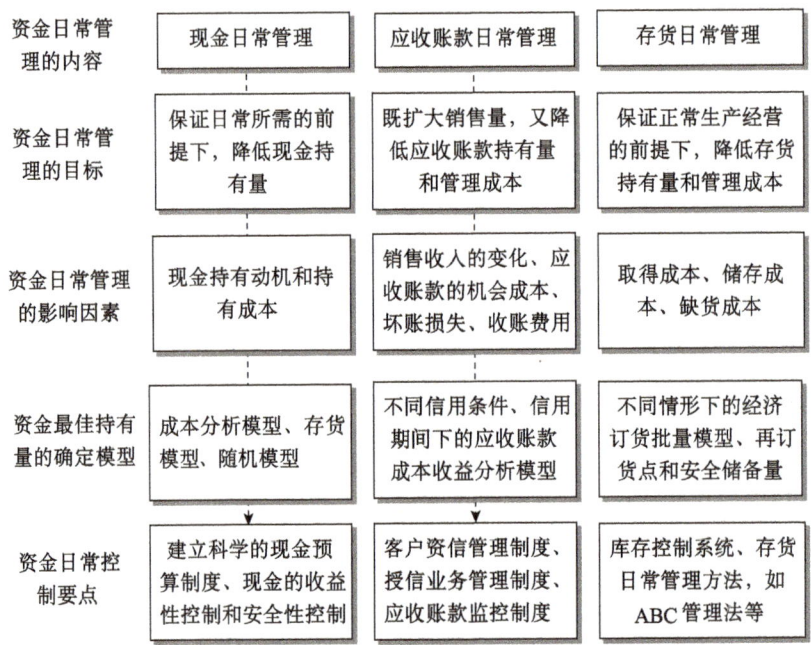

图7-1 资金日常管理基本结构与流程

【项目分解】

根据项目内容,本项目可分解为如下任务:

任务一:现金日常管理

任务二:应收账款日常管理

任务三:存货日常管理

任务一 现金日常管理

任务目标

1. 理解持有现金的原因及其影响因素;
2. 了解各种最佳现金持有量计算方法的利弊;
3. 能根据有关资料运用各种模型计算确定最佳现金持有量。

案例导入

现金是企业最重要的流动资产,保持源源不断的现金流也是企业生存和发展的必要条件。纵观当代国际金融危机,无论是华尔街神话的破灭,还是"德隆集团"和"三九集团"的倒闭,以及近期的"赛维危机",资金链断裂无不扮演着"夺命杀手"的角色,现金流管理的重要性再次得到有力的佐证。然而,持有过多的现金会使企业丧失好的投资机会,降低企业的收益率。1993年末,沃特·迪士尼公司持有的现金与短期有价证券占其资产的3.1%。这家引人注目的公司1993年的销售收入为近85亿美元,这意味着迪士尼公司平均每天的销售收入为21 917 800美元。如果迪士尼公司在1993年12月内仅仅将1天的销售收入投资于收益率为3.4%的3个月期商业票据的话,公司的利润将增加745 205美元。

案例思考: 企业为什么需要持有现金?持有现金会带来哪些好处?持有多少现金最合适?是否存在最佳现金持有量?如何确定最佳持有量?如何控制现金的日常风险?

任务解构

一、现金持有动机与持有成本

现金是指可以立即作为支付手段、投入流通的交换媒介。现金具有普遍的可接受性,可以有效地立即用来购买商品、货物、劳务或偿还债务,是企业中流通性最强的资产。现金包括库存现金、各种形式的银行存款和银行本票、银行汇票等。

（一）现金持有动机

尽管现金通常被认为是"非盈利资产",但任何企业都必须持有一定数量的现金。具体来说,企业持有现金的动机包括:交易性动机、预防性动机和投机性动机。

1. 交易性动机,又称交易性需求,是指企业为了维持日常周转及正常商业活动所需持有的现金额。虽然企业经常会收到现金,但现金的收和支在时间上往往并不同步,在数额上也往往并不相当,如果不持有适当的现金,就难以保证企业业务活动的正常进行。影响交易性动机的因素包括:企业向客户提供的商业信用条件（同向）,企业从供应商处获得的信用条件（反向）和业务的季节性。

2. 预防性动机,又称预防性需求,即为了应付意外的货币资金支出,企业必须持有一定数额的现金。预防性需求的大小与企业现金预算的准确性、突发事件发生的可能性（企业愿意冒现金短缺风险的程度）及企业取得短期借款（企业临时融资能力）的难易程度有关。现金收支的预算越准确,突发事件发生的概率越小,企业取得短期借款越容易,则所需的预防性现金余额越小;反之,则所需的预防性现金余额越大。当然,这种预防性现金需求有时也可以通过持有短期有价证券来满足。

3. 投机性动机,又称投机性需求,是指企业为了把握突然出现的投资获利机会而持有的现金，比如遇到有价格便宜的材料或适当的证券投资机会等。一般来说，企业极少为投机目的而专门积存货币资金，而个别投资者则较为常见。

上述三项动机可称为企业持有现金的内在原因，除此之外，企业持有现金的原因还包括为了满足银行"补偿性余额"的要求等。

（二）现金持有成本

现金持有成本即持有现金所放弃的潜在报酬，是持有现金的机会成本，这种成本通常是以有价证券的利息率来计算，且与现金余额呈正比例的变化关系。现金的持有成本通常由管理成本、机会成本、转换成本和短缺成本四个部分组成。

1. 管理成本，是指企业因持有一定数量的现金而发生的管理费用，如管理人员工资及必要的安全措施费。管理成本在一定范围内与现金持有量的多少关系不大，基本上是一种固定成本。

2. 机会成本，是指企业因持有一定数量的现金而丧失的再投资收益。由于现金属于非盈利性资产，保留现金必然丧失再投资的机会及与该投资机会相应的投资收益，从而形成持有现金的机会成本，这种成本在数额上等同于资金成本，通常用企业的资本收益率来表示。比如企业欲持有1万元现金，则只能放弃1 200元的投资收益（假设企业平均收益率为12%）。由此可见，放弃的再投资收益属于变动成本，它与现金持有量的多少密切相关，即现金持有量越大，机会成本越高，反之就越小。

3. 转换成本，是指企业用现金购入有价证券以及转让有价证券换取现金时付出的交易费用，如委托买卖佣金、委托手续费、证券过户费、交割手续费等。证券转换成本与现金持有量的关系是：在现金需要量既定的前提下，现金持有量越少，进行证券变现的次数越多，相应的转换成本就越大；反之，现金持有量越多，证券变现的次数就越少，需要的转换成本也就越小。因此，现金持有量的不同必然通过证券变现次数多少而对转换成本产生影响。

4. 短缺成本，是指因缺乏必要的现金应付业务开支而使企业蒙受的损失或为此付出的代价。短缺成本不考虑企业其他资产的变现能力，而仅就不能以充足的现金满足企业支付需要而言。如丧失购买机会（严重时会因停工待料而导致生产中断）、丧失现金折扣及企业信用损失等，其中因不能按期支付有关款项而造成信用损失的后果是无法用货币进行计量的。现金的短缺成本随现金持有量的增加而下降，随现金持有量的减少而上升，即与现金持有量负相关。

二、现金持有量确定方法

在企业经营实务中，短期有价证券因变现能力较强，通常可作为现金的替代品，且能获得高于现金的收益率。但若企业缺乏必要的现金，则难以保证即刻的支付需要，使企业蒙受损失，即发生现金短缺成本；但若企业持有百分之百的现金而不持有任何有价证券，则会因此丧失获取投资收益的机会，产生机会成本。由此可见，企业面临现金过剩和现金不足两方面的威胁。因此，企业现金管理的目标，就是要在资产的流动性和盈利能力之间作出选择，合理确定现金与短期证券的持有比例，即确定最佳现金持有量,以在收益与风险之间进行有效平衡。所谓最佳现金持有量,是指使现金持有总成本最低的现金余额。确定最佳现金持有量的目的在于既保证企业生产经营对现金的需要,又使持有现金所付出的代价最低。最佳现金持有量的确定方法通常有:成本分析模型、存货模型和随机模型。

(一)成本分析模型

成本分析模型是根据持有现金的有关成本,分析预测其总成本最低时现金持有量的一种方法。运用成本分析模型确定最佳现金持有量时,只考虑因持有一定量的现金而产生的机会成本和短缺成本,而不予考虑管理成本(因为管理成本在一定范围内不随现金持有量的变动而变动)和转换成本。运用成本分析模型确定最佳现金持有量的步骤如下:

(1)根据不同现金持有量测算并确定有关成本数值;
(2)按照不同现金持有量及其有关成本资料编制最佳现金持有量测算表;
(3)在测算表中找出总成本最低时的现金持有量,即最佳现金持有量。

【例7-1】某企业有甲、乙、丙、丁四种现金持有量备选方案,现金持有量分别为30 000元、40 000元、50 000元和60 000元,假设年资本收益率为10%,四种方案对应的短缺成本分别为10 000元、6 000元、3 000元和2 000元,试确定最优的现金持有量方案。

表7-1　　　　　　　　　各方案现金持有成本计算表　　　　　　　　　单位:元

项目 \ 方案	甲	乙	丙	丁
现金持有量	30 000	50 000	70 000	90 000
机会成本	3 000	5 000	7 000	9 000
短缺成本	10 000	6 000	3 000	2 000
总成本	13 000	11 000	10 000	11 000

确定最佳现金持有量的计算分析过程如表7-1所示。根据计算的总成本可知,丙方案的总成本最小,是最优方案,即最佳现金持有量是70 000元。在这种模型下,最佳现金持有量就是持有现金而产生的机会成本与短缺成本之和最小时的现金持有量。这种方法较为粗略,其准确性依赖于对各项成本的预测,尤其是对现金短缺成本的预测。即使预测十分准确,所确定的也不一定是最佳现金持有量,最佳现金持有量可能介于所设定的两个备选方案之间,比如80 000元。因此,使用成本分析模型时,各方案现金持有量间距不宜太大,且应包括总成本线的拐点。为了尽可能准确找到最佳现金持有量,可将所有方案的总成本描在坐标图上,并连成一条光滑的曲线,通过找拐点的方式找到最佳现金持有量。

(二)存货模型

存货模型即根据存货管理中的经济订货批量模型的基本原理确定最佳现金持有

量的方法。当企业现金持有量和短期有价证券各占一定时期货币资金需用量的一定比例时，若持有的现金不足以支付有关款项，则需将一部分证券转换为现金，产生相应的转换费用；如现金持有量过多又将发生较高的机会成本。现金持有量与机会成本呈同向变动关系，而与交易成本呈反向变动关系。利用存货模型确定最佳现金持有量时，实质上是选择现金持有量和一定时期内有价证券的变现次数，从而使两类成本之和最低。

运用存货模型确定最佳现金持有量时，是以下列假设为前提的：

（1）企业所需要的现金可通过证券变现取得，且证券变现的不确定性很小；

（2）企业预算期内现金需要总量可以预测；

（3）现金的支出过程比较稳定、波动较小，而且每当现金余额降至零时，均通过部分证券变现得以补足；

（4）证券的利率或报酬率以及每次固定性交易费用可以预测。

现金持有总成本包括投资机会成本和证券交易成本，用公式表示为：

$$TC = K \times \frac{C}{2} + F \times \frac{T}{C}$$

其中，TC 为总成本，K 为现金投资的机会成本，T 为一定时期内现金的总需求量，C 为最高现金余额（每次证券转换额），F 为每次固定交易费用。

最佳现金持有量即使 TC 最低的 C，将上述公式对 C 求导，并令其等于零，即可得出使 TC 最低的 C，用 C^* 表示，即：

$$C^* = \sqrt{\frac{2FT}{K}}$$

上述现金持有成本各部分及其与现金余额的关系如图 7-2 所示。

【例 7-2】 某企业预计在未来的两个月内生产经营所需现金为 200 万元，有价证券年利率为 12%，每次固定交易成本为 50 元，要求确定其最佳现金持有量和现金持有总成本。

$$C^* = \sqrt{\frac{2FT}{K}} = \sqrt{\frac{2 \times 50 \times 2\,000\,000}{12\% \times 2/12}} = 100\,000\,（元）$$

有价证券变现次数 = T/C = 2 000 000/100 000 = 20（次）

$$TC = K \times \frac{C}{2} + F \times \frac{T}{C} = 12\% \times 2/12 \times (100\,000/2) + 50 \times (2\,000\,000/100\,000)$$
$$= 2\,000\,（元）$$

运用存货模型可以较精确地测算出一定时期内的最佳现金持有量，但由于该模型的假定条件较为严格，使其实际运用受到限制，故一般只将其作为现金持有量合理性的判定标准之一。

（三）随机模型

随机模型也称为统计模型，是在现金需求难以预知的情况下，运用控制理论进行的现金持有量确定的方法。随机模型假定现金和有价证券之间能够自由兑换，企

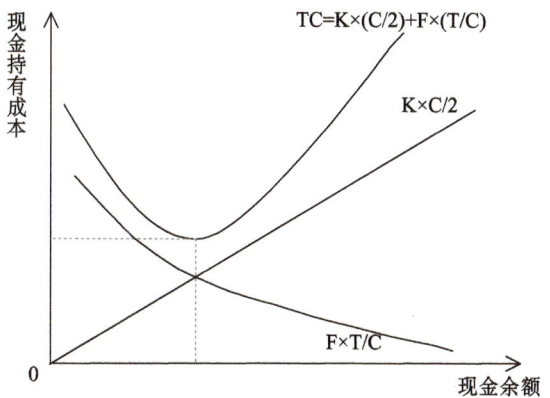

图 7-2 现金持有成本与现金余额的关系图

业货币支出量是随机的,无法事先预计,但企业可以根据历史经验和现实需求,估算出一个现金持有量的控制范围,制定出现金持有量的上限和下限,争取将企业现金持有量控制在这个范围之内,如图 7-3 所示。

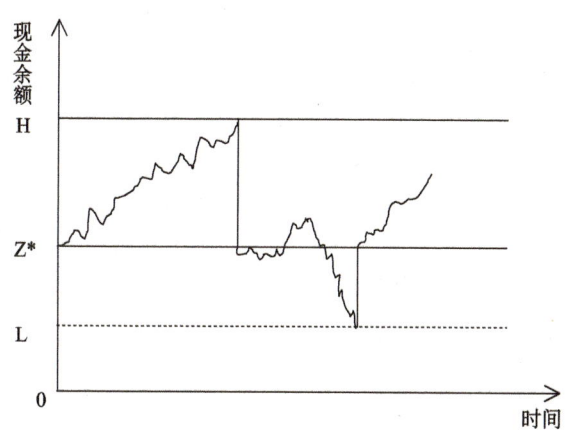

图 7-3 随机模型下现金持有量控制图

随机模式的原理是,制定一个现金控制区域 [L,H],H 和 L 分别为现金持有量的最高点与最低点。当余额达到该区域的上限 H 时,将现金转换为有价证券,使现金余额下降至返回线(现金余额的均衡点 Z^*)的水平;当现金余额降至该区域的下限 L 时,将有价证券换成现金,使现金回升至现金返回线的水平;当现金余额处于上下限之间时,则无须进行现金和有价证券之间的转换。这样可以使现金余额始终保持在控制区域内,并集中在最佳余额 Z^* 附近波动。

制定该控制区域的关键在于确定现金余额的均衡点 Z^* 的值。由于现金流量是随机的,故 Z^* 不仅受现金投资的机会成本和证券交易成本的影响,而且与现金余额可能波动的幅度有关。根据历史数据,Z^* 可按下列公式计算:

$$Z^* = L + \sqrt[3]{\frac{3F\sigma^2}{4r}}$$

其中，L 代表现金余额的下限，F 代表有价证券每次固定交易费用，σ 代表每日现金余额的标准差，r 代表有价证券投资的日收益率。

控制上限 H 的计算公式为：

$H = 3 \times Z^* - 2 \times L$

控制下限 L 主要取决于企业每日现金需要量、有价证券变现所需的时间和管理人员的风险倾向，可根据经验数据确定。

【例 7-3】某企业每日现金余额的标准差为 1 000 元，有价证券每次固定交易费用为 100.8 元，有价证券年利率为 12.6%，控制下限 L 为 1 000 元，试根据随机模型确定控制上限 H。

$r = 12.6 \times (1/360) = 0.035\%$

$$Z^* = L + \sqrt[3]{\frac{3F\sigma^2}{4r}} = 1\,000 + \sqrt[3]{\frac{3 \times 100.8 \times 1\,000 \times 1\,000}{4 \times 0.035\%}} = 7\,000 \text{（元）}$$

$H = 3 \times Z^* - 2 \times L = 3 \times 7\,000 - 2 \times 1\,000 = 19\,000$（元）

根据该计算结果，当企业的现金余额为 19 000 元时，用现金购入 12 000 元的有价证券，使现金余额回落至 7 000 元；当企业的现金余额为 1 000 元时，出售 6 000 元的有价证券，使现金余额回升至 7 000 元；当企业的现金余额在 1 000 元至 19 000 元之间时，则无须进行有价证券和现金之间的转换。

综上所述，最佳现金持有量模型主要包括：成本分析模型、存货模型和随机模型。就企业而言，最佳持有量意味着现金余额为零。但是，基于交易性、预防性和投机性动机的要求，企业又必须保持一定数量的现金，企业能否保持足够的现金余额，对于降低或避免经营风险与财务风险具有重要意义。

三、现金风险控制

现金是企事业单位资产的重要组成部分，也是企业日常经营支付的重要手段。加强现金的管理，对保证企事业单位的正常运转和经营效益意义重大。因此，应建立现金的预算制度，完善内部控制制度，强化现金的保管和控制，实行统一的财务管理，防范资金风险。

（一）建立科学的现金预算制度

现金的日常管理以现金预算为基础，因此，企业应建立科学的现金预算制度。采用合理的方法，如现金收支法、调整净收益法等，结合企业以往的经验，提前编制尽可能准确的现金预算，有助于企业从总体上进行日常现金收支规划，有效降低财务风险。

（二）现金的收益性控制

通常认为，现金是不能带来收益的流动资产。从另一个角度来看，这表明持有过多的现金将会降低企业的收益。因此，为了提高收益，企业必须减少现金持有量。

然而，过少的现金又会增加企业的财务风险。也就是说，现金的收益性控制是指在保证企业日常经营所需、有效控制企业财务风险的前提下，尽可能减少现金持有量。现金收益性控制的具体措施包括：力争现金流量同步化，加速应收账款回收。现金流量同步，是指现金流入与流出在时间与额度上同步，这样可以使交易性余额降至最低水平。加速应收账款回收，是指缩短应收账款的平均收现期，有效权衡增加应收账款投资和延长收账期乃至发生坏账的利弊，制定合理的信用政策，并加速票据交换，尽量避免由于票据传递而延误收取货款的时间。具体可用集中银行法、锁箱法、利用现金浮游量和延迟付款。

（三）现金的安全性控制

现金是流动性最强的资产，也是最容易发生盗窃、挪用等行为的资产。因此，现金的安全性控制非常重要。一般来说，现金的安全性控制包括：账实盘点控制、库存限额控制、岗位分离控制、大额支现审批控制等。其中，账实盘点控制，即对库存现金、银行存款等进行定期盘点，日清月结，严禁擅自挪用、借出货币资金，严禁"白条"抵库，确保企业资产账实相符。如通过编制银行存款余额调节表，实施银行存款的账实定期盘点控制。库存限额控制，即核定企业每日库存现金余额，超过限额的货币资金及时送存银行。这样既可降低货币资金被盗风险，还能高度集中货币资金，便于统筹使用。岗位分离控制，即将不相容岗位分离，相互制约、相互监督。如出纳人员不得兼任稽核、会计档案保管和收入、支出、费用、债权债务账目的登记工作，不得编制银行存款余额调节表；出纳人员连续工作应不超过三年；空白支票、密码与印鉴的保管必须分离；实行回避制度，单位负责人、会计主管人员的直系亲属不得担任出纳工作；严禁未经授权的单位或个人办理货币资金业务及直接接触货币资金，经办人只能在职责范围内，按照审批人的批准意见办理货币资金业务。大额支现审批控制，是指企业应加强对大额支现的柜台监管审查，建立大额提现支现的登记申报、分层审批等管理制度，堵住大额支现漏洞。

案例解析

沃特·迪士尼为了维持日常周转及正常商业活动，必须持有一定数量的现金。同时，持有一定数量的现金还可以应付意外的货币资金支出，把握突然出现的投资获利机会等。然而，沃特·迪士尼公司持有的现金与短期有价证券占其资产的3.1%，如果将其1天的销售收入投资于收益率为3.4%的3个月期商业票据的话，公司的利润将增加745 205美元。也就是说，企业应考虑持有现金的各项成本，包括管理成本、机会成本、转换成本和短缺成本，合理安排现金持有量。根据本任务的专业知识，沃特·迪士尼可以结合其自身实际情况，采用成本分析模型、存货模型或随机模型确定其最佳现金持有量，降低持有现金的成本和风险，提高企业收益。同时，由于现金是流动性最强的资产，沃特·迪士尼还需要建立科学合理的现金预算制度、加强现金的收益性控制和安全性控制，以切实提高企业收益。

任务二 应收账款日常管理

任务目标

1. 理解应收账款管理的重要性；
2. 了解信用政策的构成因素和应收账款的日常管理方法；
3. 能根据有关资料确定对企业最有利的信用政策。

案例导入

四川长虹是 1988 年 6 月由国营长虹机器厂独家发起并控股成立的股份制试点企业；同年 7 月经中国人民银行绵阳市分行批准向社会公开发行普通股 3 600 万元。1994 年 3 月 11 日，四川长虹在上海 A 股上市，每股发行价 1 元，但上市首日开盘价达到 16.80 元，收盘为 19.69 元。1997 年 5 月，四川长虹的股价一度达到 66.18 元/股的历史最高位，长虹的净资产从 3 950 万元迅猛扩张到 133 亿元，成为"中国彩电大王"，"长虹"品牌也成为全国驰名商标。

上市之初，四川长虹的利润连年快速增长，然而在利润高速增长的背后，应收账款也迅速增加，并且应收账款周转率逐年下降，且明显低于其他 3 家彩电业上市公司的同期应收账款周转率。截至 2003 年底，应收账款的期末余额高达 50.84 亿元，而在这笔巨额应收账款中，仅来自 Apex 公司一家的欠款就高达 44.51 亿元。大量的应收账款集中于一家经销商，其风险不言而喻。而在 2002 年年报时，Apex 公司拖欠四川长虹的货款金额为 38.29 亿元，当时就已经受到市场很大的质疑，而公司 2003 年年报应收 Apex 公司的欠款不仅比年初时增加了 6.22 亿元，同时还出现了 9.34 亿元账龄在一年以上的欠款。四川长虹虽已经为此计提了 9 338 万元的坏账准备，但应收账款给公司带来的风险已经开始显现。Apex 公司 1999 年底才在美国市场亮相，公司由季龙粉与徐安克共同创建，主要销售 Apex 品牌的 DVD，但仅用一年时间就超越了索尼和松下等知名品牌，成为美国 DVD 市场的新霸主。然而，Apex 公司虽然表面辉煌，实际经营上却存在着严重的问题。其主要通过小额交易建立信誉，然后用赊账的方式与供应商交易，拖欠了国内多家 DVD 制造商数千万美元的货款。如此一家劣迹斑斑的销售商，却作为四川长虹对美出口最大的经销商，这实在是一个巨大的风险。

2004 年 12 月 14 日，四川长虹以一组与 Apex 于 2004 年 10 月签订的一系列协议为据，向美国加利福尼亚州洛杉矶高等法院申请临时禁止令，要求禁止 Apex 转移资产及修改账目。长虹在上报法院的资料中称，按照"协议"，Apex 共欠长虹 4.72 亿美元货款。自此开始了漫长的追讨历程。2004 年 12 月 28 日，四川长虹发布了年度预亏提示性公告，在公告中首次承认，受应收账款计提和短期投资损失的影响,预计2004年度将出现大的亏损。2005年4月,四川长虹披露的年报报出上市以来的首次亏损,2004年全年实现主营业务收入115.38亿元,同比下降18.36%,全年亏损36.81亿元,每股收益-1.701元。截至2004年底,公司对Apex公司所欠货款按个别认定法计提坏账准备的金额约25.97亿元,该项会计估计变更对2004年利润总额的影响数约为22.36亿元。同时,截至2004年年报披露日,公司逾期未收回的理财本金和收益累计为1.83亿元。2005年3月,四川省绵阳市领导在一个新闻发布会上透露,长虹已经从Apex追回1亿美元。2005年7月,双方达成协议,Apex公司向长虹提供三部分资产抵押作为其部分欠款1.5亿美元的担保。Apex公司抵押的三部分资产:一是Apex公司的不动产;二是Apex及其总裁季龙粉持有的香港创业板上市公司"中华数据广播控股有限公司"的股权;三是Apex商标。三部分资产的抵押登记手续于当月办理完毕。

截至2006年4月22日,长虹发布信息披露,已于2006年4月11日与美国Apex公司及季龙粉三方签署协议,约定Apex公司承担对长虹的1.7亿美元(约13.6亿元)债务,三方由此终止在美国的所有诉讼。该协议经双方确认无异议于2006年4月20日生效。而资料显示,截至2005年年末,四川长虹应收Apex公司的货款为4.576亿美元,累计计提坏账准备3.138亿美元。这意味着,如果Apex公司偿还了长虹1.7亿美元的债务,那么在财务上,长虹将会增加约13.6亿元现金流入,同时公司还能冲掉已计提的坏账准备,此部分保守估计超过2亿元,长虹的每股收益将增加0.11元。

案例思考:企业为什么会产生应收账款?持有应收账款会带来哪些好处?持有应收账款的风险有哪些?如何平衡持有应收账款的优缺点,以持有最合适的应收账款数?如何制定信用政策?如何控制应收账款的日常风险?

任务解构

一、应收账款的概念、功能与产生原因

(一)应收账款的概念

企业销售商品或提供劳务的价款结算方式一般有三种形式:预收款项、交货即付以及赊销。应收账款是指企业对外销售产品或提供劳务,采用赊销方式所形成的尚未收回的由被购货单位或接受劳务单位所占用的款项,是企业流动资产中的一个重要项目,同时也是企业经营活动营运资金中极为重要的一项。信用销售是企业为了扩大销售而采用的一种销售政策,由此而产生的应收账款可以看作是企业的一种投资。企业投资在应收账款上的资金,实际上是给予购货方的信用贷款,其投资的数额大小与公司所制定的信用政策相关,即取决于企业赊销量的大小及赊销期的长短。企业占用在应收账款上的资金越大,时间越长,企业的整体资金利用效率越低,

一般来说应收账款是不产生收益或收益很低的资产。

（二）应收账款的功能

在企业的生产经营活动当中，应收账款是必不可少的，其功能主要是指应收账款在企业的生产经营活动中的作用，主要表现在增加销售和减少存货两个方面。

1. 增加销售。在市场激烈竞争的压力下，企业为了在竞争中处于有利地位，除了提供优质商品、优惠价格和售后服务外，往往采取了赊销和分期收款等手段，以扩大产品销售，提高产品市场占有率。现销方式最大的优点是应计现金流入量与实际流入量完全吻合，既能避免呆坏账损失，又能及时地将收回的款项投入再增值过程，是企业最期望的一种销售结算方式。然而，在激烈的市场竞争条件下，单纯地依赖现销方式往往使企业处于不利境地。由于赊销和分期收款期间相当于企业向客户提供了一笔无息贷款，与现销相比，显然更有吸引力。因此，赊销是一种重要的促销手段，对于企业扩大产品销售、开拓市场、增强企业竞争力都具有重要意义。

2. 减少存货。赊销可以加速产品销售的实现，加快产成品向销售收入的转化速度，自然就减少了企业存货的数量，加快了企业存货的周转速度。一般来说，企业的应收账款所发生的管理费用是比较少的，而存货则需要仓储、保管，由此而发生的存货管理费用、仓储费用和保险费用要远远高于应收账款。另外，在顾客需求日益变化的时代，储存过多的存货往往容易造成存货的过时和滞销，给企业造成的损失更大。因此，当产成品存货较多时，企业可以采用较为优惠的信用条件进行赊销，尽快地实现资产由存货形态向应收账款形态的转化，变持有产成品存货为持有应收账款，以节约各项存货支出。

（三）应收账款产生的原因

1. 商业竞争。商业竞争是应收账款产生的主要原因。在现代市场经济中，存在激烈的市场竞争，赊销是一种重要的促销手段，商品赊销与劳务赊供已成为当代经济的一个基本特征。虽然大多数企业更希望现销而不是赊销，但竞争的压力迫使许多企业提供信用业务即赊销，以稳定自己的销售渠道，增加收入。对于同等的产品价格、类似的质量水平、一样的售后服务，实行赊销的产品的赊销额将大于现金销售的销售额。在赊销期间，客户相当于从企业那里得到了一笔无息贷款；而企业也可以实现拓宽销路、增加销售量的目标，因此许多企业纷纷推出赊销方式以招揽客户。

2. 销售空间的距离拉大。伴随着市场经济竞争手段的多样化，商品交易的数量增多，交易的范围也在日益扩大。由跨市区、跨省发展为跨国界，而且不少中间环节介入其中，使商品发货和收回货款的时间差距也在拉大，存在一定数量的应收账款对于现代企业经营完全是一种正常现象。

3. 销售和收款的时间差距。商品成交的时间和收到货款的时间常常不一致，这也导致了应收账款。尤其对于一般批发和大量生产的企业来说，由于货款结算需要时间，其发货的时间和收到货款的时间往往不一致，由此产生了应收账款。但这种原因而产生的应收账款不属于商业信用，也不是应收账款产生的主要原因。

二、应收账款管理的目的

(一) 应收账款管理不善的弊端

1. 降低企业的资金使用效率和经营效益。根据应收账款的定义,应收账款是由于企业的物流与资金流不一致而产生的一项债权,即企业发出商品,开出销售发票,货款却不能同步回收,而销售已告成立。这种已入账的销售收入没有相应的货款回笼,在权责发生制基础下,会产生销售损益,进而需要上缴销售税金及预缴年内所得税费用,如果涉及跨年度销售收入导致的应收账款,则可产生企业流动资产垫付股东年度分红。如果企业因追求销售收入和利润的增加而产生垫缴税款及垫付股东分红,则会占用企业大量的流动资金(不仅应收账款占用企业流动资金,而且还会因为税费和分红而占用企业资金),久而久之必将影响企业资金的周转,进而导致企业经营实际状况被掩盖,影响企业生产计划、销售计划等,导致无法实现既定的效益目标。

2. 夸大了企业经营成果。由于我国企业记账基础是权责发生制(应收应付制),即发生的当期赊销全部计入当期营业收入。因此,企业的账面上利润的增加并不表示能如期实现的现金流入。在实务当中,企业一般采用账龄分析法和个别计价法相结合的方法于会计期末计提应收账款坏账准备。如果实际发生的坏账损失超过事先提取的坏账准备,会给企业带来很大的损失。因此,企业应收账款的大量存在,将会虚增企业账面上的销售收入,在一定程度上夸大了企业的经营成果,增加了企业的风险成本。

3. 加速了企业的现金流出。赊销虽然能使企业产生较多的销售收入和利润,减少存货并扩大市场份额,但由于现金流和实物流不同步,赊销并未真正使企业现金流入增加。相反,企业因赊销而垫支了存货成本,且可能因实现销售收入而需要上缴销售税金及预缴年内所得税费用,甚至可能因实现销售利润而需垫付股东年度分红。赊销金额越大,垫支的金额也越大。因此,赊销加速了企业的现金流出。

(二) 应收账款管理的目的

应收账款是企业在生产经营活动过程中必不可少的产物。应收账款具有两面性,一方面,企业通过提供商业信用,采取赊销、分期付款等销售方式,不仅可以减少库存商品占用资金,而且可以扩大销售收入,增加市场份额,并增加企业利润;另一方面,较高的应收账款会导致较高的成本发生(包括收账费用、应收账款管理费用和坏账损失)。同时,较高的应收账款意味着有大量资金被占用,从而会影响企业资金的流动性和资金的利用效率。因此,应收账款的管理目的在于:通过应收账款管理既能扩大企业的销售收入、提高其竞争能力,同时,又要尽可能降低在应收账款上的投资成本,并提高企业的流动性。因此,应收账款管理一方面要求企业对客户信誉进行评估,根据其实际情况和客户的信誉情况制定企业合理的信用政策;另一方面,也要求企业根据应收账款的账龄分析和日常监控制定合理的货款回收策略,并在上述信用政策和货款回收策略所增加的销售收入、销售盈利和采用这种信用政策、货款回收策略预计担负的成本间作出权衡，以尽可能达到风险最小化、利益最大化。

三、信用政策的制定

信用政策，是指企业为对应收账款进行规划与控制而确立的基本原则性行为规范，是企业财务政策的一个重要组成部分。企业的信用政策主要包括三个可控制的因素，即信用标准、信用条件和收账政策，主要作用是调节企业应收账款的水平和质量。在上述三个要素中，信用标准的制定最为重要。为了制定合理的信用标准，企业获取必要的信用评估资料，并采用恰当的信用评估方法。只有正确评估客户的信用状况，才能合理地制定企业的信用条件。

（一）信用标准

信用标准是指企业向客户提供商业信用所要求的最低标准，它对于可接受的风险提供了一个基本的判别标准。企业在确定信用标准时，主要考察客户付款的能力，考察客户是否会拖欠货款甚至不付款，并据此判断客户拖欠货款的可能性。如果企业的信用标准过高，表明要求的信用分数很高或者允许的坏账损失率很低，说明企业只对信誉好、预期坏账损失率低的客户赊销商品，这将会减少坏账损失、机会成本和管理成本，但这将使许多客户因信用品质达不到所设的标准而被企业拒之门外，其结果会影响企业市场竞争能力的提高和销售收入的扩大；如果企业放宽信用标准，表明企业要求的信用分数低或者允许的坏账损失率高，虽然可以扩大销售量、提高市场占有率和增加销售利润，但同时也相应地增加了坏账损失以及应收账款管理成本和机会成本。因此，企业应根据生产经营的具体情况，在扩大销售与增加成本之间权衡利弊来确定信用标准，以达到收益最大化的目的。

1. 信用评估资料来源。企业相关人员与客户接触是信息评估资料最为直接的来源，这是通过当面采访、询问、观看、记录等方式获取信用资料的一种方法，这种方法能保证搜集资料的准确性和及时性，但若得不到被调查客户的诚意合作，则会使调查资料不完整或部分失真。除此方法之外，考虑到所收集资料的信息量与所花费的成本和时间，可以采用以下一种或多种资料来源。

（1）财务报表。当一项销售可能发生时，销售方通常会要求查看对方的财务报表（包括资产负债表、利润表、现金流量表、所有者权益变动表和财务报表附注），这也是进行信用分析时最为理想的信用评估资料来源之一。企业应当详细审查和分析客户的财务报表，并计算重要的财务指标，以掌握客户的基本财务状况。一般情况下，拒绝提供财务报表要求的客户会有较差的财务状况，最好能取得经过审计后的财务报表，以对其财务状况作出准确评估。

（2）信用评级资料。目前，许多国家都有专门的信用评估机构，这些机构会定期发布有关企业的信用评级资料。邓白氏咨询公司（Dun & Bradstreet，D&B）[①] 是

---

① 邓白氏评级因素（Dun & Bradstreet Rating Key），邓白氏评级是被广泛采用的用来表示公司规模和综合信用评价的工具。

所有信用评估机构中最知名和最全面的，它可以提供大量商业企业的信用评级。D&B 评级为财务分析者提供了有关净价值规模的估计和特定规模公司的信用评价，从"高=1"到"有限=4"分为四等。除了提供信用评级服务外，D&B 还提供各公司的信用报告，其内容包括公司及其主要高级职员的简历、经营业务的性质、某些财务信息，以及与供应商的交易记录，包括公司付款是否取得折扣、准时付款还是延期付款。目前我国的信用评估机构有三种形式：一是独立的社会评估机构，它们只根据自身的业务吸收有关专家参加，不受行政干预和集团利益的牵制，独立地开展信用评估业务；二是中国人民银行组织的评估机构，一般吸收专业银行和各部门的专家进行评估；三是商业银行组织的评估机构，由商业银行组织专家对客户进行评估。在信用评级方面，目前有两种：一是三类九级制，即从最优等级到最差等级把企业的信用情况分为 AAA、AA、A、BBB、BB、B、CCC、CC、C 九等；二是三级制，即从优到差分为 AAA、AA、A 三级。专门的信用评估部门，由于其评估方法先进、调查细致、程序合理、可信度较高，因而其评估结论可信度较高。

（3）银行证明。银行证明也是信用评估资料的一个重要来源。许多银行都设有信用部门，向那些寻求获得商业信用记录的客户提供相应的信息证明服务。当企业与其客户进行交易之前，为了制定合理的信用政策和授信额度，可要求客户出具相应的银行证明，以证明其信用状况。客户通过向其开户银行打电话或写信，由其开户银行出具一些有关其信用状况的证明材料，如客户在银行的平均现金余额、贷款余额和贷款历史等甚至更为广泛的信用信息。

（4）企业间证明。一般而言，企业的每一个客户对外会同时拥有多个供货单位，所以企业可以通过与同一客户有关的各供货企业交换信用资料，比如交易往来的持续时间、提供信用的条件、数额以及客户支付货款的及时程度等信息，来获取客户的信用资料。客户的其他供货单位出具的书面证明，再加上企业自身必要的调查和了解，可为企业对客户信用状况作出客观合理的评价奠定良好的基础。

（5）其他方面。除客户的财务报表、信用评级部门的评级、银行证明和企业间证明外，企业还可从其他渠道获取客户的信用状况资料，如财税部门、消费者协会、工商管理部门、企业的上级主管部门、证券交易部门等，都可作为了解客户信用状况的渠道。另外，书籍、报纸、杂志等也可提供有关客户的信用情况。

2. 定性方法——"5C"评估法。信用标准是指顾客获得企业的交易信用所应具备的条件。如果顾客达不到信用标准，便不能享受企业的信用或只能享受较低的信用优惠。信用分析，企业在设定某一顾客的信用标准时，往往先要评估其赖账的可能性。企业在收集好客户的信用资料后，要对这些资料进行分析，并对客户的信用状况进行评估。信用评估的方法很多，其中最常用的有"5C"评估法和信用评分法。"5C"评估法就是对客户信用的 5 个方面进行评估，即品质（Character）、能力（Capacity）、资本（Capital）、抵押（Collateral）和条件（Condition）。

（1）品质（Character）：指客户的信誉，即履行其偿债义务的可能性。该因素在信用评估中最重要，被认为是评价客户信用品质的首要因素。因为每一笔信用交易中都隐含着客户对企业的付款承诺,如果客户没有付款的诚意,则应收账款的风险必然加大,品质直接决定了应收账款的回收速度和回收数额。

(2) 能力 (Capacity):指客户偿债的财务能力。它可以根据客户的资产负债表来分析其短期偿债能力后进行评价。着重了解客户的流动资产数量、质量以及流动负债的性质,计算流动比率和速动比率,同时辅以实地观察客户日常运营状况并进行评价。

(3) 资本 (Capital):指客户的财务实力和财务状况。通常是通过对客户的负债比率、流动比率、速动比率以及赚得利息倍数等财务比率的分析指标来判断。

(4) 抵押 (Collateral):指客户拒付款项或无力支付款项时能被用作抵押的资产,即客户提供作为授信安全保证的资产。企业在不了解客户品质的情况下,可以凭客户提供的抵押品给予其商业信用,客户提供的抵押品越充分,信用安全保障就越大。

(5) 条件 (Condition):指可能影响客户付款能力的经济环境,包括当前客户付款的经济环境;客户过去在经济萧条时能否付清货款等;如万一出现经济不景气,会对客户的付款产生什么影响,客户会如何做,等等。

以上五个方面也是企业搜集客户信用资料的重点,在进行了上述"5C"的评价后,基本对客户的综合信用品质进行了评估,为最后决定是否向客户提供商业信用做好了准备。对综合评价高的客户,企业可以放宽标准,而对综合评价低的客户就要严格信用标准,以保证企业的安全性。

3. 定量方法——信用评分法。如前所述,"5C"评估法是对客户的信用状况进行定性评估的方法,为避免信用评价人员的主观性,在对客户信用状况进行定性分析的基础上,还有必要对客户的信用风险进行定量分析,信用评分法就是在这种思想下产生的。信用评分法是一种从数量分析的角度来评估客户信用的一种方法,采用信用评分法首先要对客户的一系列财务比率和信用情况指标进行评分,然后加权平均,计算出客户的综合信用分数,并据此进行信用评估的方法。信用评分法的基本公式为:

$$Z = \sum W_i \times X_i$$

其中,Z 为某公司的信用评分;W_i 为事先拟定的对第 i 种财务比率和信用指标进行加权的权数;X_i 为第 i 种财务比率或信用指标的评分。

式中的财务比率或信用指标可以是流动比率、资产负债率、利息保障倍数、销售利润率、信用评估等级、付款历史、资信调查、未来发展趋势等,究竟要选取哪些指标,可由评估人员根据历史经验进行调整。计算出信用评分后,还需要设立了一个区分优劣信用风险的得分点。如果受评人的信用得分高于得分点的最低分数,就授予信用,否则予以拒绝。但有时信用评分系统并不能完全准确识别信用风险的优劣,或当信用受评人的信用得分介于优劣之间的模糊区域时,信用分析者就应该进一步测算各种指标,以作出准确的决策。

信用评分法是一种广泛运用的统计方法,在实际使用时,可根据需要增加或减少一些变量。如美国的汉欧制造公司通过对其过去 500 家客户的资信情况进行分析，发现其中 400 家能按时付款，但其他 100 家有些不能按时付款，有些客户破产，根本无法付款。进一步分析发现，影响客户即期付款的因素主要有：客户的利息保障倍数、速动比率、债务资产比率和公司的经营年限。在此基础上，汉欧公司将反映财务状况的各个变量因素与记载客户迟付或拒付的原始记录联系起来，并给有关变量因素确定相应的权数，计算反映信用受评人信用质量的评估分数。其公式如下：

$$S = 3.5 \times X_1 - 10 \times X_2 + 25 \times X_3 + 1.3 \times X_4$$

式中，S 为信用评价分数；X_1 为收益利息倍数，X_2 为速动比率，X_3 为债务资产比率，X_4 为企业经营年限。

也有些企业采用下面的公式：

$$S = 2 \times X_1 - 0.3 \times X_2 + 0.1 \times X_3 + 0.6 \times X_4$$

式中，S 为信用分值，X_1 为净营运资本/销售额，X_2 为负债/资产，X_3 为资产/销售额，X_4 为净利润率。

（二）信用条件

信用标准是决定是否给予客户提供商业信用的一道门槛，只有符合要求的客户才能通过这道门槛。但是，一旦给客户提供了商业信用，企业就需要考虑客户支付应收账款的具体条件，也就是信用条件。信用条件是指扩展信用期间和提供现金折扣的条件，包括信用期间和现金折扣。信用条件通常表示为"a/b, n/c"，其含义是若客户在发票开出后 b 天内付款，可以享受 a% 的现金折扣，如果客户放弃现金折扣，客户也必须在 c 天之内付清全部款项。该信用条件是：c 天为信用期限，b 天为折扣期限，a% 为现金折扣。

1. 信用期间。信用期间又称信用期或授信期，是指企业提供给客户从购买货物到最后支付货款的限定时间。客户必须在信用期间内支付货款，超过信用期间尚未支付货款即属于违约。信用期间是企业信用政策的一项重要内容，对企业的产品销售量及应收账款的资金占用额都会产生影响，因此企业必须慎重研究，确定出恰当的信用期。信用期的确定，主要分析改变现行信用期对收入和成本的影响。通常，延长信用期限，可以在一定程度上增大销售量，从而增加毛利；但不适当地延长信用期，不仅会使应收账款平均收账期延长，应收账款占用资金增加，进而引起应收账款资金成本的增加，而且会引起坏账损失的增加。相反，缩短信用期间，在一定程度上可以加快应收账款的回收速度，占用在应收账款上的资金相应减少，并减少应收账款成本；但是不适当缩短信用期间，也会在一定程度上引起产品销售收入的下降。因此，企业必须有效权衡延长信用期限所引起的利弊得失，以便作出正确的决策。一般来说，如果企业延长信用期限所增加的边际收入大于增加的边际成本，就可以采用延长信用期间的信用条件，否则，就不应当延长信用期间。

下面举例说明制定信用期间的一般程序。

【例 7-4】某公司现在采用 30 天按发票金额付款的信用政策，拟将信用期延长至 60 天。假设该公司的变动成本率为 80%，固定成本为 50 000 元，应收账款投资的机会成本为15%，其他有关数据如表7-2所示。

表7-2　　　　　　　　　应收账款数据表　　　　　　　　　单位：元

项目	信用期 30天	60天
销售额	500 000	600 000
管理费用	3 000	4 000
坏账损失	5 000	9 000
平均收账期	30天	60天

在分析时，先计算放宽信用期限所得的收益，然后计算增加的各项成本，最后比较增加的收益和增加的成本之和，当前者大于后者时，可延长信用期，反之，则不应延长信用期。

（1）收益的增加。

收益的增加 = 增加的销售额 × 单位边际贡献率
　　　　　 = (600 000 - 500 000) × (1 - 80%) = 20 000（元）

（2）应收账款占用资金的应计利息增加。

应收账款应计利息 = 应收账款占用资金 × 资金成本

应收账款占用资金 = 应收账款平均余额 × 变动成本率

应收账款平均余额 = 日销售额 × 平均收账期

30天信用期应计利息 = (500 000/360) × 30 × 80% × 15% = 5 000（元）

60天信用期应计利息 = (600 000/360) × 60 × 80% × 15% = 12 000（元）

（3）管理费用和坏账损失的增加。

管理费用增加 = 4 000 - 3 000 = 1 000（元）

坏账损失增加 = 9 000 - 5 000 = 4 000（元）

（4）改变信用期的税前收益。

收益增加 - 成本费用增加 = 20 000 - (12 000 - 5 000 + 1 000 + 4 000) = 8 000（元）

由于收益的增加大于成本的增加，故应采取60天的信用期。

上述信用期间分析的方法比较简略，可以满足一般制定信用政策的需要。如有必要，也可以进行更细致的分析，如进一步考虑销货增加引起存货增加而多占用的资金等。

2. 现金折扣。企业为了尽快收回货款，加速资金周转，减少应收账款成本，可以在信用期间内规定一个优惠期间，如果客户在优惠期间内支付货款，可以享受一定比率的折扣，这种折扣就是现金折扣，优惠期间就是折扣期间。向客户提供这种价格上的优惠，主要目的在于吸引客户为享受优惠而提前付款，从而缩短应收账款平均收款期，减少应收账款成本，提高资金周转速度。另外，现金折扣也能招揽一些视折扣为减价出售的客户前来购货，借此企业可以扩大销售量。但是，现金折扣会使企业的成本增加，主要是指价格折扣损失。当企业给予客户某种现金折扣时，应当考虑折扣所能带来的收益与成本孰高孰低，权衡利弊。如果提供现金折扣的成本小于其带来的收益，提供现金折扣就是合理的；反之，如果提供现金折扣的成本大于其带来的收益，提供现金折扣就是不合理的。

企业要采用什么程度的现金折扣，要与信用期间结合起来考虑。比如，要求客户最迟不超过 30 天付款，如希望客户 20 天、10 天内付款，能给予多大的折扣？或者给予 5%、3% 的折扣，能吸引客户在多少天内付款？因为现金折扣是与折扣期间、信用期间结合使用的，所以确定折扣程度的方法与程序实际上与前述确定信用期间的方法与程序一致，只不过把所提供的延期付款的时间和折扣综合起来看各方案的延期与折扣能取得多大的收益增量，并计算各方案带来的成本变化，最终确定最佳方案。

下面举例说明制定现金折扣政策和信用期间的一般程序。

【例 7-5】某公司拟定了信用条件不同的三套方案，假定享受现金折扣的客户比例为 60%，应收账款投资的机会成本为 15%，其他资料如表 7-3 所示。

表 7-3　　　　　　　　信用条件决策计算分析表　　　　　　　　单位：元

项目　＼　方案　信用条件	A	B	C
	N/60	3/30，N/60	2/40，N/60
销售单价	80	80	80
赊销量	10 000	10 500	11 000
赊销额	800 000	824 880	869 440
单位变动成本	50	50	50
边际利润总额	300 000	299 800	319 440
平均收账期	70 天	40 天	50 天
应收账款平均余额	155 556	91 653	120 756
应收账款占用资金	97 223	58 333	76 389
应收账款应计利息	14 583	8 750	11 458
管理费用	40 000	20 000	30 000
坏账损失额	20 000	10 000	18 000
应收账款投资收益额	225 417	261 130	259 982

表 7-3 中有关数据的计算公式如下：

赊销额 = 销售单价 × 赊销量 × (1 - 现金折扣率 × 享受折扣客户比例)

边际利润总额 = 赊销收入 - 单位变动成本 × 赊销量

应收账款平均余额 = 赊销额/360 × 平均收账期

应收账款占用资金 = 应收账款平均余额 × 变动成本率

其中，在提供现金折扣的情况下，变动成本率要用加权平均法计算，即以实际取得的销售收入额作为计算变动成本率的分母。

在信用条件为 N/60 时，变动成本率 = 5/8 × 100% = 62.50%

在信用条件为（3/30，N/60）时，变动成本率 = 10 500 × 50/824 880 × 100% = 63.6456%

在信用条件为（2/40，N/60）时，变动成本率 = 11 000 × 50/869 440 × 100% = 63.2591%

应收账款应计利息 = 应收账款占用资金 × 资金成本

应收账款投资收益额 = 边际利润总额 – 应收账款应计利息 – 管理费用 – 坏账损失额

根据表 7-3 的计算结果可知，方案 B 为最佳方案。

（三）收账政策

收账政策是当应收账款过期时，企业收账采取的程序和方法。比如对于过期 20 天以内的应收账款以函件催缴；过期 20 天以上 60 天以内的应收账款以函件和电话同时催缴；过期 60 天以上半年以内的应收账款派员催收；过期半年以上的应收账款则移交收账机构处理或诉诸法律解决。企业向客户提供商业信用时，必须考虑三个问题：第一，客户是否会拖欠或拒付账款，程度如何；第二，怎样最大限度地防止客户拖欠账款；第三，一旦账款遭到拖欠甚至拒付，企业应采取怎样的对策。前两个问题的解决主要靠信用调查、信用评估和严格信用审批制度。第三个问题则必须通过制定完善的收账政策，采取有效的收账措施予以解决。企业对拖欠的应收账款，无论采用何种方式进行催收，都需要付出一定的代价，即收账费用。如收款所花的邮电通讯费，派专人收款的差旅费和不得已时的法律诉讼费等。如果企业制定的收账政策过宽，会导致逾期未付款项的客户拖延时间更长，增加应收账款的资金占用和坏账损失，当然，此时发生的收账成本比较低；如果企业的收账政策过严，可能会在一定程度上减少应收账款的资金占用，减少坏账损失，但是会增加收账成本，并且很有可能伤害无意拖欠的客户，影响企业未来的销售和利润。因此，制定收账政策就是要在增加收账费用与减少坏账损失、减少应收账款上的资金占用之间进行权衡，掌握好宽严尺度。一般而言，企业加强应收账款收款管理，可以减少坏账损失，但却会增加收账费用，但坏账损失与收账费用两者之间不是呈线性关系，二者的关系如图 7-4 所示。

从图 7-4 可以看出，当收账费用增加时，坏账损失随之减少。但在投入收账费用的初期，坏账损失的降低并不明显；而当收账费用逐渐增加时，坏账损失开始有大幅度的下降；随着收账费用的进一步增加，坏账损失减少的速度开始下降。当收账费用增加到图 7-4 的 P 点时，追加收账费用对降低坏账损失的影响就不再明显，这一点即为"饱和点"。这说明企业在制定收账政策时，应当考虑饱和点问题，一味地增加收账费用，有时是得不偿失的。

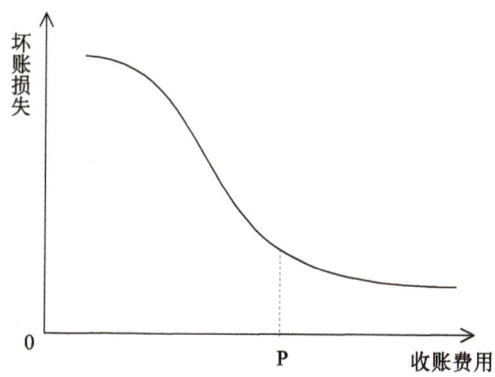

图 7-4　收账费用与坏账损失的关系图

【例 7-6】某公司是一个商业企业,由于目前的收账政策过于严厉,不利于扩大销售,且收账费用较高,该公司正在研究修订现行的收账政策。现有 A 和 B 两个放宽收账政策的备选方案,已知该公司的变动成本率为 80%,风险投资的最低报酬率为 10%。有关数据及计算分析过程如表 7-4 所示。

应收账款平均余额 = 赊销额/360 × 平均收账期

表 7-4　　　　收账方案决策计算分析表　　　　单位:万元

项目 \ 收账方案	现行方案	A 方案	B 方案
年赊销总额	2 500	2 600	3 000
销售额增加	—	100	500
边际贡献增加	—	20	100
固定成本	100	110	120
固定成本增加	—	10	20
毛收益增加	—	10	80
平均收账期	45 天	72 天	90 天
应收账款平均余额	312.5	520	750
新方案增加机会成本	—	(520 − 312.5) × 80% × 10% = 16.6	(750 − 312.5) × 80% × 10% = 35
每年收账费用	40	20	10
新方案减少收账费用	—	20	30
坏账损失率	2%	2.5%	3%
坏账损失	50	65	90
新方案增加坏账损失	—	15	40
新方案净收益	—	10 − 16.6 + 20 − 15 = −1.6	80 − 35 + 30 − 40 = 35

由表 7-4 中的计算可知，由现行方案改变为 A 方案，毛收益增加 10 万元，收账费用减少 20 万元，机会成本增加 16.6 万元，坏账损失增加 15 万元，净收益为 -1.6 万元；如由现行方案改变为 B 方案，毛收益增加 80 万元，收账费用减少 30 万元，机会成本增加 35 万元，坏账损失增加 40 万元，净收益为 35 万元，故应采纳 B 方案。

四、应收账款风险控制

在制定了一定时期的信用政策之后，必须加强应收账款的日常管理，以保证既定信用政策预期效益的实现。应收账款的日常管理可以用一个包括客户资信管理制度、授信业务管理制度以及应收账款监控制度的综合信用管理流程来概括。客户资信管理制度也就是应收账款的事前控制，主要是指信用评估方法；授信业务管理制度也就是应收账款的事中控制，主要是指信用政策制定方法；应收账款监控制度也就是应收账款事后控制，主要是指账龄控制与收账政策。

（一）客户资信管理制度

客户资信管理制度主要是指根据收集的客户信用资料，采用一定的信用评估方法，对特定客户的信用状况进行评估和分级。其中，客户信用资料的收集是基础，企业相关人员与客户接触是信息评估资料最为直接的来源。除此方法之外，考虑到所收集资料的信息量与所花费的成本和时间，可以采用以下一种或多种资料来源：客户的财务报表，相关的信用评级资料，银行证明，企业间证明和其他方面的资料。评估方法包括定性评估方法——"5C"评估法和定量评估方法——信用评分法。

（二）授信业务管理制度

授信业务管理制度包括确定是否给予客户信用和给予客户多少信用，即信用额度。在确定是否给予客户信用时，可通过确定信用批量分界点的方式进行决策。在确定信用额度时，需要企业根据特定客户的信用状况进行综合决策。

1. 确定信用批量分界点。信用批量分界点是指提供商业信用所带来的收益与费用损失相等的商品订购数量，只有当客户的订购数量超过该分界点时提供商业信用才有意义，否则，不应给予商业信用。由于各客户的信用品质不同，不同商品的变动成本率不同，故商业信用批量分界点应按具体商品、客户分别测算。确定信用批量分界点的步骤如下：

第一步，确定各信用等级的有关指标。

某公司根据以往的经验，确定的各类客户的信用等级资料如表 7-5 所示。

表 7-5　　　　　　　　　信用等级的有关指标

信用等级	平均收账期（天）	应收账款管理费用（元）	坏账损失率（%）
A	30	80	3
B	50	300	10
C	80	1 000	20
D（新客户）	60	500	14

根据上述划分标准，可确定特定客户所属的信用等级。

第二步，计算给予某客户商业信用的有关费用（即信用成本），信用成本由坏账损失、应收账款投资机会成本和应收账款管理费用三部分组成。

第三步，计算给予特定客户商业信用的收益额（边际利润额）。

第四步，计算该客户的商业信用批量分界点。

【例7-7】某客户信用等级为B等，有关资料见表7-5。该客户欲订购企业生产的A产品，单价120元，变动成本率为70%，边际利润率为30%，应收账款投资报酬率为18%。

假设该客户的信用批量分界点为X件，令：商业信用成本 = 提供商业信用的收益额，即：应收账款坏账损失 + 应收账款机会成本 + 应收账款管理费用 = 应收账款边际利润，则：

$120 \times X \times 10\% + 120 \times 70\% \times X \times 60/360 \times 18\% + 300 = 120 \times X \times 30\%$

解方程得出：X = 13.9665 件

因此，只有当该客户的订货批量达到14件时，给予该客户商业信用的边际利润才会大于给予商业信用造成的有关费用之和，即应该接受其订单并给予商业信用。

这种方法较为严密，但工作量大，故只适用于订货次数较少的客户。

2. 确定信用额度。信用额度是指在一定时期内对某一客户提供商业信用的最高额度。当某一客户在一定时期内有连续多次且不同商品的订单时，为了避免逐一计算信用批量分界点的工作，往往根据其信用等级资料核定一个总的"信用额度"，只要客户的应收账款余额没有超过该额度，企业就可以接受订单，提供商业信用。当然，提供商业信用后，该客户的应收账款余额仍应控制在"信用额度"之内，否则，就应提供较少的信用额度。信用额度可依具体客户的信用品质的变化而升降。由此可见，信用额度实质上是企业愿意对某一客户承担的最大信用风险，它与特定客户一定时期的信用状况紧密相关，故应根据不同客户或同一客户不同时期的信用品质来具体核定。

（三）应收账款监控制度

1. 应收账款的账龄分析。应收账款的回收是应收账款日常管理中最关键的一环。企业已经发生的应收账款时间有长有短，有的尚未超过收款期，有的则超过了收款期。一般来说，拖欠时间越长，应收账款收回的可能性就越小，形成坏账的可能性就越大。若赊销后不能如期收回应收账款，则无法实现增加销售的收益和将信用成本控制在预期的范围内，既定的信用政策无法落实，严重的呆账损失将使企业陷入财务困境，甚至引发偿债能力不足的危机。应收账款回收的重点在于加强对超出信用期的应收账款的回收，目的在于尽量减少坏账损失。账龄分析表是一种加强应收账款回收的较好的工具，即通过编制应收账款的账龄分析表，反映不同账龄的应收账款所占的比例与金额，以便对应收账款的回收情况进行有效的控制。账龄分析与监控是应收账款监控制度的内容之一，属于应收账款事后控制。通过账龄分析与监控，企业可以了解到如下信息：（1）有多少客户在折扣期限内付款；（2）有多少客户在信用期限内付款；(3) 有多少客户在信用期限过后才付款；(4) 有多少应收账款拖欠的时间太久，可能成为坏账。企业财务部门应当经常进行账龄分析及应收账款的实时监控，及时了解企业应收账款的回收情况和发展趋势。如果账龄分析结果显示企业的应收账款的账龄开始延长或者过期账户所占比例逐渐增加，那么就必须及时采取措施，调整企业信用政策。

账龄分析是通过编制账龄分析表来显示应收账款账龄长短的一种方法。进行账龄分析与监控，首先应编制账龄分析表，其一般格式如表7-6所示。

表7-6　　　　　　　　　　　账龄分析表

应收账款账龄	账户数量	金额（万元）	百分率（%）
信用期内	200	8	40
逾期1~20天	100	4	20
逾期21~40天	50	2	10
逾期41~60天	30	2	10
逾期61~80天	20	2	10
逾期81~100天	15	1	5
逾期100天以上	5	1	5
合计	—	20	100

通过对应收账款账龄进行分析，可以获得以下信息：

(1) 有多少欠款尚在信用期内。表7-6显示，有80 000元的应收账款处在信用期内，占全部应收账款的40%。这些款项未到偿付期，欠款是正常的；但到期后能否收回，还要待时再定，故及时的监督仍是必要的。

(2) 有多少欠款超过了信用期，超过时间长短的款项各占多少，有多少欠款会因拖欠时间太久而可能成为坏账。表7-6显示，有120 000元的应收账已超过了信用期，占全部应收账款的60%。其中拖欠时间较短的（20天内）有40 000元，占全部应收账款的20%，这部分欠款收回的可能性很大；拖欠时间较长的（21~100天）有70 000元，占全部应收账款的35%，这部分欠款的回收有一定的难度；拖欠时间很长的（100天以上）有10 000元，占全部应收账款的5%，这部分欠款有可能成为坏账。对不同拖欠时间的应收账款，企业应采取不同的收账方法，制定出经济、可行的收账政策；对可能发生的坏账损失，应提前做好准备，充分估计这一因素对企业损益的影响。

企业通过账龄分析表了解到客户应收账款账龄的长短，并按照应收账款是否逾期和逾期时间的长短进行分类，将不同类型的应收账款分别配属不同部门进行管理，采取有针对性的策略，这便是应收账款账龄分级管理（见表7-7）。

表 7-7　　　　　　　　　　　应收账款的分级管理表

账龄	分类等级	负责部门	采取的策略
信用期内早期	未到期应收账款	销售业务部门	沟通提示
信用期内晚期	预警期应收账款	销售业务部门	提醒
信用期结束	到期应收账款	销售业务部门	通知
逾期 1~60 天	早期逾期应收账款	销售业务部门	礼节性催收
逾期 61~90 天	最后通牒期应收账款	信用部门	加紧催收
逾期 91~180 天	专门追账期应收账款	信用部门	严厉催收
逾期 181~360 天	诉讼期应收账款	法律部门	最终手段
逾期 360 天以上	坏账准备	信用及财务部门	放弃催收

2. 应收账款的回款策略。回款策略也即收账政策，它属于信用政策的内容之一，同时也是应收账款事后控制的一项重要工作，制定回款策略的关键是确定合理的收账程序以及合理的回款方法。回收账款的程序一般是：信函通知→电话催收→派员面谈→法律行动。当顾客拖欠账款时，要先给顾客一封有礼貌的通知信件；接着，可寄出一封措辞较直率的信件；进一步则可通过电话催收；如再无效，企业的收账员可直接与顾客面谈，协商解决；如谈判不成，则可能采取法律行动。

客户拖延付款是有很多原因的，一般可分为故意拖延和无力付款。故意拖延是指客户本身的信用品质较差，虽然具有付款能力，但为了本身利益，想尽办法故意不付款；无力付款是指客户本身具有良好的信用品质，但是客户由于管理经营不善，引至临时的财务困难，未能按时付款，或因陷入财务困境而无力支付货款。第一种情况往往是企业在提供商业信用时，对客户调查不周、审查不严所致。如果发生这种情况企业有必要采取适当的讨债行动，以达到收款目的。常见的讨债方法有讲理法、恻隐术法、疲劳战法、激将法、软硬术法等。如若不行，则通过法律程序予以解决。当然，不管采用何种措施，都应符合成本效益原则。对于第二种情况，企业需要对客户拖延付款进行详细的分析，再决定能否再予延期付款，不可盲目采取过于严厉的收款政策，否则会影响与客户之间建立良好的业务关系，不利于以后的销售。尤其是客户确实遇到暂时性的困难，经过努力可以东山再起，对于这种情况企业应帮助客户渡过难关，以便收回较多的账款，例如企业可以采取双方协商的方法解决，适当地延长客户的信用期限，彼此达成谅解，稳定与客户的业务关系。如果对方因陷入财务困境而无力支付货款，则应通过法律程序解决，当然，若诉讼费用过于昂贵，则应选择将该笔应收账款作为坏账注销。

案例解析

应收账款是指企业对外销售产品或提供劳务，采用赊销方式所形成的尚未收回的由被购货单位或接受劳务单位所占用的款项，是企业流动资产中的一个重要项目，同时也是企业经营活动营运资金中极为重要的一项。四川长虹通过赊销有效地增加了销售量、拓展了市场份额，使得利润连年快速增长，然而赊销也使得其应收账款周转率逐年下降。截至2003年底，应收账款的期末余额高达50.84亿元，而在这笔巨额应收账款中，仅来自Apex公司一家的欠款就高达44.51亿元，且因Apex经营亏损、转移资产及修改账目等，使得四川长虹于2005年4月披露的年报报出上市以来的首次亏损。截至2004年底，公司对Apex公司所欠货款按个别认定法计提坏账准备的金额约25.97亿元，该项会计估计变更对2004年利润总额的影响数约为22.36亿元。从该案例可以看出，虽然应收账款能带来一定好处，但四川长虹因应收账款管理不善，给企业带来了巨额损失。因此，企业应充分考虑应收账款的风险，如降低企业的资金使用效率和经营效益、夸大企业经营成果、加速企业的现金流出，在风险和收益之间进行有效权衡。通过事前、事中和事后的有效管控，切实降低应收账款的风险，充分利用其带来的好处，提高企业效益。在事前，应制定有效的信用政策。首先，从客户财务报表、信用评级资料、银行证明、企业间证明等途径收取客户信用状况的资料，然后，运用定性方法——"5C"评估法和定量方法——信用评分法对客户的资信状况进行评价。在事中，应制定合理的信用条件：如根据不同信用期下带来的收益增加、利息增加、管理费用和坏账损失增加等计算对企业最有利的信用期间。根据不同现金折扣力度下企业的收益增加和费用增加计算对企业最有利的现金折扣和折扣期限。在事后，还应制定合理的收账政策：如对于过期20天以内的应收账款以函件催缴；过期20天以上60天以内的应收账款以函件和电话同时催缴；过期60天以上半年以内的应收账款派员催收；过期半年以上的应收账款则移交收账机构处理或诉诸法律解决。最后，还应加强对应收账款的风险管理，包括建立客户资信管理制度、授信业务管理制度和应收账款监控制度。

任务三 存货日常管理

任务目标

1. 理解持有存货的原因；
2. 了解持有存货的各种成本及经济订货批量、订货点和最佳安全储备量的含义；
3. 能根据有关资料确定不同情况下的经济批量以及不同情况下的订货点。

案例导入

戴尔公司由年仅19岁的迈克尔·戴尔于1984年创立。它是总部位于美国德克萨斯州朗德罗克的世界五百强企业，其涉及的产品包括服务器、存储产品、工作站、笔记本电脑、台式机、网络产品、软件及外设产品等。目前，戴尔公司已成为全球领先的计算机系统直销商，在商业、教育、政府等许多领域都占有一席之地。在竞争尤为激烈的IT行业中，戴尔公司以"零库存"管理模式取得骄人的业绩。

戴尔公司的"零库存"经营管理模式是：按照客户提出的配置要求制造计算机，然后由专业的物流公司直接向客户发货，即直销和定制。这种直销商业模式消除了中间商、减少了不必要的成本和时间，因而能以较其他公司更低廉的价格为客户提供各种产品。戴尔公司的"零库存"管理模式可以归纳为以下几点。

第一，坚持直销和定制。所谓直销，是指绕过传统的批发商和零售渠道来销售商品和服务，即直接与客户联系，从客户那里取得其所需配置的订单，由企业按照订单进行生产。戴尔公司除了与客户面对面进行直销，还通过建立网上销售渠道，进一步推行直销模式。在美国，戴尔公司的网上销售额已占销售总额的近一半。直销模式的实施，节省了很多在销售渠道、代理商等方面的开支，能使企业提供更便宜、质量更优的产品。

第二，摒弃库存，以信息代替存货。摒弃库存是戴尔经营模式的核心，"零库存"并不意味着没有库存。戴尔公司的经营模式就是，保持低库存、利用供应商的库存，所以其低库存被称为"零库存"，这只是导向性的概念，不是企业实际操作中的概念。数据显示，戴尔的库存时间比联想少18天，效率却比联想高90%。戴尔很注意寻找降低库存的方法，例如精确预测最低库存量、每周召开供需平衡会议。在会议上，来自销售、营销、制造和采购等部门的业务经理一起制订具体的行动计划。这样，在对客户需求和市场趋势作出正确反映和预测的同时，也增强了库存的流动性。

第三，与客户结盟，包括与用户结盟和与供应商结盟。戴尔公司一直坚持将客户作为企业生产经营活动的中心，坚持深入地研究客户、了解客户，而不是竞争对手。一方面，与客户建立直接的联系，可以让客户方便地找到他们所需要的配置。这样，戴尔的客户就可以得到完全符合自己要求的产品。另一方面，戴尔还对客户进行细分，对客户实行动态、有效的管理，从而加深对客户的认识和了解，可以在日后准确地预测客户的需求。戴尔公司与供应商原料进货之间的联结是其成功的关键。戴尔公司几乎每天都要与主要供应商分别交流一次或多次信息，让他们了解戴尔的动态以及对未来的看法和策略。通过对供应商库存的充分利用，来降低自己的库存，并把主要精力放在凝聚订单上。所以，戴尔公司的"零库存"是基于与供应商的"零距离"之上的。不难看出，戴尔公司的"摒弃库存"，其实是一种导向，提倡的就是"减少不必要的开支"。在千方百计地满足客户的产品需要的同时又可以尽可能地保持较低的库存水平。

在不到20年的时间里，戴尔公司从白手起家迅速扩张到250亿美元的规模。即使在美国经济低迷、惠普等竞争对手纷纷裁员减产的情况下，戴尔仍以两位数的速度发展。该公司负责物流配送的副总裁迪克·亨特一语道破戴尔成功的天机："我们只保存可供5天销售的存货，而我们的竞争对手则保存30天、45

天,甚至 90 天的存货,这就是区别。"(资料来源于曹文:"企业存货管理的新模式——以戴尔集团为例",《辽宁工业大学学报》(社会科学版),2013 年第 3 期)

案例思考:企业为什么需要持有存货,持有存货的好处有哪些?持有存货会带来哪些成本?持有多少存货最合适?如何确定存货的订货时间和订货批量?如何控制存货的日常风险?

任务解构

一、存货的定义、分类和功能

(一)存货的定义

根据《企业会计准则第 1 号——存货》的规定,存货是指企业在正常生产经营过程中持有以备出售的产成品或商品,处在生产过程中的在产品,在生产过程或提供劳务过程中耗用的材料和物料等。存货属于企业的流动资产,在很多企业中,存货占流动资产的比重很大。企业存货必须同时满足以下两个条件时,才能确认:一是与该存货有关的经济利益很可能流入企业;二是该存货的成本能够可靠地计量。存货是企业在生产经营中必不可少的流动资产之一。例如,工厂储备原材料,为其顺利实施生产计划奠定基础;一家商店从批发商手中采购商品,并且对这些商品储存,直到商店最终把商品卖到客户手中;对于一家银行来说,保证适当的现金储备,以应付每天的金融交易,也是至关重要的。

(二)存货的分类

从不同的角度,可以对存货进行多种不同的分类。

1. 按存货在生产和配送过程中所处的状态分类,存货可分为:原材料存货、在产品存货、半成品存货和产成品存货。其中,原材料存货是指企业在生产过程中经加工改变其形态或性质并构成产品主要实体的各种原料及主要材料、辅助材料、外购半成品(外购件)、修理用备件(备品备件)、包装材料、燃料等。在产品存货是指企业正在制造尚未完工的产品,包括正在各个生产工序加工的产品和已加工完毕但尚未检验或已检验但尚未办理入库手续的产品。半成品是指经过一定生产过程并已检验合格交付半成品仓库保管,但尚未制造完工成为产成品,仍需进一步加工的中间产品。半成品不包括从一个生产车间转给另一个生产车间待继续加工的在产品以及不能单独计算成本的在产品。产成品存货是指工业企业已经完成全部生产过程并验收入库,可以按照合同规定的条件送交订货单位或者可以作为商品对外销售的产品。

2. 按存货的功能不同进行分类,存货可分为:周转存货、安全存货、平滑存货、在途存货、囤积存货和预期存货等。其中,周转存货是指供应链下游企业获得的大批零配件或产成品,当这些库存项目逐渐消耗完时,再由上游企业对其进行补充。安全存货，是指公司为了应对需求或补充时间的不确定性而持有的超量存货。安全存货量的确定是基于需求量、前置时间和缺货成本作为依据。平滑存货，是指用于消除上游企业的生产水平和下游企业的需求水平的缺口所持有的存货。平滑存货使供应链上的每个企业可以将其生产稳定在最高效率水平上，而且可以避免因劳动力水平或生产效率不断变化而带来的成本问题和其他棘手问题：如频繁地更换生产线，使员工产生烦躁情绪等。在途存货，是指在运输中的存货，即从一个企业向另一个企业移动的存货项目。当企业与供应商之间的空间距离很远时，在途存货是一项大规模的投资。囤积存货，是为了缓解不可预期事件所产生的影响而建立的一种库存形式。囤积存货可以看作安全存货的一种特殊形式。预期存货，是指根据客户需求预期而持有的存货，它可以使客户在需要某一产品时能够保证及时获得。

3. 按用户对存货需求特性分类，存货可分为：独立需求存货和相关需求存货。其中，独立需求存货，是指用户对某种存货的需求与其他种类存货无关，表现出对这种存货需求的独立性。独立需求存货是随机的、企业自身无法控制而是由市场决定的需求。相关需求存货是与其他需求有内在相关性的存货。相关需求存货的需求数量和需求时间与其他变量存在一定的关系，可以通过一定的数学关系推算得出。

4. 其他分类。按存货的经济内容分类，存货可分为商品、产成品、自制半成品、在产品、材料、包装物、低值易耗品。按存货的存放地点分类，存货可分为库存存货、在途存货、在制存货、寄存存货、委托外单位代销存货。按存货的取得来源分类，存货可分为外购的存货、自制的存货、委托加工的存货、投资者投入的存货、接受捐赠的存货、接受抵债取得的存货、非货币性交易换入的存货和盘盈的存货等。

（三）存货的功能

企业在日常生产经营过程中很难做到随时购入所需的原材料或商品，从发出采购指令到存货入库，这个阶段需要一定的时间，这就要求企业储存一定的存货，并因此占用一定的资金，避免因缺货造成相关损失。在日常的生产经营过程中，存货的功能主要表现为以下四个方面。

1. 维持生产和销售的均衡。适量的原材料存货和在产品、半成品存货是公司生产正常进行的前提和保证。如果企业持有充足的存货，不仅有利于生产正常进行，节约采购费用，而且能够迅速地满足订单的需要，从而为企业的生产与销售提供保证，避免存货不足带来的各种损失。由于各种原因，比如企业距供货点较远、运输过程中可能出现的运输故障，企业很难能随时购入生产或销售所需的各种存货，即使是市场供应存货充足的时候也可能出现这样的问题，如果市场不时出现某种存货短缺，情况更是如此。企业因所需存货短缺，会被迫停止生产或销售，造成停产损失和相应的机会损失。由此可见，适量的存货能有效防止停工待料事件的发生，有助于维持企业生产和销售均衡的需要。

2. 应对市场行情的变化。企业管理人员在对市场行情作出准确分析之后，预计某个存货的未来价格行情会大幅上升或货源紧缺，此时生产型企业可以大量采购该存货，以降低生产成本或避免停产而造成损失。对批发或零售企业而言，预期一段时间后某种商品的价格会大幅上升或需求量会大量增加，则可大量采购该种商品，待行情上升时再销售，便可赚取更大的差价空间，把握难得的盈利机会。也就是说，存货储备能增强公司在生产销售方面的机动性以及适应市场变化的能力。公司有了足够的存货，才能有效地供应市场，满足顾客的需要。相反，若某种畅销产品库存不足，将会失去目前和未来的市场，发生机会成本。

3. 在企业分配渠道中起缓冲作用。由于存货存在于企业生产经营过程的各个环节，即处于企业采购、生产和销售的不断循环过程中。因此，它可以调节采购、生产和销售各环节之间由于供求品种及质量的不一致而发生的变化，起到润滑剂的作用。对于那些生产季节性产品的公司，生产所需材料的供应具有季节性的特点，为实现均衡生产，降低生产成本，就必须适当储存一定的半成品存货或保持一定的原材料存货。否则，这些公司若按照季节变动组织生产活动，难免会产生忙时超负荷运转，闲时生产能力得不到充分利用的情况。

4. 降低采购成本。在年需求量一定的条件下，如果企业每次采购的数量较少，则会增加采购次数，相应也会增加采购费用（如采购员的差旅费、运杂费等，下同）；相反，如果每次采购的数量较多，则可以减少采购次数，相应也可以节约采购费用。同时，很多企业为扩大销售规模，对购货方提供优厚的数量折扣待遇，即购货达到一定数量时，便在价格上给予一定的折扣优惠。公司采用批量集中进货，可获得较大的数量折扣。即便在推崇以零库存为存货管理目标的今天，仍有许多公司采用大批量进货方式，原因就在于这种方式有助于降低购货成本。虽然储存存货会带来保管费用、毁损损失和过时成本，但只要采购成本的降低额大于因存货增加而带来的成本，批量采购便是可取的。

二、存货经济批量的确定方法

根据前文的分析，存货过多或存货不足，都会使公司遭受不必要的损失。存货管理的关键在于如何合理确定最佳的存货水平，即通过经济订货批量模型来确定存货的订货时间、订货量和库存水平。在运用经济订货批量模型确定存货的最佳持有水平之前，需要先弄清存货成本的构成范围，明确哪些是决策相关成本。

（一）存货成本

1. 取得成本。存货取得成本主要由存货的进价和进货费用构成。其中，进价又称购置成本，是指存货本身的价值，等于采购单价与采购数量的乘积。在一定时期进货总量既定的条件下，无论企业采购次数如何变动，存货的进价通常保持相对稳定（假设物价不变且无采购数量折扣），因而属于决策无关成本。进货费用又称订货成本，是指从企业向对方发出订单起，到所购物资运达企业验收入库为止所发生的各种费用，包括订货业务费、差旅费、邮电费、仓库验收费等。订货成本按其与订货次数的关系可分为两部分，一部分与订货次数无关，如常设采购机构的基本开支等，这类固定性订货成本属于决策无关成本；另一部分订货成本随订货次数的变动而变动，如差旅费、邮电费等，称为订货的变动成本，属于决策相关成本，这类费用的特点是每次订货的支出额固定，故又称为每次订货成本。

2. 储存成本。储存成本即企业为持有存货而发生的费用，也称为持有成本，如仓储费、保管费、保险费、存储损耗、存货占用资金成本等。储存成本按照其与储存数额的关系可分为变动性储存成本和固定性储存成本两类。其中，固定性储存成本与存货储存数额的多少没有直接联系，如仓库折旧费、仓库人员固定人工等，这类成本属于决策的无关成本；而变动性储存成本则与存货储存数额成正比例变动关系，如存货占用资金成本、保险费、存货破损等，这类成本属于决策的相关成本。

3. 缺货成本。缺货成本是指因存货不足而给企业造成的停产损失、延误发货的信誉损失及丧失销售机会的损失等。缺货成本能否作为决策的相关成本，应视企业是否允许出现存货短缺而定。若企业允许缺货，则缺货成本便与存货数量反向相关，即属于决策相关成本；反之，若企业不允许发生缺货情形，此时缺货成本为零，则属于决策无关成本。

（二）经济订货批量的基本模型

经济订货批量又称最佳批量，是指能够满足企业生产经营对存货正常需要的前提下，使一定时期存货的相关总成本达到最低点的进货数量。存货资产规划的核心问题，就是确定使存货相关总成本最低的经济订货批量，继而确定最佳订货间隔期。

存货经济订货批量基本模型以如下假设为前提：

（1）企业存货的全年需求量、单价、单位存货年储存成本、每次订货成本等均为已知的常数；

（2）企业每天存货的耗用或者销售量既定，即库存量呈线性递减状态；

（3）存货的价格稳定，且不存在数量折扣，进货日期完全由企业自行决定，并且每当存货量下降为零时，下一批存货均能马上一次到位；

（4）企业资金充裕，不会出现因现金短缺而影响进货的情况；

（5）不允许出现缺货情形；

（6）所需存货市场供应充足，不会因买不到所需存货而影响其他方面。

由于企业不允许缺货，即每当存货数量降至零时，下一批订货便会随即全部购入，故不存在缺货成本。此时与存货订购批量和批次直接相关的就只有进货费用（订货成本）和变动储存成本两项。

存货的相关总成本 = 变动订货成本 + 变动储存成本

$$TC_1 = \frac{D}{Q} \times K + \frac{Q}{2} \times K_c$$

其中，TC_1 表示存货的相关总成本，D 表示某存货全年需要量，Q 表示订货批量，K 为每次订货成本，K_c 表示单位存货年储存成本。

将 TC_1 对 Q 求一阶导数，并令其为零，此时的 Q 使得 TC_1 有极小值。

则 $Q^* = \sqrt{\dfrac{2KD}{K_c}}$

这一公式称为经济订货量基本模型,其中 Q^* 是使 TC_1 有极小值的经济订货量。这一基本模型可以演变为其他各种形式。

最低存货相关总成本 $TC^* = \dfrac{KD}{\sqrt{\dfrac{2KD}{K_C}}} + \dfrac{\sqrt{\dfrac{2KD}{K_C}}}{2} \times K_C = \sqrt{2KDK_C}$

最佳订货次数 $N^* = \dfrac{D}{Q} = \dfrac{D}{\sqrt{\dfrac{2KD}{K_C}}} = \sqrt{\dfrac{DK_C}{2K}}$

最佳订货周期 $T^* = \dfrac{360}{N} = 360 \times \sqrt{\dfrac{2K}{DK_C}}$

存货的相关总成本与订货批量的关系如图 7-5 所示。从图 7-5 中可以看出,当相关进货费用与相关储存成本相等时,存货相关总成本最低,此时的进货批量就是经济进货批量 Q^*。

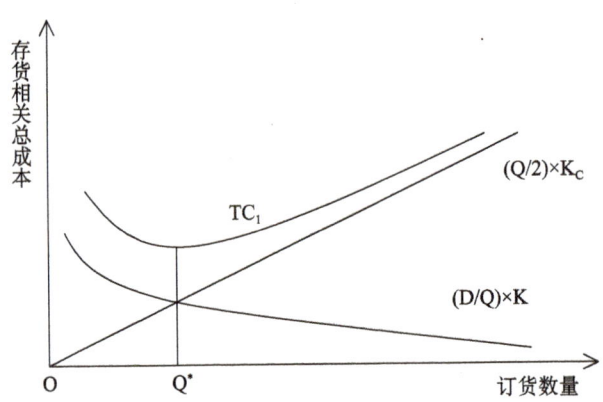

图 7-5 存货相关成本与订货批量的关系图

【例 7-8】某企业全年耗用甲材料 30 000 千克,该材料单价为 15 元/千克,单位存货储存成本为 3 元,每次订货成本 50 元。则:

$TC^* = \sqrt{2KDK_C} = \sqrt{2 \times 50 \times 30\,000 \times 3} = 3\,000$(元)

$Q^* = \sqrt{\dfrac{2KD}{K_C}} = \sqrt{\dfrac{2 \times 50 \times 30\,000}{3}} = 1\,000$(千克)

$N^* = \dfrac{D}{Q} = \dfrac{30\,000}{1\,000} = 30$(次)

$T^* = \dfrac{360}{N} = \dfrac{360}{30} = 12$(天)

经济订货批量也可以用图解法确定,方法是先计算出一系列订货批量下的订货成本、储存成本和总成本,然后根据计算结构画图,并确定 Q^*。

（三）复杂情况下的经济订货批量

上述经济订货批量基本模型是一种高度理想化的模型，在其假定条件中将除 Q 外的其他因素均视为已知的常数，往往与实际情况不符，限制了其应用。为了使经济订货批量模型更接近于实际情况，有必要根据客观情况对其进行改进。

1. **存货边补充边消耗情况下的经济订货批量。** 在基本模型中，假定每当存货量下降为零时，下一批存货均能马上一次到位，进而使库存达到最高水平。但在实际中，所购材料可能是陆续到达，企业也不是等全部材料到齐后才开始耗用，而是一边补充一边消耗，因此需要对上述基本模型进行修正。

假设存货每天补充量为 p，每天消耗量为 d，其他条件与前述相同。则每批存货库存形成周期为 Q/p，也称送货期；存货最高库存量为 (Q/p)×(p−d)；存货平均库存量为 [(Q/p)×(p−d)]/2。

$$TC_1 = \frac{D}{Q} \times K + \frac{Q \times (p-d)}{2p} \times K_C$$

以 Q 为自变量，对 TC 求导，并令其为零，则可得出边补充边消耗条件下的经济订货批量：

$$Q^* = \sqrt{\frac{2KDp}{(p-d)K_C}}$$

与此相应，$TC^* = \sqrt{2KDK_C(1-\frac{d}{p})}$

【例 7-9】 某企业全年耗用甲材料 40 000 千克，该材料单价为 15 元/千克，单位存货储存成本为 8 元，每次订货成本 50 元。假定甲材料每日到货量为 800 千克，每日耗用量为 400 千克，则：

$$Q^* = \sqrt{\frac{2KDp}{(p-d)K_C}} = \sqrt{\frac{2 \times 50 \times 40\,000 \times 800}{(800-400) \times 8}} = 1\,000 \text{（件）}$$

这种边补充边消耗的经济批量模型也适合于成批生产情况下产成品存货的规划，即用该模型确定最佳生产批量。产成品存量是否最佳的标准是在保证销售需要的前提下使库存商品总成本最低。库存商品总成本由每批投产准备费用（相当于每次订货成本）和产成品存储费用组成。最佳生产批量就是使库存商品总成本最低的生产批量。同样，该模型也可以用于自制或外购的决策。

2. **数量折扣条件下的经济订货批量。** 在实际经济交易中，为了鼓励客户购买更多的商品，销售企业通常会给予不同程度的价格优惠，即实行商业折扣或称价格折扣。购买越多，所获得的价格优惠越大。此时，进货企业对经济订货批量的确定，除了考虑进货费用与储存成本外，还应考虑存货的进价成本，因为此时的存货进价成本已经与进货数量的大小有了直接的联系，属于决策的相关成本。

在经济订货批量基本模型的其他各种假设条件均具备的前提下，存在数量折扣时的存货相关总成本包括：存货进价、相关进货费用和相关存储成本。实行数量折扣的经济批量模型具体确定步骤如下：

第一步,按照基本经济进货批量模型确定各种进货单价下的经济进货批量;

第二步,计算各种进货单价下按经济进货批量进货时的存货相关总成本;

第三步,比较不同进货批量(不同单价)下的存货相关总成本,最低存货相关总成本对应的进货批量,就是实行数量折扣的最佳经济进货批量。

三、再订货点和安全储备量

一般情况下,企业要想做到存货库存到零时再补充存货几乎是不可能的。因为供应商在收到企业订单后,从组织货源到运达企业往往需要花费一段时间。为了保证生产和销售正常进行,不受存货供应的影响,企业需要解决两大问题:一是什么时候发出订货单;二是为了预防意外事件的发生,应建立多少保险性的存货储备量。这就是存货管理上所说的再订货点和安全储备量。

再订货点(R)是指发出订货指令时尚存的存货数量。影响再订货点的因素有:正常耗用量(d)、提前期(L)和安全储备量(B)。其中正常耗用量是指产品生产过程中每一单位时间(日、周)的存货消耗量,一般用某项存货全年需用量除以全年天数或周数计算。提前期是指从发出订单到所订货物运达仓库可供使用所需时间,也称交货时间。安全储备量是指为了防止意外事件发生而建立的保险性存货储备。

(一)确定情况下的再订货点

订货提前期对经济订货批量没有影响,只是须在再订货点发出订单。在正常耗用量和提前期都确定的情况下,再订货点的计算公式如下:

再订货点 = 正常耗用量 × 提前期,即 $R = d \times L$

【例7-10】某企业全年耗用甲材料40 000千克,该材料单位储存成本为8元,每次订货成本50元。假定甲材料每日耗用量为200千克,提前期为6天,则:

$R = 200 \times 6 = 1\ 200$(千克)

(二)提前期不完全确定情况下的再订货点和安全储备量

由于种种不确定因素的存在,有时订货提前期不能完全确定。此时须考虑安全储备量,即再订货点由正常提前期的耗用量和超过正常提前期的安全储备量两部分构成,则:

$R = d \times L + B$

其中,B = 正常耗用量 × 保险储备天数

【例7-11】某企业全年耗用甲材料40 000千克,该材料单位储存成本为8元,每次订货成本50元。假定甲材料每日耗用量为200千克,提前期为6天,保险储备天数为2天,则:

$R = 200 \times 6 + 200 \times 2 = 1\ 600$(千克)

(三)提前期和正常耗用量均不完全确定情况下的再订货点和安全储备量

当提前期和正常耗用量均不完全确定时,确定安全储备量时,除了需要考虑提前期延长而增加的耗用量之外,还需要考虑由于平均耗用量不确定而增加的耗用量,则:

$R = d \times L + B$

其中，B = 正常耗用量 × 保险储备天数 +（预计最低耗用量 - 正常耗用量）×（提前期 + 保险储备天数）

【例 7-12】某企业全年耗用甲材料 40 000 千克，该材料单位年储存成本为 8 元，每次订货成本 50 元。假定甲材料每日耗用量为 200 千克，提前期为 6 天，保险储备天数为 2 天。由于意外因素的干扰，该材料平均日耗用量可达到 220 千克，则：

$R = 200 \times 6 + 200 \times 2 + (220 - 200) \times (6 + 2) = 1\,760$（千克）

企业设立安全储备量主要是预防企业订货提前期与耗用量不能完全确定，影响企业再订货点，从而影响企业生产经营的正常进行。安全储备的存量虽然有其作用，但企业也要为此付出一定的代价，即增加企业储存成本以及存货所占用的资金。因此，企业是否需要设立安全储备量以及安全储备的量为多少，应在考虑缺货成本和保险储备成本的基础上予以确定。

【例 7-13】某企业某材料的经济订货批量为 1 000 件，该材料单价为 10 元，单位储存成本为单价的 20%，根据以往的经验，企业每短缺 1 件该材料发生 1 元的损失。假设企业每日正常耗用该材料 50 件，每年采购 18 次，生产耗用量不确定的概率分布如表 7-8 所示。要求：确定最佳安全储备量。

表 7-8 该企业生产耗用量的概率分布

生产用量（件）	1 000	1 200	1 500	1 800
概率	0.85	0.10	0.03	0.02

最佳安全储备量是使缺货成本和保险储备成本之和最小的安全储备量。该企业不同安全储备量情况下的总成本计算结果如表 7-9 所示。

表 7-9 不同安全储备量情况下的总成本

安全储备量（件）	短缺量（件）	短缺概率	短缺成本（元）	储存成本（元）	成本合计（元）
0	200	0.10	200×18×0.1×1=360	0	918
	500	0.03	500×18×0.03×1=270		
	800	0.02	800×18×0.02×1=288		
200	300	0.03	300×18×0.03×1=162	200×2=400	778
	600	0.02	600×18×0.02×1=216		
500	300	0.02	300×18×0.02×1=108	500×2=1 000	1 108
800	0	0	0	800×2=1 600	1 600

从表 7-9 可以看出，当安全储备量为 200 件时，短缺成本和储存成本之和最小。由此可见，企业的安全储备量并不是越多越好，企业只有保持适量的安全储备量，才能达到总成本最低，存货管理效率最佳。安全储备量的决策实质上也是再订货点的决策问题。

四、存货的日常控制

（一）库存控制系统

存货的有效控制依赖于库存控制系统提供的准确、及时的信息。库存控制系统主要有定量库存控制系统、定期库存控制系统和计划需用量库存控制系统三种形式。

1. 定量库存控制系统。定量库存控制系统又称固定订货量控制系统，是以订货量和订货点为基础的库存控制系统。该库存控制系统的特点是保持每次订货量不变，使订货次数随需求量的变动而相应变动。具体包括永续库存控制和分存库存控制。

（1）永续库存控制。永续库存控制又称连续库存控制，即对库存数量进行持续的检查和记录，以确定是否应提出新的订货。当库存控制系统的现有库存量降到再订货点 R 及以下时，库存控制系统就向供应厂家发出订货，每次订货量均为一个固定的量 Q。在正常情况下，当提前期结束时，库存量下降至安全储备量 B，由于新的订货同时入库，库存量重新达到最高水平 Q + B；如果订货期间每日消耗量高于正常水平，则提前期结束时，补充存货后的库存水平低于 Q + B；相反，如果订货期间每日消耗量低于正常水平，则提前期结束时，补充存货后的库存水平高于 Q + B。

要发现现有库存量是否到达再订货点 R，必须随时检查库存量，及时掌握库存的实际情况。在计算机技术进入管理领域之前，永续库存控制系统主要适用于单位价值较高、领用次数较少的重要物资的控制。随着电子计算机的广泛使用，永续库存控制变得十分简便，电脑将根据存货的进出对存货数量适时作出调整，当库存下降至再订货点时，电脑将自动印发订货单给供应商进行订货。

（2）分存库存控制。分存库存控制是由永续库存控制派生而来，实际上是永续库存控制的一种特殊形式。其特点在于无须对库存量进行持续记录，而是将存货分成若干空间进行存储和管理。常见的有双箱法和三箱法。其中双箱法是指在提前期确定的情况下，将某些存货的库存量分为两部分存储，第一部分是超出再订货点 R 的部分，用以提示再订货点；第二部分则是相当于 R 的部分。当第一部分使用完毕时，必须马上提出订货，同时用第二部分的存货满足生产经营的需要，当新的订货入库时，先将第二部分补充到 R，其余的部分先使用，以此类推。三箱法是在需要建立安全储备的情况下，将存货分为三部分存储，第一部分是超出再订货点 R 的部分，用以提示再订货点；第二部分是满足正常提前期的存货需要量（R - B 部分）；第三部分是为防止意外情况出现而建立的保险储备量 B。当新的存货到库时，先补充第二部分和第三部分存货，余下的存货先使用。

2. 定期库存控制系统。永续库存控制系统需要随时监控库存变化，对于物资种类很多且订货费用较高的情况不适用，定期库存控制系统则可以弥补其不足。定期库存控制系统又称固定订货间隔期库存控制系统，即保持订货次数即订货间隔期不变，使每次订货量随需求量变动而相应变动。在该种控制系统下，需预先确定订货间隔期，通常按 Q^*/d，即根据经济订货批量与正常日消耗量之商确定订货间隔期，然后再计算每次的订货量。

订货量＝［平均每日需用量×（提前期＋订货间隔期）＋保险储备量］－（实际库存量＋已订未到数量）

当若干种材料物资的订货间隔期和订购日相同时，这种库存控制系统可以降低订货成本，但要求的保险库存量较大，故主要适用于货源集中于少数供应商以及使用集中仓库的情况。

3. 计划需用量库存控制系统。计划需用量库存控制系统即按最终产品和生产计划安排进货时间和数量。该系统运用的前提是企业具有完备的存货使用计划。这种库存控制系统能最大限度地压缩库存量和缩短储备期，有利于提高资金使用效率，但一旦实际情况与计划不符，便会造成存货积压或短缺，故只适用于按合同组织生产，且生产计划完善、精确的情况。

（二）存货的日常管理方法

企业选择了适当的库存控制系统之后，还须在系统运行过程中努力降低存货的各项成本，以实现存货管理的根本目标。存货日常管理的方法包括：

（1）根据情况的变化及时修正经济订货批量；

（2）缩短订货提前期；

（3）改进产品工艺，缩短生产周期；

（4）加强库存监控，及时处理不适用或过时的存货，消除由于人为原因造成的存货毁损、丢失；

（5）实行存货的 ABC 管理法。存货的 ABC 管理法，又称存货的分类管理法，是指根据存货对企业的重要性程度、管理的复杂程度等对存货进行分类管理的一种方法。具体来说，企业应将那些成本高、经常适用且订货提前期较长的存货归为 A 类（品种数量占 5%～15%，价值占存货总价值的 60%～80%）。对 A 类存货，实现严格控制和规划，精确计算经济订货批量和再订货点，采用永续控制系统，并经常检查其库存情况，根据实际情况修正其经济订货批量。将重要性程度适中的存货归为 B 类（品种数量占 20%～30%，价值占存货总价值的 15%～30%）。对于 B 类存货，应适当规划和控制，也应确定经济订货批量、再订货点等指标，但不必十分精确。余下的存货则归为 C 类（品种数量较多，如 65%～70%，但价值不足存货总价值的 10%）。对于 C 类存货，应简化管理，日常控制可采用"双箱法"。采取分类管理的方法，将主要时间和精力集中在重点 A 类存货上，可以大大提高管理效率。

案例解析

在竞争尤为激烈的 IT 行业中，戴尔公司以"零库存"管理模式取得骄人的业绩。其"零库存"经营管理模式是：按照客户提出的配置要求制造计算机，然后由专业的物流公司直接向客户发货，即直销和定制。具体来说，包括坚持直销和定制；摒弃库存，以信息代替存货；与客户结盟，包括与用户结盟和与供应商结盟。在不到 20 年的时间里，戴尔公司从白手起家迅速扩张到 250 亿美元的规模。而且，与竞争对手保存 30 天、45 天,甚至 90 天的存货相比,戴尔公司只保存可供 5 天销售的存货。从该案例可以看出,在保证日常销售的前提下,持有存货量越少,企业的绩效越好。但同时也要注意到,虽然摒弃库存是戴尔经营模式的核心,但"零库存"并不意味着没有库存。戴尔公司因保持低库存、利用供应商的库存,所以其低库存被称为"零库存"。也就是说,戴尔公司并不是不持有存货,因为持有存货能带来一系列好处:维持生产和销售的均衡、应对市场行情的变化、在企业分配渠道中起缓冲作用和降低采购成本等;而是在充分利用持有存货的好处的同时,尽可能降低存货的持有量,最大限度地降低持有存货的成本,包括取得成本、储存成本、缺货成本等。需要指出的是,戴尔的成功缘于其商业模式和供应商关系管理、客户关系管理的创新,也就是说,存货管理表面上是财务管理的范畴,实际上其既属于财务管理的范畴,也属于业务管理的范畴,而且从某种意义上来说,存货管理的绩效是企业业务管理的结果。戴尔的成功可以借鉴,但不能照搬,企业需结合自身的实际情况,运用经济订货批量模型确定其再订货点和安全储备量,加强对存货的日常控制和日常管理,并寻求与其自身相适应的商业模式创新,以尽可能地在满足日常生产经营的前提下,降低存货占用水平,提升存货管理绩效和企业绩效。

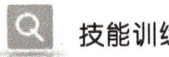 项目回顾

本项目分别介绍了现金、应收账款和存货的日常管理,对持有现金的原因及其影响因素进行了较为详细的分析,并给出各种最佳现金持有量计算方法的利弊。应收账款管理有着非常大的重要性,并由此引出信用政策的构成因素和应收账款的日常管理方法,还介绍了企业持有存货的原因,要求掌握持有存货的各种成本及经济订货批量、订货点和最佳安全储备量的含义,通过学习达到能根据有关资料运用各种模型计算确定最佳现金持有量、确定对企业最有利的信用政策、确定不同情况下的经济批量以及不同情况下的订货点。

技能训练

案例一——GE 公司现金池落地中国①

2005 年 8 月,国家外汇管理局批复了通用电气(GE)通过招标确定招商银行实施在华的美元现金池(cash pooling)业务。GE 目前在全球各地共有 82 个现金池,此次招标是 GE 第一次在中国大陆运用现金池对美元资金进行管理。所谓现金池管理,是以一种账户余额集中的形式来实现资金的集中管理,即属于同一家集团企业的一个或多个成员单位的银行账户现金余额实际转移到一个真实的主账户中,主账户通常由集团总部控制,成员单位用款时需从主账户获取资金对外支付。这种形式主要用于利息需要对冲,但账户余额仍然必须分开的情况。

---

① 百度文库,http://wenku.baidu.com,2015 年 1 月。

GE在中国的投资从1979年开始，迄今为止已经投资设立了40多个经营实体，投资规模逾15亿美元，投资业务包括高新材料、消费及工业品、设备服务、商务融资、保险、能源、基础设施、交通运输、医疗、NBC（全国广播公司）环球业务和消费者金融等十多项产业或部门，GE在中国的销售额从2001年的10亿美元左右增长到2005年的近50亿美元。随着业务的扩张，各成员公司的现金的集中管理问题由于跨地区、跨行业的原因显露出来。在GE现金池投入使用之前，GE的40家子公司在外汇资金的使用上都是单兵作战，有些公司有银行存款，有些则向银行贷款，从而影响资金的使用效率。其人民币业务在2002年实现了集中控制，人民币的集中管理也是通过现金池业务的形式由中国建设银行实施的。

GE在中国的绝大部分销售收入是美元资产，而2004年以前我国外汇资金管理规定：两个企业不管是否存在股权关系，都不能以外币进行转账。这其实意味着对于在华的跨国公司来说，即使子公司账上有钱，母公司也不能拿，如此一来，GE在中国的美元业务的集中管理就不能得以实现。直到2004年10月，外汇管理局下发《关于跨国公司外汇资金内部运营管理有关问题的通知》，提出"跨国公司成员之间的拆放外汇资金，可通过委托贷款方式进行"。在这种情况下，GE公司与招商银行合作，规避政策壁垒，实现了跨国公司集团总部对下属公司的资金控制。另外，以前GE的40多家子公司的国际业务都是各自分别与各家银行谈，一旦GE总部将外汇资金上收之后，各子公司的开证、贴现等国际业务将会统一到招商银行。

GE公司在中国设立一个母公司账户，这就是所谓的现金池。每个子公司在母公司账户底下设立子账户，并虚拟了各子公司有一个统一的透支额，在每天的下午4点钟，银行系统自动对子公司账户进行扫描，并将子公司账户清零，即当子公司有透支时，从集团现金池里划拨归还，记作向集团的借款，并支付利息；如果有结余，则全部划到集团账户上，记作向集团的贷款，向集团收取利息。例如，A公司在银行享有100万美元的透支额度，到了下午4点钟，系统计算机开始自动扫描，发现账上透支80万美元，于是便从集团公司的现金池里划80万美元归还，将账户清零。倘若此前A公司未向集团公司现金池存钱，则记作向集团借款80万美元，而B公司如果账户上有100万美元的资金盈余，则划到现金池，记为向集团公司贷款，所有资金集中到集团公司后，显示的总金额为20万美元。这样一来，通过子公司之间的内部计价，对各子公司而言，免去了与银行打交道的麻烦；对企业集团而言，节省了子公司各自存贷款产生的利差负担。

究其本质，招商银行的GE美元现金池项目就是对委托贷款的灵活应用。双方合作中，银行是放款人，集团公司和其子公司是委托借款人和借款人，然后通过电子银行来实现一揽子委托贷款协议，使得原来需要逐笔单笔办理的业务，变成集约化的业务和流程，从而实现了整个集团外汇资金的统一营运和集中管理。

案例思考：现金池管理模式的优点、缺点和适用性，采用该管理模式的注意事项。

案例二——应收账款融资[①]

据有关调查,中小企业最大的资金压力来自应收账款。由于这些欠款往往数量多、金额小,企业一般不愿花过多人力、财力来追讨,成为沉重负担,阻碍了企业发展。近年来,为能将应收账款变成企业看得见、摸得着的现金,银行推出了诸多创新业务,帮助企业筹措资金,提高债务资产比率。如应收账款保理、应收账款质押、应收账款池融资等。

应收账款保理指专为赊销而设计,集商业资信调查、应收账款管理、信用风险担保与贸易融资于一体的综合性金融业务。针对被接受保理的应收账款,保理商和企业按预先约定的比率提供即时的融资。一般来说,保理业务的成本低于短期银行贷款的利息成本,保理商只收取相应的手续费。如某建工集团与某房地产公司合作开发大型项目,房地产公司欠建工集团 2 800 万元应收账款。由于急需资金周转,建工集团于 5 月与银行签订应收账款保理业务合同,约定从 5 月 23 日至 11 月 23 日,银行向建工集团提供最高不超过 2 800 万元的保理额度(此保理业务有追索权,即如果到 11 月 23 日,房地产公司未能按时付款,建工集团须在 3 日内完全履行回购义务)。其后,建工集团利用应收账款保理,提前将货款收回,从而有效改善流动资金周转,减轻了短期资金压力。

应收账款质押指企业将其合法拥有的应收账款收款权向保理商作还款保证,但保理商不承继企业在该应收账款项下任何债务的短期融资。贷款期间,打折后的质押应收账款不得低于贷款余额(贷款本金和利息合计)。当打折后的质押应收账款在贷款期间内不足贷款余额时,企业应按保理商要求以新的符合要求的应收账款进行补充、置换。如某家具厂主要生产仿古家具,由于产品对原材料的要求较高,采购原料时须现货付款。而销售产品后,货款回收期较长,一般为 30~90 天付款。因自有资金有限,且无固定资产可以融资,造成家具厂资金缺乏,无力接受大订单。某保理商获悉后,了解到家具厂的固定客户均为高档家具的销售公司,付款能力较强,且一般单笔订单金额较高,遂向家具厂提出应收账款质押融资方案,即厂方将未来销售家具产生的应收账款质押给保理商作为担保,首笔应收账款质押金额就达 500 万元。获得贷款后,家具厂随即接受大订单,加紧采购原材料,着手生产,比合同约定提前一周交货,客户如数支付了款项。家具厂按照贷款合同的规定,按时还清了银行贷款。

应收账款池融资针对中小企业交易频次高、单笔金额小,形成应收账款数量多、金额小的特点,将企业一些零散、小额的账款集合起来,形成相对稳定的应收账款余额"池",并转让给保理商。保理商按照应收账款总额的一定比例,给予中小企业融资。如某民营高科技企业面临资金瓶颈,难以实现发展突破,某保理商获悉后,与企业管理层接洽,了解到企业处于起步阶段,需要大量的研发投入,由于在行业

[①] 中国贸易金融网,http://www.sinotf.com,2015 年 1 月。

中的地位相对较弱，谈判和议价能力不强，无法在与供应商和购货商的谈判中获得优惠的价格。而且，企业经营成本较高，又缺乏可供抵押的固定资产，导致融资屡屡碰壁。保理商分析发现，该企业的应收账款有几个特点：应收账款都有真实的贸易背景，且产品质量合格，市场口碑很好；产品主要销售给国内大型通信设备制造商，第三方信用记录良好，逾期支付概率低；应收账款的金额已经过付款人确认，双方约定通过银行账户进行款项的支付。保理商认为，该企业小额交易频率高、单笔金额小，同时有许多应收账款未及时收回，遂推荐其使用"应收账款池"业务。由此，企业向保理商提出书面申请，并递交相关材料。保理商审查确定后，最终给予企业应收账款面值60%的贷款额，帮助企业解决了资金难题。

案例思考：应收账款保理业务的优缺点和适用情形。

案例三——家乐福的存货管理[①]

目前，在我国制造业的物料管理中，尚存在着许多有待解决的问题。但同时大型流通零售企业在近年的发展中都形成了很好的物流经验，特别是沃尔玛、家乐福等国际零售企业在发展中形成了良好的存货控制、仓储管理、信息管理的系统。这些经验为我国制造业物料管理提供了良好的借鉴。物料管理分为需求估算、购料订货、仓储作业以及账务管理四个阶段，家乐福这四个阶段的具体做法如下：

1. 需求估算阶段。第一个环节是计划环节（Plan）。预先周全的计划，可以防止各种可能的缺失，也可以使人力、设备、资金、时机等各项资源得到有效充分的运用，又可以规避各类可能的大风险。制订一个良好的库存计划可以减少公司不良库存的产生，又能最大效率地保证生产的顺利进行。

在库存商品的管理模式上，家乐福实行品类管理（Category Management），优化商品结构。一个商品进入之后，会有POS机实时收集库存、销售等数据进行统一的汇总和分析，根据汇总分析的结果对库存的商品进行分类。然后，根据不同的商品分类拟订相应适合的库存计划模式，对于各类型的不同商品，根据分类制定不同的订货公式的参数。根据安全库存量的方法，当可得到的仓库存储水平下降到确定的安全库存量或以下的时候，该系统就会启动自动订货程序。

2. 购料订货阶段。计划层面（Plan）的下一个层面即为实施层面（Do），也就是购料订货阶段。在选用合理的存货管理模式后，就根据需求估算的结果来实施订货的动作，以确保购入的货物能够按时、按量到达，保证以后生产或销售的顺利进行。

在家乐福有一个特有的部门——OP（Order Pool），也就是订货部门，是整个家乐福的物流系统核心，控制了整个企业的物流运转。在家乐福，采购与订货是分开的。由专门的采购部门选择供应商，议定合约和订购价格。OP则负责对仓库库存量的控制；生成正常订单与临时订单，保证所有的订单发送给供应商；同时进行库存

---

① http：//ilsc.chd.edu.cn/Article/case/chain/200910/391.html，2015年1月。

异动的分析。作为一个核心控制部门，它的控制动作将它的资料联系到其他各个部门：对于仓储部门，它控制实际的和系统中所显示的库存量，并控制存货的异动情况；对于财务部门，它提供相关的入账资料和信息；对于各个营业部门，它提供存量信息给各个部门，提醒各部门根据销售情况及时更改订货参数，或增加临时订量。

3. 仓储作业阶段。家乐福的做法是将仓库、财务、OP、营业部门的功能和供应商的数据整合在一起，从统一的视角来考虑订货、收货、销售过程中的各种影响因素。仓库在每日的收货、发货之外会将每日存货异动资料、存量资料的数据传输给OP部门，OP则根据累计和新传输的资料生成各类分析报表。同时，家乐福已逐步将周期盘点（Cycle Count）代替传统一年两次的"实地盘点"。在实行了周期盘点后，家乐福发现其最大的功效是节省一定的人力、物力、财力，没有必要在两次实地盘点的时候兴师动众了；同时，盘点的效率得到了提高。

4. 账务管理阶段。账务管理是物料管理循环的最后一个环节，但同时也是下一个循环的开始。它包含两部分内容：一是仓储管理人员的收发料账；另一部分则是财务部分的材料账，对于这两类账的日常登记、定期的检查汇总称之为物料的账务管理。账务管理最主要的目标是保证料、账准确、真实地反映库存物料的情况。家乐福的做法是从整体的角度出发，考虑仓库、财务、采购各个部门的职责和功能，减少不必要的流程，最大限度地提高效率和减少工作周期。在家乐福，账务管理的基本结构包括三个部分：一是库存管制，由仓管制定；二是异动管理，由OP部门负责入库、出库、物料增减情况的登记；三是库存资讯，包括库存量查询在内，OP提供有关管理需求的账面报表，财务提供有关财务需求的报表。

案例思考：家乐福的存货管理特点，其他零售企业在借鉴时的注意事项。

项目八

资金收益分配

【项目目标】

1. 掌握利润的构成体系以及可供分配利润的测算；
2. 熟悉制定股利分配政策时的影响因素；
3. 掌握不同类型股利政策以及股利支付方式的选择；
4. 掌握股利分配方案的实施流程；
5. 了解股票回购动机，熟悉股票回购方式以及股票回购方案的制订与实施。

【项目简介】

企业在进行资金的投放、筹集以及开展日常经营过程中获得利润之后，就要决定如何进行资金收益的分配，因此资金收益分配是企业财务管理的重要环节之一。企业进行资金收益分配时，首先，需要测算可供分配的利润；其次，需要考虑相关的影响因素后，选择合适的股利支付方式以及股利政策，确定合适的股利分配预案；最后，企业股东大会决议通过股利分配预案之后，要将股利分配方案予以公告，并由公司按照利润分配方案进行后续的股利分配。此外，股票回购也可以作为现金股利的替代方式。因此，资金收益分配项目具体包括可供分配利润的测算，股利分配方案的制订，股利分配方案的实施，以及股票回购。本项目的结构如图8-1所示。

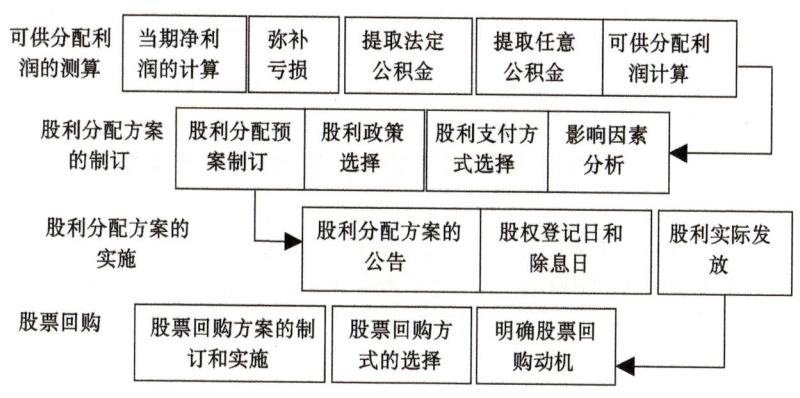

图8-1 资金收益分配的基本流程

【项目分解】

根据项目内容，本项目可分解为如下任务：

任务一：可供分配利润的测算

任务二：股利分配方案的制订

任务三：股利分配方案的实施

任务四：股票回购

任务一 可供分配利润的测算

任务目标

1. 熟悉利润的构成体系；
2. 掌握可供分配利润的测算。

案例导入

宝山钢铁股份有限公司（以下简称宝钢股份）是中国最大、最现代化的钢铁联合企业。宝钢股份以其诚信、人才、创新、管理、技术诸方面综合优势，奠定了在国际钢铁市场上世界级钢铁联合企业的地位。《世界钢铁业指南》评定宝钢股份在世界钢铁行业的综合竞争力为前三名，认为也是未来最具发展潜力的钢铁企业。2015年8月，宝钢股份荣登《中国制造企业协会》主办的"2015年中国制造企业500强"榜单，排名第6位。

宝钢股份系经中国国家经济贸易委员会以国经贸企改〔1999〕1266号文批准，由宝钢集团有限公司（前称"上海宝钢集团公司"）独家发起设立，于2000年2月3日于上海市正式注册成立，注册登记号为310000000074519。2000年11月6日至2000年11月24日采用网下配售和上网定价发行相结合的发行方式向社会公开发行人民币普通股（A股）18.77亿股，每股面值人民币1元，每股发行价人民币4.18元，证券代码：600019。其经营范围涉及钢铁冶炼、加工、电力、煤炭、工业气体生产、码头、仓储、运输等与钢铁相关的业务，技术开发、技术转让、技术服务和技术管理咨询服务，汽车修理，商品和技术的进出口等。

宝钢股份2010~2014年主要会计数据和财务指标分别如表8-1和表8-2所示，宝钢股份2010~2014年分红情况如表8-3所示。

表 8-1　宝钢股份 2010~2014 年主要会计数据　　　　单位：百万元

项目	2014 年	2013 年	2012 年	2011 年	2010 年
营业收入	187 414	189 688	191 135	222 505	202 149
归属于上市公司股东的净利润	5 792	5 818	10 090	7 362	12 869
归属于上市公司股东的扣除非经常性损益的净利润	5 794	6 321	4 416	7 009	12 565
经营活动产生的现金流量净额	28 280	12 090	22 186	12 142	18 856
利润总额	8 278	8 010	12 664	926	1 706
归属于上市公司股东的净资产	114 258	110 413	110 667	106 495	104 726
总资产	228 653	226 704	220 912	231 100	216 065

表 8-2　宝钢股份 2010~2014 年主要财务指标

项目	2014 年	2013 年	2012 年	2011 年	2010 年
基本每股收益（元/股）	0.35	0.35	0.58	0.42	0.73
稀释每股收益（元/股）	0.35	0.35	0.58	0.42	0.73
扣除非经常性损益后的基本每股收益（元/股）	0.35	0.38	0.25	0.40	0.72
加权平均净资产收益率（%）	5.16	5.29	8.77	7.02	12.93
扣除非经常性损益后的加权平均净资产收益率（%）	5.17	5.75	3.84	6.69	12.62

表 8-3　宝钢股份 2010~2014 年分红情况

分红年度	分红方案	股权登记日	除权基准日
2014 年度	10 派 1.8 元（含税）	20150513	20150514
2013 年度	10 派 1 元（含税）	20140627	20140630
2012 年度	10 股派 1.3832 元（含税）	20130617	20130618
2011 年度	10 派 2 元（含税）	20120608	20120611
2010 年度	10 派 3 元（含税）	20110608	20110609

宝钢股份 2013 年按母公司净利润的 10% 计提法定盈余公积金 649 243 384.94 元，并在计提法定盈余公积金后，计提任意盈余公积金 649 243 384.94 元。该公司根据 2014 年 3 月 29 日召开的第五届董事会第十三次会议的提议，并于 2014 年 4 月 30 日由 2013 年年度股东大会审议通过，以公司总股本 16 471 724 924 股为基准，向在派息公告中确认的股权登记日在册的全体股东派发现金股利总额为人民币 1 647 172 492.40 元（含税）。

宝钢股份 2014 年按母公司净利润的 10% 计提法定盈余公积金 671 213 597.66 元，并在计提法定盈余公积金后，计提任意盈余公积金 671 213 597.66 元。2015 年 4 月 24 日，宝钢股份 2014 年年度股东大会审议通过了《关于 2014 年度利润分配的预案》。本次利润分配以公司总股本 16 471 026 024 股为基数，每股派现金红利人民币 0.18 元（含税），共计派发现金股利总额为人民币 2 964 784 684.32 元（含税）。

案例思考：宝钢股份近 5 年的盈利情况与股利分配的关系。

任务解构

一、可供分配利润的测算流程

向社会提供合格的产品或令人满意的服务是企业的重要任务之一，在提供产品或服务过程中企业耗费的各种人力、物力、财力资源形成企业的成本和费用。而利润是社会向企业支付的价格超过企业资源耗费以后的差额，即收入弥补成本费用后的余额，它反映了企业一定时期的经营成果。利润分配是企业的一项重要工作，它关系到企业、投资者等有关各方的利益，涉及企业的生存和发展。按照我国《公司法》《企业财务通则》等法律法规的有关规定，可供分配利润的测算流程如图8-2所示。

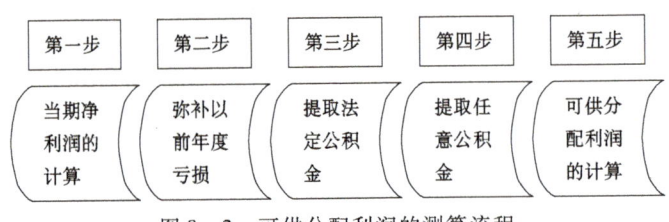

图8-2 可供分配利润的测算流程

二、当期净利润的计算

企业实现利润是分配利润的前提条件，只有正确地确定企业的利润，才能进行后续的合理分配。通常情况下，如果企业实现了利润，表明企业的所有者权益将增加；如果企业发生了亏损，表明企业的所有者权益将减少。利润的多少决定着企业利润分配参与者的利益和企业的发展能力。在企业的财务管理活动中，利润根据其构成的不同可以表述为不同的层次。

（一）营业利润

营业利润是企业在一定时期内从事生产经营活动所取得的利润。它集中反映了企业生产经营的财务成果。其计算公式为：

营业利润 = 营业收入 - 营业成本 - 营业税金及附加 - 销售费用 - 管理费用 - 财务费用 - 资产减值损失 + 公允价值变动收益（-公允价值变动损失）+ 投资收益（-投资损失）

其中，营业收入是指企业经营业务所确定的收入总额，包括主营业务收入和其他业务收入。营业成本是指企业经营业务所发生的实际成本总额，包括主营业务成本和其他业务成本。资产减值损失是指企业计提各项资产减值准备所形成的损失。公允价值变动收益（或损失）是指企业交易性金融资产等公允价值变动形成的应计入当期损益的利得（或损失）。投资收益（或损失）是指企业以各种方式对外投资所取得的收益（或发生的损失）。

（二）利润总额

利润总额是在营业利润的基础上加上营业外收入、减去营业外支出后的金额。

其计算公式为：

利润总额 = 营业利润 + 营业外收入 − 营业外支出

其中，营业外收入（或支出）是指企业发生的与日常活动无直接关系的各项利得（或损失）。

（三）净利润

净利润是指利润总额减去所得税费用后的余额。其计算公式为：

净利润 = 利润总额 − 所得税费用

其中，所得税费用是指企业确认的应从当期利润总额中扣除的所得税费用。

三、弥补以前年度亏损

企业年度亏损可以用下一年度的税前利润弥补，下一年度不足弥补的，可以在五年之内用税前利润连续弥补，连续五年未弥补的亏损则用税后利润弥补。其中，税后利润弥补亏损可以用当年实现的净利润，也可以用盈余公积转入。

四、提取法定公积金

按抵减年初累计亏损后的本年净利润计提法定公积金。提取公积金的基数，不一定是可供分配的利润，也不一定是本年的税后利润。只有不存在年初累计亏损时，才能按本年税后利润计算应提取数。根据《公司法》的规定，法定公积金的提取比例为当年税后利润（弥补亏损后）的10%。当年法定公积金的累积额已达注册资本的50%时，可以不再提取。法定公积金提取后，根据企业的需要，可用于弥补亏损或转增资本，但企业用法定公积金转增资本后，法定公积金的余额不得低于转增前公司注册资本的25%。

五、提取任意公积金

经股东会或股东大会决议，还可以从税后利润中提取任意公积金。这是为了满足企业经营管理的需要，控制向投资者分配利润的水平，以及调整各年度利润分配的波动。

六、可供分配利润的计算

公司在按照上述程序弥补亏损、提取公积金之后，所余当年利润与以前年度的未分配利润构成可供分配的利润，公司可根据股利政策向股东分配股利。公司股东会或董事会违反上述利润分配顺序，在抵补亏损和提取法定公积金之前向股东分配利润的，必须将违反规定发放的利润退还公司。

案例解析

宝钢股份2013年按母公司净利润的10%计提法定盈余公积金649 243 384.94元，并在计提法定盈余公积金后，计提任意盈余公积金649 243 384.94元。该公司根据 2014 年 3 月 29 日召开的第五届董事会第十三次会议的提议，并于 2014 年 4 月 30 日由 2013 年年度股东大会审议通过，以公司总股本 16 471 724 924 股为基准，向在派息公告中确认的股权登记日在册的全体股东派发现金股利总额为人民币 1 647 172 492.40 元（含税）。

宝钢股份 2014 年按母公司净利润的 10% 计提法定盈余公积金 671 213 597.66 元，并在计提法定盈余公积金后，计提任意盈余公积金 671 213 597.66 元。2015 年 4 月 24 日，宝钢股份 2014 年年度股东大会审议通过了《关于 2014 年度利润分配的预案》。本次利润分配以公司总股本 16 471 026 024 股为基数，每股派现金红利人民币 0.18 元（含税），共计派发现金股利总额为人民币 2 964 784 684.32元（含税）。

任务二 股利分配方案的制订

任务目标

1. 熟悉制订股利分配方案时需要考虑的因素；
2. 掌握股利支付方式的选择；
3. 掌握股利分配政策的选择。

案例导入

庆余堂药业股份有限公司是以生产中成药和销售中草药为主营业务的公司，其普通股股数为 10 000 万股。由于其经营活动多年来一直非常稳定，因此该公司近年来制订的股利分配方案中，一直采用固定股利政策，每年每股现金股利为 0.21 元。目前，该公司董事会已经通过了一个 5 年期的投资计划，准备开发生产中药注射剂，为了顺利实施该项投资计划，董事会正在考虑改变目前的股利分配方案。庆余堂公司的股利分配方案制订的相关数据如表 8-4 所示。

表 8-4　　庆余堂公司股利分配方案制订的相关数据

项目	初始期	第 1 年	第 2 年	第 3 年	第 4 年	第 5 年	总计
每股利润（元）	0.42	0.52	0.64	0.74	0.86	1.00	
普通股股数（万股）	10 000	10 000	10 000	10 000	10 000	10 000	
可向股东分配的利润（万元）		5 200	6 400	7 400	8 600	10 000	37 600
折旧及其他非付现成本（万元）		1 200	1 400	1 500	1 700	1 800	7 600
可供再投资或支付股利的现金（万元）		6 400	7 800	8 900	10 300	11 800	45 200
投资项目的现金需要量（万元）		4 000	4 500	5 800	6 400	7 000	27 700
剩余现金（万元）		2 400	3 300	3 100	3 900	4 800	17 500

续表

项目	初始期	第1年	第2年	第3年	第4年	第5年	总计
现行股利分配方案							
每股股利（元）	0.21	0.21	0.21	0.21	0.21	0.21	
股利支付率（%）	50	40.38	32.81	28.38	24.42	21	
剩余现金（万元）		2 400	3 300	3 100	3 900	4 800	17 500
股利支付（万元）		2 100	2 100	2 100	2 100	2 100	10 500
现金结余（万元）		300	1 200	1 000	1 800	2 700	7 000
备选股利分配方案一							
每股股利（元）	0.21	0.26	0.32	0.37	0.43	0.50	
股利支付率（%）	50	50	50	50	50	50	
剩余现金（万元）		2 400	3 300	3 100	3 900	4 800	17 500
股利支付（万元）		2 600	3 200	3 700	4 300	5 000	18 800
现金结余（万元）		-200	100	-600	-400	-200	-1 300
备选股利分配方案二							
每股股利（元）	0.21	0.24	0.30	0.34	0.39	0.47	
股利支付率（%）	50	46.15	46.86	45.95	46.51	47	
剩余现金（万元）		2 400	3 300	3 100	3 900	4 800	17 500
股利支付（万元）		2 400	3 000	3 400	3 900	4 700	17 400
现金结余（万元）		0	300	-300	0	100	100

（资料来源于荆新、王化成、刘俊彦：《财务管理学》，中国人民大学出版社2012年版）

案例思考：庆余堂药业股份有限公司如何制定胜利分配方案？

任务解构

一、股利分配方案的制订流程

在公司利润分配的实践中，制订股利分配方案会受到很多因素的影响和制约，公司必须认真权衡这些影响因素。而且不同的股利支付方式和股利政策也会对公司的股票价格等产生不同的影响。因此，对于公司来说，制订一个合理的股利分配方案是非常重要的。股利分配方案的选择既要符合公司的经营状况和财务状况，又要符合股东的长远利益。股利分配方案的制订流程如图8-3所示。

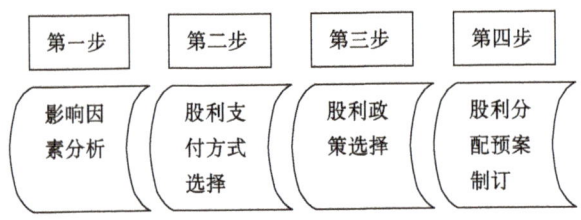

图 8-3 股利分配方案的制订流程

二、制定股利分配政策时的影响因素分析

企业的利润分配涉及企业各方利益相关者的利益，受很多因素的影响，在确定股利分配政策时，会受到很多主观和客观因素的制约，主要包括法律因素、公司因素、股东因素及其他因素。

（一）法律因素

为了保护债权人和股东的利益，法律法规就公司的股利分配经常进行一定的限制。因此，企业制定股利政策时必然面临相关法律的制约。

1. 资本保全约束。公司不能用资本（包括实收资本或股本和资本公积）发放股利，防止企业任意减少资本结构中的所有者权益的比例。这样的限制规定是为了保全公司的股权资本，以维护债权人的利益。

2. 资本积累约束。公司必须按照一定的比例和基数提取各种公积金。按法律规定，公司的税后利润必须先提取法定公积金，此外还鼓励公司提取任意公积金，只有当提取的法定公积金达注册资本的 50% 时，可以不再提取。这样的规定有利于提高企业的生产经营能力，增强企业抵御风险的能力。

3. 净利润约束。在进行利润分配时，一般应当贯彻"无利不分"的原则，即公司年度累计净利润为正数时才可以发放股利，以前年度亏损必须足额弥补。

4. 超额累积利润约束。由于股东获得股利缴纳的所得税高于其进行股票交易的资本利得税，于是许多国家规定公司不得超额累积利润，一旦公司的保留盈余超过法律认可的水平，将被加征额外税额。

5. 偿付能力约束。企业需要按时、足额偿付各种到期债务，如果一个企业已经无力偿付债务，或因股利的支付而失去偿债能力，则不能支付股利。偿付能力约束要求公司考虑现金股利分配对偿债能力的影响，确定在分配后仍能保持较强的偿债能力，以维持公司的信誉和借贷能力，从而保证公司的正常资金周转。

（二）公司因素

公司在确定股利分配政策时，应该基于短期经营和长期发展的考虑。

1. 盈余的稳定性。公司是否能获得长期稳定的盈余，是其股利决策的重要基础。通常情况下，盈余不稳定的公司往往采取低股利政策，因为低股利政策可以减少因盈余下降而造成的股利无法支付、股价急剧下降的风险；同时可将更多的盈余进行投资，以提高公司权益资本比重，降低财务风险。反之，盈余相对稳定的公司则更可能支付较高的股利。

2. 资产的流动性。保持一定的资产流动性，是公司经营所必需的。为了保证一定的支付能力，公司一般会设定一个资产的流动性目标。在收益一定的前提下，如果所定目标较高，则用于股利支付的现金就较少；如果所定目标较低，则用于股利支付的现金就较多。如果公司的资产流动性较差，即使收益很多，也不宜分配过多的现金股利。

3. 筹资因素。具有较强筹资能力的公司因为能够及时地筹措到所需资金，有可能采取较高股利支付政策；而筹资能力较弱的公司则不得不多保留盈余，因而往往采取低股利发放政策。此外，与发行新股相比，保留盈余不需花费筹资费用，因此从资本成本考虑，如果公司有扩大资金的需要，也应当采取低股利政策。

4. 投资机会。公司向股东分配股利后的留存收益是公司未来发展的重要资金来源。有着良好投资机会的公司，需要有强大的资金支持，因而往往少发放股利从而将大部分盈余用于投资；缺乏良好投资机会的公司，保留大量现金会造成资金的闲置，于是倾向于支付较高的股利。因此，处于成长中的公司多采取低股利政策，处于经营收缩的公司多采取高股利政策。

5. 其他。除了上述影响因素外，企业可以采用高股利政策促使股价上涨，使已发行的可转换债券尽快地实现转换，从而达到调整资本结构的目的；通过支付较高股利，刺激公司股价上涨，从而实现反兼并、反收购目的等。

（三）股东因素

股东在控制权、收入和税收方面的考虑也会影响企业的利润分配政策。

1. 控制权。如果公司支付较高的股利，会导致留存收益的减少，这会增加将来发行新股的可能性，而发行新股必然稀释公司的控制权，这是控股股东所不愿看到的局面。因此，若控股股东没有充足的资金购买新股以满足公司的资金需要，其宁肯不分配股利也要避免控制权的稀释。

2. 稳定的收入。对于依赖股利维持生活的股东来说，通过增加留存收益带来新的收益或是引起股价上涨而获得的资本利得具有很大的不确定性，而目前的股利是确定的，即便是现在较少的股利，也强于未来的资本利得，因此他们往往要求较多的股利支付。

3. 避税。政府对企业利润征收所得税以后，还要对自然人股东征收个人所得税，股利收入的税率要高于资本利得的税率。一些高股利收入的股东出于避税的考虑，往往倾向于低股利政策。

（四）其他因素

1. 债务契约。企业和债权人之间通常需要签订债务契约，债权人为了保证自己的利益不受侵害，往往会在债务契约中加入一些限制性条款，例如营运资本、利息保障倍数低于一定标准时不得支付股利等。这些限制公司现金支付程度的条款使得公司只得采取低股利政策。

2. 通货膨胀。通货膨胀会导致货币购买力水平下降，导致固定资产重置资金不足，此时,企业往往不得不考虑留用一定的利润,以便弥补由于购买力下降而造成的固定资产重置资金缺口。因此,在通货膨胀时期,企业一般会采取偏紧的股利分配政策。

三、股利支付方式的选择

股利支付方式有多种,公司可以根据自己的财务状况,选择合适的股利支付方式。常见的股利支付方式有以下几种。

（一）现金股利

现金股利是以现金支付股利的一种方式,它是公司常用的、最易被投资者接受的股利支付方式。采用现金股利方式时,公司需要具备两个条件:一是公司要有足够的未指明用途的留存收益;二是公司要有足够的现金。因此,采用现金股利方式的公司在支付前须筹备充足的现金。

（二）财产股利

财产股利是以现金以外的资产支付股利的一种方式,主要是以公司所拥有的其他企业的有价证券,如债券、股票,作为股利支付给股东。

（三）负债股利

负债股利是公司以负债支付股利的一种方式,通常以公司的应付票据支付给股东,在不得已的情况下也有发行公司债券抵付股利的。

财产股利和负债股利实际上是现金股利的替代,这两种股利方式目前在我国公司股利支付实务中很少采用。

（四）股票股利

股票股利是公司以增发的股票作为股利的一种支付方式。股票股利并不直接增加股东的财富,不导致公司资产的流出或负债的增加,因而不是公司资金的使用;同时也并不因此而增加公司的财产,但会引起所有者权益各项目的结构、股票数量、每股收益、每股价格等发生变化。

对于发放股票股利通常有两种做法:一种是股票股利按市价确定,未分配利润按市价减少（增加的股数×每股市价）,股本按面值增加（增加的股数×每股面值）,差额作为资本公积;二是股票股利按面值确定,未分配利润按面值减少（增加的股数×每股面值）,股本按面值增加（增加的股数×每股面值）,资本公积不变。

【例8-1】某公司2013年发放股票股利前的股东权益账户情况如表8-5所示。

表8-5　　　某公司发放股票股利前的股东权益账户情况　　　　　　单位:万元

股本（面值1元,发行在外10万股）	10
资本公积	20
盈余公积	10
未分配利润	30
股东权益合计	70

假设该公司宣布发放 10% 的股票股利,即发放 1 万股普通股,股东每持有 10 股,即可获赠 1 股普通股。若该股票当时市价为 5 元,那么随着股票股利的发放,需从"未分配利润"项目划转出的资金为:

10 × 10% × 5 = 5(万元)

由于股票面值不变,发放 5 万股,股本增加 1 万元,其余的 4 万元应作为股本溢价转至"资本公积"项目,而公司股东权益总额保持不变。发放股票股利后,公司股东权益账户情况如表 8-6 所示。

表 8-6　　　　某公司发放股票股利后的股东权益账户情况　　　　单位:万元

股本(面值 1 元,发行在外 11 万股)	11
资本公积	24
盈余公积	10
未分配利润	25
股东权益合计	70

假设一位股东派发股票股利之前持有该公司普通股 0.1 万股,那么,他所拥有的股权比例为:

0.1 ÷ 10 × 100% = 1%

派发股利之后,他所拥有的股票数量和股份比例为:

0.1 × (1 + 10%) = 0.11(万股)

0.11 ÷ 11 × 100% = 1%

尽管股票股利不直接增加股东的财富,也不增加公司的价值,但对股东和公司都有特殊的意义。

从股东角度分析,股票股利的意义在于:

第一,股票价值上升的好处。有时公司发放股票股利后其股价并不成比例下降,这可使股东得到股票价值相对上升的好处。同时发放股票股利,通常由成长中的公司所采用,因此投资者会认为发放股票股利预示着公司有良好的前景,这种心理会稳定住股价甚至致使股价上升。

第二,投资的灵活性和税收上的好处。股东愿意接受股票股利是因为他们既可以选择较长时间地持有股票以获得更大的资本利得,也可以在需要现金时,将分得的股票股利出售以获得现金,股东有较大的主动权。而且,有些国家税法规定出售股票所需交纳的资本利得(价值增值部分)税率比收到现金股利所需交纳的所得税税率低,这可以降低股东的税负。

从公司角度分析,股票股利的意义在于:

第一,有利于再投资。当公司有良好的发展机会需要大量现金进行再投资时,采用股票股利方式既可以使股东分享公司的盈余,又无须分配现金,有利于公司长期发展。

第二,有利于股票的流通。发放股票股利能增加流通在外的股数,在盈余和现金股利不变的情况下,可以降低每股价值,有利于股票的流通,从而吸引更多的投资者。

四、股利分配政策的选择

股利政策是指在法律允许的范围内,企业是否发放股利、发放多少股利以及何时发放股利的方针及对策。股利政策的最终目标是使企业价值最大化。企业应根据自身的实际情况,考虑影响股利政策的多种因素,权衡利弊得失,从而选择最佳的股利政策。常见的股利政策主要有以下几种类型。

(一) 剩余股利政策

剩余股利政策是在公司有着良好的投资机会时,根据一定的目标资本结构(最佳资本结构),测算出投资所需的权益资本,先从盈余当中留用,然后将剩余的盈余作为股利予以分配的股利政策,即净利润首先满足公司的资金需求,如果还有剩余,就派发股利;如果没有剩余,则不派发股利。

采用剩余股利政策的步骤:第一,设定目标资本结构,即确定权益资本与债务资本的比率,在此资本结构下,加权平均资本成本将达到最低水平;第二,确定目标资本结构下投资所需的股东权益数额;第三,最大限度地使用保留盈余来满足投资方案所需的权益资本数额;第四,投资方案所需权益资本在得到满足后,如果有剩余盈余,再将其作为股利发放给股东。

【例8-2】某公司2013年净利润为2 000万元,2014年的投资计划需要资金2 400万元,公司的目标资本结构为权益资本占60%,债务资本占40%,该公司当年流通在外的普通股为1 000万股。如果采用剩余股利政策,计算该公司的每股股利为多少?

按照目标资本结构的要求,公司投资方案所需的权益资本数额为:

2 400×60% =1 440(万元)

公司当年全部可用于分派的盈利为2 000万元,应首先满足投资方案所需的权益资本数额,如果还有剩余可用于发放股利。2013年,公司可以发放的股利额为:

2 000 -1 440 =560(万元)

每股股利为:560÷1 000 =0.56(元/股)

剩余股利政策,留存收益优先保证再投资的需要,有助于保持最佳的资本结构,降低企业加权平均资本成本,从而实现企业价值的最大化。但是,股利发放额每年随投资机会和盈利水平的波动而波动,不利于投资者安排收入与支出,也不利于企业树立良好的形象。

(二) 固定或稳定增长的股利政策

固定或稳定增长的股利政策是指公司将每年派发的股利额固定在某一特定水平或是在此基础上维持某一固定比率逐年稳定增长。公司只有在确信未来盈余不会发生逆转时才会宣布实施固定或稳定增长的股利政策。

固定或稳定增长的股利政策可向投资者传递公司稳定发展的信息,从而增强投资者对公司的信心,稳定公司股票价格,树立公司良好形象;稳定的股利有利于投资者安排收入与支出,尤其对股利有较强依赖性的投资者更是如此;为将股利维持在稳定的水平上,即使推迟某些投资方案或暂时偏离目标资本结构,也可能比降低股利或股利增长率更为有利。但是,固定或稳定增长的股利政策会使股利的支付与企业的盈利相脱节,可能导致企业资金紧缺,财务状况恶化;同时不能像剩余股利政策那样保持较低的资本成本。

（三）固定股利支付率政策

固定股利支付率政策是公司确定一个股利占盈余的比率,长期按此比率支付股利的政策,这一比率称为股利支付率。在该股利政策下,公司的股利支付与盈余水平保持稳定的比例,而每年的股利额却随公司盈余的变化而变化。

固定股利支付率政策使得股利的支付与公司盈余紧密地配合,体现了"多盈多分、少盈少分、无盈不分"的原则;公司每年按固定的比例从净利润中支付现金股利,从企业支付能力的角度看这是一种稳定的股利政策。但是若企业收益不稳定会导致各年股利的发放出现较大波动,这会向投资者传递企业发展起伏较大的信息,从而影响投资者对公司成长的判断,不利于公司股票价格的稳定;此外,合适的固定股利支付率的确定难度较大。

【例8-3】某公司采用固定股利支付率政策进行股利分配,股利支付率为30%。2013年净利润为2 000万元,如果仍然继续执行固定股利支付率政策,则公司本年度将要支付的股利是多少?

由于继续执行固定股利支付率政策,则本年度将要支付的股利为:

$2\ 000 \times 30\% = 600$（万元）

（四）低正常股利加额外股利政策

低正常股利加额外股利政策是指公司事先设定一个较低的正常股利额,每年除了按正常股利额向股东发放股利外,在公司盈余较多、资金较为充裕的年度,还向股东发放一些额外股利。

低正常股利加额外股利政策赋予公司较大的灵活性,使公司在股利发放上有一定的弹性。公司可根据每年的盈利状况选择不同的股利发放水平,以稳定和提高股价;同时可以吸引那些依靠股利度日的股东,因为每年至少可以得到虽然较低但比较稳定的股利收入。但是如果公司盈利波动较大使得各年间额外股利不断变化,容易给投资者造成收益不稳定的感觉;并且当公司在较长时间持续发放额外股利后,可能会被投资者误认为"正常股利",一旦取消,传递出的信号可能会使股东认为这是公司财务状态恶化的表现,进而导致股价下跌。

五、股利分配预案的制订

考虑相关的法律因素、公司自身因素以及股东等因素后,选择合适的股利支付方式以及股利政策,确定适合本公司的股利分配预案。

【例8-4】上海东方明珠（集团）股份有限公司（600832）在其披露的《董事会关于2014年年度利润分配预案的说明》中，就利润分配预案进行了说明："截至2014年12月31日，公司合并总资产为176.26亿元，所有者权益为104.59亿元，归属于母公司所有者权益合计为91.03亿元，资产负债率高于行业中位数水平。并且当前公司正在进行重大资产重组，根据《上市公司备考审计报告》，重组后的存续公司备考合并口径截至2014年12月31日的合并资产负债率为46.04%，也高于行业中位数水平。公司合并报表现金约34.93亿元，当前已有明确用途的重大支出为11.67亿元（含本次利润分配预案的1.78亿元），2015年维持日常经营活动需要保持的运营资金约为16.05亿元，尚有已经发行在外的中票票据及利息11.56亿元。公司正在进行重大资产重组，按照规划，重组后的存续公司将建立起涵盖内容、平台与渠道、服务在内的全媒体生态系统，在实施重组配套募集资金项目的同时，还需要投资一系列其他战略投资项目，打造最具市场价值和传播力、公信力、影响力的新型互联网媒体集团。公司董事会从优化公司资产负债结构，平衡公司当前资金需求与未来发展投入、股东短期现金分红回报与中长期回报的角度考虑，提出上述利润分配预案。"该段说明清楚表明了股利分配预案制订时考虑的相关因素。

结合上述因素，该公司考虑以往股利分配情况（见表8-7），并基于重视对投资者的回报，尤其现金回报，致力于平衡公司业务发展需要和保持利润分配政策的连续性和稳定性，选择了现金股利的支付方式和恰当的股利政策，并最终确定了股利分配预案："公司董事会提议以2014年末总股本3 186 334 874股为基数，向全体股东按每10股派发现金红利0.56元（含税），总计派发现金红利178 434 752.94元，占经审计的公司2014年度合并报表中归属于母公司所有者的净利润1 177 168 290.44元的15.16%。公司不实施送股，也不实施资本公积金转增股本。"

表8-7　　　　　东方明珠2011~2013年公司现金分红情况　　　　　单位：元

分红年度	现金分红的数额（含税）	分红年度合并报表中归属于上市公司股东的净利润	占合并报表中归属于上市公司股东的净利润的比率（%）
2013年	207 111 766.81	684 315 794.44	30.27
2012年	573 540 277.32	547 930 516.79	104.67
2011年	382 360 184.88	456 480 283.00	83.76

案例解析

庆余堂药业股份有限公司股利分配方案制订过程：

（1）考虑影响股利分配方案制订的相关因素。庆余堂公司对中药注射剂项目进行评估，净现值为正，项目具有可行性，公司决定实施该项目。因此，影响庆余堂公司股利分配方案制订的相关因素主要是未来的投资项目。预计该项目需要的投资总额为27 700万元，在今后5年的投资额分别为：第1年为4 000万元，第2年为4 500万元，第3年为5 800万元，第4年为6 400万元，第5年为7 000万元。在未来 5 年中，庆余堂公司的预期剩余现金量总额为 17 500 万元，第 1 年至第 5 年分别为 2 400 万元、3 300 万元、3 100 万元、3 900 万元和 4 800 万元。

(2) 庆余堂公司预计未来 5 年的净利润总额为 37 600 万元，而预计剩余现金量为 17 500 万元，占净利润总额的 46.54%。庆余堂公司继续采用现金股利的支付形式。

(3) 股利政策的选择。庆余堂公司过去采用固定股利政策，股利支付率各年变化不大，大约为 50%。公司财务人员分析了制药行业公司的股利支付率在 40% ~ 60% 之间，认为过去该公司的股利支付率保持在 50% 左右是合理的。虽然今后 5 年公司业绩会平稳增长，但要发生大量的投资支出，因此，财务经理建议董事会可适当降低股利支付率，认为股利支付率在 40% ~ 48% 之间比较合适。具体分析了三个备选方案：

采用原来股利分配方案：如果公司继续实施现行的固定股利政策，每年每股股利为 0.21 元，那么，公司未来 5 年的股利支付率会逐年降低。这样可能会引起股东的不满，并且这种股利政策实施后，公司出现大量的现金结余，5 年预计现金结余总额为 7 000 万元，因此，该股利政策不符合股东利益。

采用备选股利分配方案一：该方案属于固定股利支付率政策，采用该方案后，每年股利支付率维持在固定值 50%，5 年中预计发放的股利总额为 18 800 万元，这样会使公司投资项目无法用留用利润来实施，存在 1 300 万元的现金短缺，必须从外部筹资资本。考虑到筹资费用和税收等因素影响，这种股利政策也不符合股东利益。

采用备选股利分配方案二：该方案是一个股利额稳定增长、股利支付率大约为 46% 的股利政策，经测算，采用这种股利政策，公司完全可以用留用利润满足项目的投资需要，并且不会导致公司出现大量的剩余现金量。这种股利政策既能满足股东对股利增长的要求，也不必通过外部筹资实施投资项目，是符合股东利益的方案。

因此，该公司董事会决定采用方案二。

任务三　股利分配方案的实施

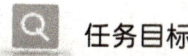
任务目标

1. 掌握股利分配方案的实施流程；
2. 掌握股利分配的几个重要日期。

案例导入

本公司董事会及全体董事保证本公告内容不存在任何虚假记载、误导性陈述或者重大遗漏，并对其内容的真实性、准确性和完整性承担个别及连带责任。

重要内容提示：
- 每股派发现金红利人民币0.18元（含税）。
- 每股派发现金红利（扣税后）：无限售条件流通股自然人股东和证券投资基金，扣税后每股派发现金红利人民币0.171元；有限售条件流通股个人股东，扣税后每股派发现金红利人民币0.162元；合格境外机构投资者（QFII）股东，扣税后每股派发现金红利人民币0.162元；香港联交所投资者，扣税后每股派发现金红利人民币0.162元。
- 股权登记日：2015年5月13日
- 除息日：2015年5月14日
- 现金红利发放日：2015年5月14日

一、通过利润分配方案的股东大会届次和时间

2015年4月24日，宝山钢铁股份有限公司2014年年度股东大会审议通过了《关于2014年度利润分配的预案》。股东大会决议公告刊登在2015年4月25日的《上海证券报》《中国证券报》《证券时报》及上海证券交易所网站（http://www.sse.com.cn）上。

二、利润分配方案

（一）发放年度：2014年度

（二）发放范围：截至2015年5月13日（股权登记日）下午上海证券交易所收市后，在中国证券登记结算有限责任公司上海分公司（以下简称中登上海分公司）登记在册的本公司全体股东。

（三）利润分配方案：本次利润分配以公司总股本16 471 026 024股为基数，每股派发现金红利人民币0.18元（含税），共计派发现金股利总额为人民币2 964 784 684.32元（含税）。2014年度公司不实施资本公积金转增股本等其他形式的分配方案。

（四）扣税说明

1. 对于持有公司无限售条件流通股的自然人股东和证券投资基金，暂按5%税率计算并代扣代缴个人所得税，扣税后每股派发现金红利人民币0.171元。

根据《关于实施上市公司股息红利差别化个人所得税政策有关问题的通知》（财税〔2012〕85号）规定，股东持股期限（指个人从公开发行和转让市场取得上市公司股票之日至转让交割该股票之日前一日的持有时间）在1个月以内（含1个月）的，其股息红利所得全额计入应纳税所得额，实际税负为20%；持股期限在1个月以上至1年（含1年）的，暂减按50%计入应纳税所得额，实际税负为

10%；持股期限超过1年的，暂减按25%计入应纳税所得额，实际税负为5%。

个人股东及证券投资基金在股权登记日后转让股票时，中登上海分公司根据其持股期限计算实际应纳税额，超过已扣缴税款的部分，由证券公司等股份托管机构从个人资金账户中扣收并划付中登上海分公司，中登上海分公司于次月5个工作日内划付公司，公司在收到税款当月的法定申报期内向主管税务机关申报缴纳。

2. 对于持有公司有限售条件流通股的自然人股东，根据《关于实施上市公司股息红利差别化个人所得税政策有关问题的通知》（财税〔2012〕85号）规定，解禁前取得的股息红利暂减按50%计入应纳税所得额，实际税负为10%。按照该通知规定，公司派发现金红利时，按10%的税率代扣代缴所得税，扣税后每股派发现金红利为人民币0.162元。

3. 对于合格境外机构投资者（QFII）股东，由公司根据国家税务总局于2009年1月23日颁布的《关于中国居民企业向QFII支付股息、红利、利息代扣代缴企业所得税有关问题的通知》（国税函〔2009〕47号）的规定，按照10%的税率统一代扣代缴企业所得税，扣税后每股派发现金红利人民币0.162元。如QFII股东需要享受税收协定（安排）待遇的，可按照规定在取得股息、红利后自行向主管税务机关提出申请。

4. 对于对香港联交所投资者（包括企业和个人）投资公司A股股票，其现金红利将由公司通过中登上海分公司按股票名义持有人账户以人民币派发，扣税根据《财政部、国家税务总局、证监会关于沪港股票市场交易互联互通机制试点有关税收政策的通知》（财税〔2014〕81号）执行，按照10%的税率代扣所得税，税后每股实际派发现金红利人民币0.162元。

5. 对于其他机构投资者和法人股东，公司将不代扣代缴企业所得税，由纳税人按税法规定自行判断是否应在当地缴纳企业所得税，实际派发现金红利为税前每股人民币0.18元。

三、相关日期

1. 股权登记日：2015年5月13日
2. 除息日：2015年5月14日
3. 现金红利发放日：2015年5月14日

四、分派对象

截至2015年5月13日（股权登记日）下午上海证券交易所收市后，在中国证券登记结算有限责任公司上海分公司登记在册的公司全体股东。

五、利润分配方案实施办法

1. 公司股东宝钢集团有限公司的现金红利由本公司直接发放。
2. 除上述股东外，本公司其他无限售流通股股东以及有限售条件流通股股东的红利委托中登上海分公司通过其资金清算系统向股权登记日登记在册并在上海证券交易所各会员办理了指定交易的股东派发。已办理指定交易的投资者可于红利发放日在其指定的证券营业部领取现金红利,未办理指定交易的股东红利暂由中国证券登记结算有限责任公司上海分公司保管,待办理指定交易后再进行派发。

案例思考: 宝山钢铁股份有限公司董事会提案是否符合公司股利分配的一般流程?

任务解构

一、股利分配方案的实施流程

股份有限公司分配股利必须遵循法定的程序,一般是先由董事会提出股利分配预案,然后提交股东大会决议通过才能进行分配。股东大会决议通过股利分配预案之后,要向股东宣布发放股利的方案,并确定股权登记日、除息日和股利发放日,这几个日期对于股利分配非常重要。股利分配方案公告后,将由公司按照利润分配方案实施办法进行后续的股利分配。

二、股利分配方案的公告

股东大会需要审议批准由董事会提出的股利分配预案,并将股利支付情况予以公告,公告日即为股利宣告日。利润分配方案实施公告中应披露通过利润分配方案的股东大会届次和时间。在宣布股利分配方案时,应明确股利的发放年度、发放范围、具体的利润分配方案以及扣税说明等事项,并公布股权登记期限、除息日、股利支付日期等事项。

三、股利分配方案的股权登记日和除息日

股权登记日,又称除权日,即有权领取本期股利的股东资格登记截止日期。只有在股权登记日前在公司股东名册上登记的股东,才有权分享股利。

除息日,即领取股利的权利与股票分离的日期。在除息日之前购买的股票才能领取本次股利,而在除息日当天或是以后购买的股票,则不能领取本次股利。由于失去了"收息"的权利,除息日的股票价格会下跌。

四、股利实际发放

股利发放日,又称股利支付日,是公司按照公布的分红方案向股权登记日在册的股东实际支付股利的日期。目前公司可以通过中央结算登记系统将股利直接打入股东在证券公司开立的保证金账户。

【例8-5】 假定某上市公司于2014年4月9日公布2013年度的最终分红方案,其公告如下:"2014年4月8日在上海召开的股东大会,通过了董事会关于每股分派0.10元的2013年股息分配方案。股权登记日为4月25日,除息日为4

月 26 日，股东可在 5 月 15 日至 25 日之间通过上海交易所按交易方式领取股息。特此公告。"

则 2014 年 4 月 9 日为该公司股利宣告日；2014 年 4 月 25 日为其股权登记日；2014 年 4 月 26 日为其除息日；2014 年 5 月 15 日至 25 日为其股利支付期间。该公司的股利支付程序如图 8-4 所示。

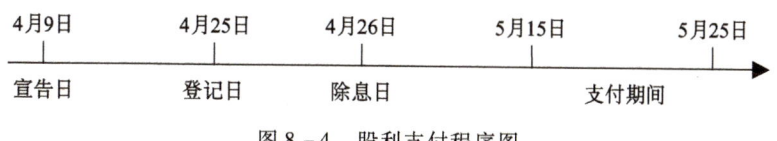

图 8-4 股利支付程序图

案例解析

宝山钢铁股份有限公司董事会提出的股利分配方案符合公司股利分配的一般流程。因此，2015 年 4 月 24 日，宝山钢铁股份有限公司 2014 年年度股东大会审议通过了《关于 2014 年度利润分配的预案》，决定：

- 每股派发现金红利人民币 0.18 元（含税）。
- 每股派发现金红利（扣税后）：无限售条件流通股自然人股东和证券投资基金，扣税后每股派发现金红利人民币 0.171 元；有限售条件流通股个人股东，扣税后每股派发现金红利人民币 0.162 元；合格境外机构投资者（QFII）股东，扣税后每股派发现金红利人民币 0.162 元；香港联交所投资者，扣税后每股派发现金红利人民币 0.162 元。

向股东宣布发放股利的方案时，明确了以下几个关键日期：

- 股权登记日：2015 年 5 月 13 日
- 除息日：2015 年 5 月 14 日
- 现金红利发放日：2015 年 5 月 14 日

任务四　股票回购

任务目标

1. 掌握股票回购的动机；
2. 掌握股票回购的方式。

案例导入

宝钢股份有限公司历年股利分配方案符合公司章程的规定，并获得股东大会的决议通过。公司制定的现金分红标准和比例明确清晰，相关的决策程序和机制完备，独立董事尽职履责并发挥了应有的作用，中小股东享有充分表达意见和诉求的机会，中小股东的合法权益得到充分维护。

2012年度公司法人实现净利润10 487 297 179.33元，加上2012年初公司未分配利润22 768 306 759.11元，减去发放的2011年度现金股利3 502 409 617.60元，2012年末公司可供分配利润为29 753 194 320.84元。为实现公司长期、持续的发展目标，并更好贯彻"股东价值最大化"的经营理念，提议公司2012年度利润分配方案如下：

1. 按照2012年度净利润的10%提取法定盈余公积1 048 729 717.93元。
2. 按照2012年度净利润的10%提取任意盈余公积1 048 729 717.93元。
3. 截至2012年12月31日，公司已实施现金回购金额1 916 525 868.00元，回购股数414 055 508股，注销股数390 000 000股。根据《上海证券交易所上市公司现金分红指引》，上市公司当年实施股票回购所支付的现金视同现金红利。
4. 根据公司有关现金股利政策，每年分派现金股利不低于当年净利润的40%，现金分红总额应不低于4 194 918 871.73元。结合上述公司已实施的现金回购额，公司拟向在派息公告中确认的股权登记日在册的全体股东派发现金股利总额为2 278 400 000.00元（含税）。

案例思考： 如何制作宝钢股份有限公司的股票回购书？

任务解构

一、股票回购的流程

股票回购是指上市公司出资将其发行在外的普通股以一定价格购买回来予以注销或作为库存股的一种资本运作方式。企业进行股票回购时，首先应明确回购的动机；其次，确定适合本企业的回购方式；最后，由董事会依法作出股票回购决议，提交股东大会批准，并按照批准后的股票回购方案实施回购。股票回购对上市公司的影响主要表现在：

1. 股票回购需要大量资金支付回购成本，容易造成资金紧张，降低资产流动性，影响公司的后续发展。
2. 股票回购无异于股东退股和公司资本的减少，也可能会使公司的发起人股东更注重创业利润的实现，从而不仅在一定程度上削弱了对债权人利益的保护，而且忽视了公司的长远发展，损害了公司的根本利益。
3. 股票回购容易导致公司操纵股价。公司回购自己的股票容易导致其利用内幕消息进行炒作，加剧公司行为的非规范化，损害投资者的利益。

二、股票回购的动机

（一）现金股利的替代

股票回购可以减少流通在外的本公司股票，在公司收益不变的情况下，可增加未收回股票的每股收益和每股价格。因此,股票回购可提高公司股票的资本收益,相当于变相给股东支付股利。所以,可以将股票回购看作是一种现金股利的替代方式。从国际上看,如果一个公司现金充裕,又无合适的投资机会,低股利政策显然不合适,高股利政策也非最佳选择的情况下,通常用股票回购这种方式将剩余现金转移给股东。

(二) 调整公司的资本结构

股票回购是改善公司资本结构的一个较好途径。利用企业闲置的资金回购一部分股份,虽然降低了公司的实收资本,但是资金得到了充分利用,每股收益也提高了。无论是现金回购还是举债回购股份,都会提高公司的财务杠杆水平(负债资金比例上升)。

(三) 传递公司信息

公司进行股票回购的目的之一是向市场传递股价被低估的信号。一般情况下,投资者会认为股票回购意味着公司认为其股票价值被低估而采取的应对措施。股票回购的市场反应通常是提升了股价,有利于稳定公司股票价格。如果回购以后股票仍被低估,剩余股东也可以从低价回购中获利。

(四) 基于控制权的考虑

控股股东为了巩固既有控制权,往往采用直接或间接的方式回购股票。而且,通过股票回购,可以减少外部流通股的数量,提高了股票价格,在一定程度上降低了公司被收购的风险。

三、股票回购的方式

按照不同的分类标准,股票回购的方式可以分为以下几种。

(一) 按照股票回购的地点,可分为场内公开收购和场外协议收购

场内公开收购是指上市公司把自己等同于任何潜在的投资者,委托证券公司代自己按照公司股票当前市场价格回购。虽然该方式的透明度比较高,但很难防止价格操纵和内幕交易,因此,证券交易管理机构对实施场内回购的时间、价格和数量等均有严格的监管规则。

场外协议收购是指股票发行公司与某一类或某几类投资者直接见面,通过协商来回购股票的一种方式。协商的内容包括价格和数量的确定,以及执行时间等。显然,该种方式的透明度比较低。

(二) 按照筹资方式,可分为举债回购、现金回购和混合回购

举债回购是指企业通过向银行等金融机构借款的办法来回购本公司股票。如果企业认为其股东权益所占比例过大,资本结构不合理,就可能对外举债,并用举债获得的资金进行股票回购,以实现企业资本结构的合理化。此外,这也是一种防御其他公司的敌意兼并与收购的保护措施。

现金回购是指企业利用剩余资金来回购本公司的股票。这种情况可以实现分配企业的超额现金,起到替代现金股利的目的。

混合回购是指企业既动用剩余资金,又向银行等金融机构借贷来回购本公司股票。

(三)按照资产置换范围,可分为出售资产回购股票、利用手持债券和优先股交换(回购)公司普通股、债务股权置换

出售资产回购股票是指公司通过出售资产筹集资金回购本公司股票。

利用手持债券和优先股交换(回购)公司普通股是指公司使用手持债券和优先股换回(回购)本公司股票。

债务股权置换是指公司使用同等市场价值的债券换回本公司股票。

(四)按照回购价格的确定方式,可分为固定价格要约回购和荷兰式拍卖回购

固定价格要约回购是指企业在特定时间发出的以某一高出股票当前市场价格的价格水平,回购既定数量股票的要约。为了在短时间内回购数量相对较多的股票,公司可以宣布固定价格回购要约。它的优点是赋予所有股东向公司出售其所持股票的均等机会,而且通常情况下公司享有在回购数量不足时取消回购计划或延长要约有效期的权力。

荷兰式拍卖回购是公司首先指定回购价格的范围(通常较宽)和计划回购的股票数量(可以上下限的形式表示),然后股东进行投标,说明愿意以某一特定价格水平(股东在公司指定的回购价格范围内任选)出售股票的数量,公司汇总所有股东提交的价格和数量,确定此次股票回购的"价格—数量曲线",并根据实际回购数量确定最终的回购价格。

四、股票回购方案的制订与实施

公司回购股份,应当由董事会依法作出决议,并提交股东大会批准。上市公司独立董事应当在充分了解相关信息的基础上,就回购股份事宜发表独立意见。公司应当在股东大会召开前3日,将董事会公告回购股份决议的前一个交易日及召开股东大会的股权登记日登记在册的前10名股东的名称及持股数量、比例,在证券交易所网站予以公布。股东大会就回购股份作出的决议,应当包括下列事项:回购股份的价格区间;拟回购股份的种类、数量和比例;拟用于回购的资金总额以及资金来源;回购股份的期限;决议的有效期;对董事会办理本次回购股份事宜的具体授权等事项。股东大会作出回购股份决议后的次日公告该决议,依法通知债权人,并将相关材料报送中国证监会和证券交易所备案,同时公告回购报告书,并按照回购报告书实施股票回购。

 案例解析

宝山钢铁股份有限公司回购报告书[①]

本公司董事会及全体董事保证本公告内容不存在任何虚假记载、误导性陈述或

---

① 案例部分内容来自于上市公司公开披露的年报和各种临时公告。

者重大遗漏,并对其内容的真实性、准确性和完整性承担个别及连带责任。

特别提示:本次回购已经2012年9月17日召开的宝山钢铁股份有限公司2012年第二次临时股东大会决议通过。

为维护广大股东利益,增强投资者信心,维护公司股价,公司分析比较了分红和回购等回馈股东的方式,综合考虑投资者建议和公司的财务状况,公司将以不超过每股5.00元的价格回购公司股份,回购总金额最高不超过人民币50亿元。

一、回购方案

（一）回购股份的方式

回购股份的方式为上海证券交易所集中竞价交易方式。

（二）回购股份的用途

回购的股份将注销,从而减少注册资本。

（三）回购股份的价格区间

公司本次回购价格不超过每股5.00元,即以每股5.00元或更低的价格回购股票。

（四）用于回购的资金总额以及资金来源

用于回购的资金总额最高不超过人民币50亿元,资金来源为自有资金。

（五）回购股份的种类

回购股份的种类为本公司发行的A股股票。在回购资金总额不超过人民币50亿元、回购股份价格不超过5元的条件下,预计回购股份约10亿股,占公司总股本约5.7%,占社会公众股约22.8%。具体回购股份的数量以回购期满时实际回购的股份数量为准。

（六）回购股份的期限

自股东大会审议通过本回购股份方案之日起12个月内。

二、预计回购后公司股权结构的变动情况

如按回购数量为10亿股至12亿股测算,预计回购后公司股权结构的变动情况如表8-8所示。

表8-8　　　　　预计回购后公司股权结构的变动情况表

项目	总股本	宝钢集团有限公司持股比例
回购前	17 512 048 088	74.97%
回购10亿股	16 512 048 088	79.51%
回购12亿股	16 312 048 088	80.49%

三、管理层关于本次回购股份对公司经营、财务及未来发展影响和维持上市地位等情况的分析

根据公司经营情况和财务情况，公司认为可以承受 50 亿元的股份回购金额，且不会对公司的经营、财务和未来发展产生重大影响。如前所述，以回购数量 10 亿股至 12 亿股测算，回购后公司总股本为 16 512 048 088 股至 16 312 048 088 股，宝钢集团有限公司持股比例 79.51% 至 80.49%，不会影响本公司的上市地位。

四、上市公司董事、监事、高级管理人员在董事会作出回购股份决议前 6 个月是否存在买卖本公司股份的行为，是否存在单独或者与他人联合进行内幕交易及市场操纵的说明

为维护公司股价，体现对公司发展的信心，公司董事、总经理马国强先生，董事诸骏生先生，副总经理李永祥先生，副总经理王静女士，副总经理周建峰先生于 2012 年 5 月至 7 月期间分别买入 5 万股、3 万股、2.85 万股、4 万股和 2.5 万股本公司股票，公司已按相关规则于上海证券交易所网站披露相关信息。

上市公司董事、监事、高级管理人员不存在单独或者与他人联合进行内幕交易及市场操纵的行为。

五、债权人通知情况

公司已就本次回购相关的债权人通知履行了必要的法律程序，并作出了必要的安排。

公司董事会已于 2012 年 9 月 18 日在《中国证券报》《上海证券报》《证券时报》及上海证券交易所网站（http：//www.sse.com.cn）披露《宝山钢铁股份有限公司董事会关于召开 2012 年第一次"08 宝钢债"债券持有人会议的通知》，会议将于 2012 年 10 月 10 日召开，审议《关于不要求公司提前清偿债务及提供额外担保的议案》。

宝钢集团有限公司已为"08 宝钢债"提供了不可撤销的连带责任保证担保。如果根据相关法律法规及《债券持有人会议规则》等规定，"08 宝钢债"债券持有人会议决议要求公司提前清偿债务，宝钢集团有限公司将履行其担保责任。

公司董事会已于 2012 年 9 月 20 日在《中国证券报》《上海证券报》《证券时报》及上海证券交易所网站（http：//www.sse.com.cn）披露《宝山钢铁股份有限公司关于回购股份的债权人通知》，对公司所有债权人（不含"08 宝钢债"持有人）进行公告通知。截至 9 月 20 日，尚无公司债权人要求本公司清偿债务或提供担保。

六、回购账户

根据《上市公司回购社会公众股份管理办法（试行）》《关于上市公司以集中竞价交易方式回购股份的补充规定》及《上海证券交易所上市公司以集中竞价交易方式回购股份业务指引》的规定（以下称相关规定），公司已申请在中国证券登记结

算有限责任公司上海分公司开立了股票回购专用账户,未来所有的股票回购将在专用账户进行。专用账户接受证券交易所和登记结算公司的监督,只能买进不能卖出。公司将在回购期届满或者回购方案实施完毕后撤销回购专用账户。

公司已委托华宝证券有限责任公司为本次回购的经纪券商,实施本次回购事宜。

七、相关规则

根据相关规定,公司在下列情形下需进行公告回购股份进展情况,公告内容至少包括公告前已回购股份数量、购买的最高价和最低价、支付的总金额。

(一)每个月的前3个交易日内;

(二)各定期报告中;

(三)首次回购股份事实发生的次日;

(四)回购股份占上市公司总股本的比例每增加1%的事实发生之日起3日内,公告期间无须停止回购行为。

在计算已回购股份占公司总股本的比例时,总股本以公司最近一次公告的总股本为准,不扣减已回购的股份。在计算回购股份占总股本比例每增加1%的指标时,以公司最近一次公告披露的回购比例为基准累计计算。

根据相关规定,公司在下列期间不得回购股份:

1. 上市公司定期报告或业绩快报公告前10个交易日内;

2. 自可能对本公司股票交易价格产生重大影响的重大事项发生之日或者在决策过程中,至依法披露后2个交易日内;

3. 中国证监会、上海证券交易所规定的其他情形。

根据相关规定,公司不得在开盘集合竞价、收盘前半小时内及股票价格无涨跌幅限制的交易日内进行股份回购的委托申报。回购股份的价格不得为公司股票当日交易涨幅限制的价格。

特此公告

宝山钢铁股份有限公司董事会
2012年9月21日

项目回顾

资金收益分配项目具体包括可供分配利润的测算、股利分配方案的制订、股利分配方案的实施,以及股票回购。公司在计算当期净利润、弥补亏损、提取公积金之后,所余当年利润与以前年度的未分配利润构成可供分配的利润。企业在考虑相关的法律因素、自身因素以及股东等因素后,选择合适的股利支付方式以及股利政策,确定适合本公司的股利分配预案。股东大会决议通过股利分配预案之后,向股东宣布发放股利的方案,并确定股权登记日、除息日和股利发放日。股利分配方案公告后,将由公司按照利润分配方案实施办法进行后续的股利分配。此外,股票回购可以作为现金股利的替代形式,企业确定适合本企业的回购方式后,由董事会依法作出股票回购决议，提交股东大会批准，并按照批准后的股票回购方案实施回购。

技能训练

1. 某公司成立于 2012 年 1 月 1 日，2012 年度实现的净利润为 1 000 万元，分配现金股利 550 万元，提取盈余公积 450 万元（所提盈余公积均已指定用途）。2013 年实现的净利润为 900 万元（不考虑计提法定盈余公积的因素）。2014 年计划增加投资，所需资金为 700 万元。假定公司目标资本结构为自有资金占 60%，借入资金占 40%。

要求：（1）在保持目标资本结构的前提下，如果公司执行剩余股利政策，计算 2013 年度应分配的现金股利。

（2）在不考虑目标资本结构的前提下，如果公司执行固定股利政策，计算 2013 年度应分配的现金股利、可用于 2014 年投资的留存收益和需要额外筹集的资金额。

（3）不考虑目标资本结构的前提下，如果公司执行固定股利支付率政策，计算该公司的股利支付率和 2013 年度应分配的现金股利。

2. 某公司本年实现的净利润为 500 万元，资产合计 5 600 万元，当前每股市价 10 元。利润分配前的股东权益项目资料如下：

股本（每股面值 4 元，200 万股）	800 万元
资本公积	320 万元
未分配利润	1 680 万元
所有者权益合计	2 800 万元

要求：（1）如果计划按每 10 股送 1 股的方案发放股票股利，股票股利的金额按市价计算，计算完成这一分配方案后的股东权益各项目数额，以及每股收益和每股净资产。

（2）计划派发每股现金股利 0.2 元，计算完成这一分配方案后的股东权益各项目数额，以及每股收益和每股净资产。

（3）拿出 40 万元现金按照当前每股市价回购股票，计算完成这一回购方案后的股东权益各项目数额，以及每股收益和每股净资产。

3. 为贯彻落实中国证监会《关于进一步落实上市公司现金分红有关事项的通知》（证监发〔2012〕37 号）的要求，上海证券交易所于 2013 年 1 月 7 日发布了《上海证券交易所上市公司现金分红指引》，其中规定上市公司年度报告期内盈利且累计未分配利润为正，未进行现金分红或拟分配的现金红利总额（包括中期已分配的现金红利）与当年归属于上市公司股东的净利润之比低于 30% 的，公司应当在审议通过年度报告的董事会公告中详细披露以下事项：结合所处行业特点、发展阶段和自身经营模式、盈利水平、资金需求等因素，对于未进行现金分红或现金分红水平较低原因的说明；留存未分配利润的确切用途以及预计收益情况；董事会会议的审议和表决情况；独立董事对未进行现金分红或现金分红水平较低的合理性发表的独立意见。

请分析：上海证券交易所为什么要出台该规定？现金分红的多少对公司和股东各有什么影响？

参考文献

［1］郭晗：《财务管理在企业价值创造中的核心地位研究》，西安建筑科技大学，2006年。

［2］徐春立："创造价值——财务管理的本质及特征"，《会计之友》，2005年第1期。

［3］荆新：《财务管理学》（第5版），中国人民大学出版社2009年版。

［4］张先治：《高级财务管理》，东北财经大学出版社2007年版。

［5］杨淑娥：《财务管理学》，高等教育出版社2010年版。

［6］陈玮：《财务管理学》，北京大学出版社2013年版。

［7］郑小平、许凤群：《财务管理学》，北京理工大学出版社2013年版。

［8］张志宏：《财务管理》，中国财政经济出版社2009年版。

［9］熊剑、杨荣彦：《财务学原理》，高等教育出版社2011年版。

［10］姚晓民：《财务管理学》，上海财经大学出版社2013年版。

［11］中华人民共和国财政部：《企业会计准则》，经济科学出版社2006年版。

［12］宋森、吴煜丽：《财务管理基础》，化学工业出版社2008年版。

［13］宋献中、吴思明：《中级财务管理》，东北财经大学出版社2009年版。

［14］刘永泽、陈立军：《中级财务会计》，东北财经大学出版社2014年版。

［15］财政部会计资格评价中心：《财务管理》，中国财政经济出版社2014年版。

［16］中国注册会计师协会：《财务成本管理》，中国财政经济出版社2014年版。